Edição atualizada
em conformidade com a Base Nacional Comum Curricular (BNCC)

O trabalho do professor na Educação Infantil

Zilma Ramos de Oliveira
Damaris Maranhão
Ieda Abbud
Maria Paula Zurawski
Marisa Vasconcelos Ferreira
Silvana Augusto

Editora Biruta
3ª edição, 2ª reimpressão
São Paulo, 2022

O trabalho do professor na Educação Infantil
Copyright texto © **Zilma Ramos de Oliveira (org.), Damaris Maranhão, Ieda Abbud, Maria Paula Zurawski, Marisa Vasconcelos Ferreira, Silvana Augusto**

Revisão **Elisa Zanetti, Eugênia Souza e André Saretto**
Capa e projeto gráfico **Monique Sena e Tadeu Omae**
Imagem de capa e verso da capa **Dora Bontempi**
Coordenação editorial **Editora Biruta**

3ª edição, 2ª reimpressão — 2022
Atualizada em conformidade com a Base Nacional Comum Curricular (BNCC)

CIP-BRASIL. CATALOGAÇÃO NA PUBLICAÇÃO
SINDICATO NACIONAL DOS EDITORES DE LIVROS, RJ

T681
3. ed.
O trabalho do professor na educação infantil / Zilma Ramos de Oliveira ... [et al.]. - 3. ed. - São Paulo : Biruta, 2019.
376 p. ; 23 cm.

ISBN 978-85-7848-249-7

1. Professores - Formação. 2. Prática de ensino. 3. Educação infantil.
I. Oliveira, Zilma Ramos de. III. Título.
19-56203 CDD: 370.71
CDU: 37.026

Vanessa Mafra Xavier Salgado - Bibliotecária - CRB-7/6644
29/03/2019 29/03/2019

Edição em conformidade com o acordo ortográfico da língua portuguesa.

Rua Conselheiro Brotero, 200 – 1º Andar A
Barra Funda – CEP 01154-000 São Paulo – SP – Brasil
Tel: (11) 3081-5739 | (11) 3081-5741
E-mail: contato@editorabiruta.com.br
Site: www.editorabiruta.com.br

Ilustração Fernanda Ponce Garcia

Ilustração Ana Paula Lescano Scandola

Ilustração Ana Paula Lescano Scandola

APRESENTAÇÃO

Iniciar o diálogo com o leitor de um livro é uma tarefa desafiante, como já firmamos na primeira edição desta publicação. Muito do que afirmamos naquele momento (há sete anos) continua válido agora, nesta nova edição revista e ampliada.

Este é um livro que tem o intuito de promover o diálogo com professoras e professores que trabalham na Educação Infantil, compreendida como aquela etapa da Educação Básica voltada para educar crianças de zero a cinco anos e que se faz em instituições do sistema de ensino em período parcial ou integral, sob a responsabilidade de profissionais legalmente habilitados para a tarefa.

Há muito o grupo de autoras deste livro reunia material para sistematizar o conhecimento por nós formulado ao longo de estudos acadêmicos, mas, principalmente, no trabalho profissional como professoras de crianças de zero a seis anos, diretora ou enfermeira de creche pública, e como coordenadoras de grupos de formação de profissionais na área de Educação Infantil nos últimos 15 anos.

Por sua vez a área de Educação Infantil vive um período de busca de orientações que podem de modo inovador avaliar e aperfeiçoar as práticas vividas pelas crianças nas creches ou pré-escolas. Como nossa equipe é interdisciplinar, temos tido oportunidade de fazer debates sobre diversos temas que foram se entrelaçando, produzindo novas significações.

Um estímulo básico para o grupo sistematizar suas ideias para publicação veio com as atuais Diretrizes Curriculares Nacionais para a Educação Infantil, aprovadas pelo Conselho Nacional de Educação, em 2009. Documento mandatório que orienta os sistemas e as unidades educacionais a construir com autonomia suas práticas junto às crianças de zero a cinco anos de idade, ele destaca a ação mediadora da instituição de Educação Infantil como articuladora das experiências e saberes das crianças e os conhecimentos que circulam na cultura e que despertam o interesse das crianças.

Um aspecto em relação à busca de fundamentar, de modo consistente, a educação da chamada primeira infância é assegurar formas de trabalho das equipes dessas unidades que atendam às novas finalidades que hoje são postas à Educação Infantil, em um cenário histórico onde preocupações com acolhimento às diversidades, respeito ao meio ambiente, preocupação com qualidade de vida, dentre outras, servem como instrumentos para limitar o avanço das posições individualistas, excludentes e consumistas que hoje circulam na sociedade, afetando de diferentes maneiras nossas crianças.

Outro aspecto que precisa ser articulado ao primeiro é a explicitação de uma visão de criança que reconheça seu papel como sujeito ativo e cidadão desde o nascimento, e que promova significativas mudanças nas concepções centradas nos adultos que têm marcado a educação em geral e a Educação Infantil em particular.

Ainda, o cotidiano das unidades educacionais, enquanto contextos de vivência, aprendizagem e desenvolvimento das crianças, mas também dos adultos (educadora/es e pais), requer a explicitação, o exame, e a reconstrução criativa de orientações teóricas e metodológicas quanto à organização de diversos aspectos: os tempos de realização das atividades (ocasião, frequência, duração), os espaços em que essas atividades transcorrem (o que inclui a estruturação dos espaços internos, externos, de modo a favorecer as interações infantis na exploração que fazem do mundo), os materiais disponíveis e, em especial, as maneiras do professor ou professora exercer seu papel (organizando o ambiente, ouvindo as crianças, respondendo-lhes de determinada maneira, oferecendo-lhes materiais, sugestões, apoio emocional, ou promovendo condições para a ocorrência de valiosas interações e brincadeiras criadas pelas crianças etc.). Requer ainda que essas orientações traduzam no cotidiano da ação docente os princípios pensados para a área e a visão de criança protagonista de seu tempo que está sendo enfatizada. Sem isso, corre-se o risco de manter o divórcio entre discurso e prática profissional, algo que os educadores estão com sabedoria tentando superar.

Reconhecemos que já há um conhecimento significativo elaborado por meio de relatórios científicos e teses quanto ao que significa cuidar e educar crianças em um ambiente coletivo distinto do ambiente familiar, mas que trabalha de modo articulado com as famílias dentro de uma prática de gestão democrática dos processos educacionais.

Um tema que insistimos por incluir é o que diz respeito às questões de saúde. Por ser a área de Educação Infantil marcada por uma história de filantropia, assistencialismo e higienismo, tratar hoje dessas questões com os professores é por vezes visto como algo negativo. Essa não é a nossa opinião, nem a opinião de muitos outros educadores e pesquisadores da área, inclusive pelos formuladores de políticas públicas. Sem oscilar o pêndulo nem para a exclusão dessa temática, nem adotar uma convicção biologizante do aprendizado e das necessidades das crianças pequenas, temos reconhecido que as crianças precisam não só ser atendidas em relação a momentos de fome, higiene, sono, insegurança, aborrecimento, como temos defendido que, ao serem acolhidas em um ambiente que educa cuidando e cuida educando, podem as crianças efetivar valiosas aprendizagens em relação ao cuidar de si, cuidar de outras crianças (evidentemente à sua maneira) e cuidar do ambiente. Cabe aos professores e professoras perceber as ações de cuidado de uma nova perspectiva e se apropriar de procedimentos básicos para desempenhar a contento essas ações.

Nesta nova edição de nosso livro, mantivemos muitas das ideias originais, por terem uma grande atualidade nas discussões na área e incluímos um capítulo novo, o de número 7, e refizemos outro capítulo da versão original, ambos para contemplar o que dispõe a BNCC.

O mote transversal se dá em relação aos direitos de aprendizagem das crianças, ponto que foi conquistado ao longo da história da etapa, graças ao trabalho de muitos educadores.

O capítulo 1 vai trazer para a reflexão como as concepções e políticas de atendimento da criança fora do ambiente da família foram e estão sendo historicamente construídas e, em especial, a dificuldade de se propor uma finalidade e um referencial metodológico comum para orientar o trabalho com crianças de diferentes camadas sociais. Ainda nesse capítulo é apontado o caminho que as novas Diretrizes Curriculares para a Educação Infantil abrem no sentido de elaboração de um currículo de atividades voltado para garantir o direito de todas as crianças a viver, aprender e desenvolver-se.

O capítulo 2 discute por que e como escolher e definir boas propostas que pretendem promover o avanço das crianças de diferentes idades e que princípios devem orientar o planejamento das experiências educacionais, considerando as recomendações das Diretrizes Curriculares Nacionais para a Educação Infantil.

O capítulo 3 trata das dimensões que devem ser consideradas ao se pensar um ambiente de aprendizagem e desenvolvimento para crianças de zero a cinco anos nas instituições de Educação Infantil.

O capítulo 4 discute um conjunto de sugestões para o trabalho de zero a dois anos e o capítulo 5 continua essa discussão, mas agora voltada para o trabalho pedagógico com crianças de três a cinco anos.

Reservamos o capítulo 6 para apontar novas concepções que relacionam o trabalho de cuidar e educar as crianças e a saúde, qualidade de vida, discutindo não apenas as necessárias ações dos professores, como as aprendizagens que a vivência das crianças em um ambiente de cuidados lhes possibilitam, e para esclarecer as dúvidas que os professores têm sobre os cuidados que se deve ter para a promoção da saúde e da qualidade de vida.

Nesta edição, no capítulo 7, incluímos um tema muito atual: a Base Nacional Comum Curricular aprovada pelo Conselho Nacional de Educação em dezembro de 2017, que define aprendizagens essenciais que as crianças têm o direito de se apropriar na Educação Infantil. As considerações trazidas nos capítulos anteriores servem de apoio para apontar sugestões de trabalho com os bebês e as crianças a partir do que propõe a Base.

Por fim, no capítulo 8, o professor poderá encontrar orientações que o incentivam a construir alguns instrumentos de trabalho como forma de ampliar sua autonomia profissional na direção de aprimoramento da experiência das crianças na Educação Infantil.

Ao longo do texto, usaremos a expressão *professor* ou *professora*, abrangendo o feminino e o masculino, para nos referir ao responsável pela ação junto à criança. Embora ainda convivamos em muitos lugares com uma divisão de tarefas onde um profissional habilitado coordena as atividades que ele chama de "pedagógicas", outro profissional (chamado de pajem, monitor, de toda forma alguém não incluído na carreira do Magistério) se responsabiliza por ministrar cuidado físico às crianças: trocar fraldas, levar ao banheiro, dar o almoço, supervisão geral etc. Ao ler nossas argumentações, esperamos ter deixado claro que a área de Educação Infantil não é uma arena de trabalho em que "basta ser mulher para atuar". Não só há fundamentos científicos para orientar a ação de garantir os cuidados físicos, como se reconhece a necessidade de um investimento efetivo em pesquisas que tratem da relação entre formas de cuidado e aprendizagens das crianças. Concepções de senso comum dos educadores presidem sua forma de reagir às situações de cuidado em ambiente coletivo e muitas vezes terminam por aumentar o desgaste que elas experimentam.

Para terminar, *creche* e *pré-escola* é a denominação que consta da Lei 9394/96 que trata das Diretrizes e Bases da Educação Nacional, a LDB. Hoje muitas instituições adotam outros nomes, embora se incluam na condição de instituição educacional para crianças pequenas dentro dos sistemas de ensino. Ao longo do texto usaremos as denominações de creches, pré-escolas, unidade educacional, instituição educativa, mas nos referindo sempre ao que as Diretrizes Curriculares Nacionais definem como compondo a Educação Infantil:

> "A Educação Infantil, primeira etapa da Educação Básica, é oferecida em creches e pré-escolas, as quais se caracterizam como espaços institucionais não domésticos que constituem estabelecimentos educacionais públicos ou privados que educam e cuidam de crianças de 0 a 5 anos de idade no período diurno, em jornada integral

ou parcial, regulados e supervisionados por órgão competente do sistema de ensino e submetidos a controle social" (artigo 5º da Resolução CNE/CEB nº05/09).

Estudar e avaliar as experiências compartilhadas neste livro deve ser feito de modo colaborativo, reconhecendo a construção social e histórica da criança ocorrendo em uma cultura concreta, com suas tensões, desafios e movimentos, tendo o/a professor/a como parceiro/a privilegiado/a de explorações e de formulação de novos sentidos.

Boa leitura!

1

UM CAMPO DE DISPUTA DE CONCEPÇÕES

Ilustração Cecília Fonseca Galhardo

O crescimento das tarefas que cada sociedade tem que enfrentar para garantir sua sobrevivência – crescimento e soberania – gera a necessidade de elaboração de políticas para o enfrentamento de certas demandas específicas – políticas agrícolas, políticas para garantir a paz interna, políticas de relacionamento com outros povos e países, políticas de saúde, de moradia, de educação e outras. Tais políticas são balizadas por prioridades, recursos e também legislações. Conhecer as políticas de um determinado setor ajuda os profissionais que nele atuam a terem maior autonomia e possibilidade de crescimento nas tarefas que executam.

Dentre as políticas criadas pelo poder público, com maior ou menor envolvimento da sociedade que ele governa, estão as políticas de Educação Infantil. Estas, a cada momento de uma determinada sociedade, respondem a muitas demandas e geram conflitos de interesses. As vantagens e desvantagens criadas pelas decisões que decorrem das políticas adotadas auxiliam certos grupos a alcançar seus objetivos enquanto contrariam os interesses de outros grupos, especialmente em sociedades modernas marcadas, como a nossa, por fortes desigualdades de acesso dos indivíduos aos bens socialmente produzidos. Esperamos deixar esse ponto mais claro no decorrer deste artigo.

O caminho trilhado na construção da Educação Infantil no Brasil

Como concepções de infância são construções históricas, em cada época predominam certas ideias de criança, de como esta se desenvolve e quais comportamentos e conhecimentos ela deve apresentar. Para entender este processo, é preciso pensar como circulam em nossa sociedade concepções sobre o desenvolvimento da criança e o papel da família, da comunidade, da instituição educacional e dos órgãos governamentais na educação de meninos e meninas. Tais concepções orientam ações diversas por parte do poder público e da iniciativa privada, conforme a camada social da população atendida.

Até meados do século XIX, não existia em nosso país o atendimento de crianças pequenas longe da mãe em instituições como creches, parques infantis ou jardins de infância. Essa situação se modifica um pouco a partir da segunda metade do século XIX, com o aumento da migração de moradores da zona rural para a zona urbana das grandes cidades e com a proclamação da República, fazendo surgir condições para um desenvolvimento cultural e tecnológico no país.

O desejo de construir uma nação moderna favoreceu a assimilação, por parte das elites políticas, de novos preceitos educacionais elaborados na Europa, como a ideia de jardim da infância, recebida com entusiasmo por alguns setores sociais e combatida com veemência por outros. Pensar um ambiente promotor da educação das crianças dos diferentes grupos sociais era meta colocada com muita dificuldade. Enquanto o poder público combatia as iniciativas de se criarem jardins de infância no país para atender as crianças pobres, um movimento de proteção à infância se fortalecia apoiado em uma visão preconceituosa em relação à pobreza e defendia um atendimento caracterizado como uma dádiva aos menos aquinhoados. No âmbito do legislativo, o debate considerava que, se os jardins de infância tinham objetivos de caridade e destinavam-se aos mais pobres, não deveriam ser mantidos pelo poder público, mas ficar sob a caridade das famílias afortunadas. Contudo, a crítica aos jardins de infância não alcançava as iniciativas de adotá-los como modelos para a educação de crianças mais ricas. Assim, foram criados em 1875, no Rio de Janeiro, e em 1877, em São Paulo, os primeiros jardins de infância sob os cuidados de entidades privadas. Apenas alguns anos depois, em torno de 1896, criaram-se os primeiros jardins de infância públicos, como aquele anexo à Escola Caetano de Campos, em São Paulo.

O grande investimento da área de Educação na época estava voltado para o ensino primário, mas atendia apenas uma parte da população em idade escolar. Enquanto isso, a estrutura familiar tradicional e as concepções e formas de cuidado das crianças pequenas sofreram profundas modificações devido à intensificação da urbanização e da industrialização em várias regiões do país no início do século XX. Em 1919, o governo instituiu o Departamento da Criança, que defendia uma assistência científica à infância. Começava a predominar um discurso médico que atribuía à família a culpa por eventuais doenças de seus filhos, podendo a creche possibilitar o crescimento saudável das crianças.

Os movimentos operários constituíram outro fator que atuou na transformação do atendimento à criança pequena. No início do século XX, a contratação pelas fábricas da mão de obra de imigrantes europeus que chegavam ao Brasil, em geral jovens e do sexo masculino, acentuou a luta de movimentos operários pela melhoria de suas precárias condições de trabalho: baixos salários, longas jornadas de trabalho, ambiente insalubre, emprego de mão de obra infantil. Nesse clima, muitas mulheres, também contratadas pelas fábricas, começaram a se politizar e a exigir seus direitos, o que incluía a criação de locais para guarda e atendimento das crianças durante seu trabalho.

As reivindicações operárias foram sendo canalizadas para o Estado e atuaram como forma de pressão para que os órgãos governamentais criassem creches, escolas maternais e parques infantis. Além de representar instrumento de apoio à mulher trabalhadora e vantagem para o empregador, outros fatores vieram a apontar a necessidade das creches. Nas décadas de 20 e 30, alguns centros urbanos que se industrializavam em nosso país não dispunham de infraestrutura urbana, como saneamento básico, moradias, etc., sofrendo o perigo de constantes epidemias, o que exigia soluções para estes e outros problemas. A creche seria um dos paliativos defendidos por médicos preocupados com as condições de vida da população operária, em geral moradora de ambientes insalubres.

O prestígio dado ao discurso médico foi sendo modificado pela preocupação de certos grupos sociais com a organização de instituições para evitar a marginalidade e a criminalidade de crianças e jovens da população mais carente. Com isso, creches e parques infantis eram defendidos pelas elites no poder como ambientes promotores de segurança e saúde, sem que fossem analisados os fatores econômicos, políticos e sociais presentes nas condições de vida daquela população.

Junto com esta preocupação sanitarista com o trabalho em creches, muitos debates que estavam ocorrendo no país traziam a questão educacional para o centro das discussões políticas nacionais. Um bom exemplo foi o Movimento das Escolas Novas, do qual participavam renomados educadores brasileiros. Dentre outros pontos então discutidos estava a educação pré-escolar, colocada como a base do sistema escolar. Alguns intelectuais, como Mário de Andrade, em São Paulo, propunham a disseminação de praças de jogos nas cidades, à semelhança dos jardins de infância de Fröebel, que deram origem aos parques infantis criados em várias cidades brasileiras. Todavia, mais uma vez pode-se observar o dualismo com que a questão educacional é tratada no país: o debate sobre a renovação pedagógica dirigiu-se mais aos jardins de infância, onde estudavam preferencialmente as crianças dos grupos sociais de prestígio, do que aos parques infantis e outras instituições que atendiam crianças nos meios populares. Isso ocorria não apenas no nível do discurso, mas também no campo das ações práticas. Embora os textos oficiais do período afirmassem que também as creches, além dos jardins de infância, deveriam contar com material apropriado para a educação das crianças, esse material não lhes era fornecido. Enquanto isso, criavam-se, em várias cidades brasileiras, classes pré-primárias junto a grupos escolares, encarregados de ministrar o ensino obrigatório após os sete anos. Conviviam assim, de forma não integrada, o atendimento às crianças em creches, parques infantis, escolas maternais, jardins de infância e classes pré-primárias.

A Consolidação das Leis do Trabalho (CLT), de 1943, de iniciativa do governo Vargas (1930-1945), regulamentou alguns pontos sobre o atendimento dos filhos das trabalhadoras, mas apenas com o objetivo de facilitar a amamentação durante a jornada de trabalho. Ao longo da segunda metade do século XX, o incremento da industrialização e da urbanização no país levou a um novo aumento da participação de mulheres no mercado de trabalho. Com isso, creches e parques infantis que atendessem crianças em período integral passariam a ser cada vez mais procurados não só por operárias e empregadas domésticas, mas também por trabalhadoras do comércio e por funcionárias públicas. No entanto, a organização de um ambiente estimulante para o desenvolvimento das crianças e dos adolescentes atendidos não se expressava nas propostas de trabalho dessas instituições.

O dinamismo do contexto sociopolítico e econômico do início da década de 60 trouxe uma mudança importante para a área: a Lei de Diretrizes e Bases da Educação Nacional, aprovada em 1961 (lei 4024/61), que incluiu as escolas maternais e os jardins de infância no sistema de ensino. Isso, contudo, não assegurou o fortalecimento de práticas educativas adequadas às características das crianças pequenas.

No período dos governos militares de 1964 até o início de 1985, as políticas adotadas em nível federal através de órgãos como a Legião Brasileira de Assistência e a Fundação Nacional do Bem-estar do Menor (FUNABEM) continuaram a acentuar a ideia de creche, e mesmo de pré-escola, como equipamentos de assistência à criança carente. A política de ajuda governamental às entidades filantrópicas ou assistenciais continuou a prevalecer. Iniciativas comunitárias foram incentivadas, por meio da organização de programas emergenciais de massa, de baixo custo, desenvolvidos por pessoal leigo, voluntário. Por outro lado, as mudanças na CLT, ocorridas em 1967, entenderam o atendimento ao filho das trabalhadoras apenas como a organização de berçários pelas empresas.

A redução dos espaços urbanos de brinquedo para as crianças – como os quintais e as ruas – e, fundamentalmente, o crescimento do operariado e a crescente incorporação de mulheres no mercado de trabalho, contribuíram para que a creche e, em especial, a pré-escola fossem defendidas por diversos segmentos sociais nas décadas de 70 e 80. A legislação sobre o ensino formulada em 1971 (lei 5692/71) estabeleceu que: "Os sistemas velarão para que as crianças de idade inferior a 7 anos recebam educação em escolas maternais, jardins de infância ou instituições equivalentes".

Novas concepções pedagógicas, como as teorias elaboradas nos Estados Unidos e na Europa, segundo as quais as crianças das camadas sociais mais pobres sofriam de "privação cultural", foram utilizadas para explicar seu fracasso nos processos de escolarização.

O atendimento às crianças pobres em instituições como creches, parques infantis e pré-escolas, possibilitaria a superação das condições sociais desprivilegiadas em que as mesmas viviam, mesmo sem alterar as estruturas e fatores sociais que geravam aqueles problemas. Sob o nome de "educação compensatória", foram sendo elaboradas propostas de trabalho junto às creches e pré-escolas que atendiam a população de baixa renda. Essas propostas entendiam que o atendimento pré-escolar público, por receber uma clientela mais pobre, deveria remediar as carências das crianças. Além disso, defendiam uma estimulação precoce e o preparo para a alfabetização, tarefas que as instituições que atendiam as crianças pouco assimilaram, mantendo-se em seu cotidiano práticas geradas por uma visão assistencialista. A ideia de compensar carências orgânicas ampliou-se para a compensação de carências culturais para diminuir o fracasso escolar no ensino primário.

A entrada cada vez maior de mulheres das camadas médias da população no mercado de trabalho, por outro lado, levou a um crescimento significativo de creches e pré-escolas, principalmente as de redes particulares. As trabalhadoras de classe média buscavam uma instituição que poderia complementar a educação que davam a seus filhos, liberando-as para o mercado de trabalho. Sob a influência dos discursos feministas então circulantes nos grandes centros urbanos, a pressão da nova população de mães era por um trabalho pedagógico que fugisse não só das perspectivas higienistas e custodiais em relação a seus filhos, em especial nas creches, como das orientações que buscavam aplicar, na educação dos menores, modelos tirados da tradição da escola fundamental.

Nesse período cresceu o número de creches, de classes pré-primárias e de jardins de infância no país, assim como foram sendo modificadas algumas representações sobre Educação Infantil. Houve um aumento de discursos que valorizavam o atendimento fora da família a crianças de idade cada vez menor e a defesa de um padrão educativo voltado para os aspectos cognitivos, emocionais e sociais da criança pequena, com destaque à criatividade e à sociabilidade.

Mas enquanto discursos compensatórios ou assistencialistas continuaram a orientar o trabalho dos parques infantis e das creches, propostas de desenvolvimento afetivo e cognitivo eram adotadas pelos jardins de infância, onde eram educadas as crianças de classe média. A superação desta desigualdade de acesso aos benefícios da educação da criança pequena continuava sendo tarefa difícil.

Na segunda metade dos anos 70, a luta de movimentos sociais pela redemocratização do país e contra as desigualdades sociais levou o regime militar a adotar medidas para ampliar o acesso da população mais pobre à escola obrigatória. Enquanto isso, nos grandes centros urbanos, a reivindicação por creches e pré-escolas por parte de amplas parcelas da população de mães, que precisavam trabalhar fora do lar para garantir a subsistência da família, intensificou-se e substituiu a atitude de aceitação do paternalismo estatal ou empresarial por uma visão da creche e da pré-escola como um direito do trabalhador.

O novo ordenamento legal criou novas formas de pressão sobre o poder público que, naqueles centros, ampliou o número de creches por ele diretamente mantidas e geridas, bem como o número de convênios de atendimento feitos com entidades sem fins lucrativos. A insuficiência de vagas para o atendimento das crianças nas creches contribuiu, ainda, para que o poder público incentivasse outras iniciativas de atendimento à criança pequena. Todavia, os programas assistenciais de baixo custo que foram implementados, como as mães crecheiras, os lares vicinais, creches domiciliares ou creches-lares, mostraram ser alternativas emergenciais e inadequadas, devido à precariedade com que eram, em geral, realizadas. Ao lado disso, houve um aumento de creches comunitárias, muitas das quais realizavam um trabalho pedagógico preocupado com o resgate da cultura popular das comunidades atendidas.

Nesse mesmo período, os parques infantis e outras modalidades de instituições educativas públicas foram abandonando a educação informal das crianças em idade de escolarização regular básica e abrindo suas vagas apenas para o atendimento daquelas em idade pré-escolar. Expandiram-se as escolas municipais de Educação Infantil que abrangiam o trabalho anteriormente feito em parques infantis e jardins de infância, e também as classes pré-primárias em escolas de Ensino Fundamental.

Após o término do período de governos militares, em 1985, novas políticas de educação passaram a admitir que as creches não diziam respeito apenas à mulher ou à família, mas também ao Estado e às empresas. Discussões de pesquisadores em Psicologia e Educação sobre a importância dos primeiros anos de vida no desenvolvimento da criança propiciaram algumas mudanças no trabalho então proposto pelos discursos oficiais, com a valorização de atividades pedagógicas mais sistematizadas, embora a preocupação com medidas de combate à desnutrição continuasse a existir.

Ao mesmo tempo, o período foi marcado pelo questionamento político feito pelos educadores quanto à possibilidade de o trabalho realizado em creches e pré-escolas contribuir para promover a luta contra desigualdades sociais. Eles retomaram a discussão das funções da creche e da pré-escola e criaram programações pedagógicas que buscavam romper com as concepções de creche e de pré-escola como instituições meramente assistencialistas e/ou compensatórias, propondo para as mesmas uma função pedagógica que enfatizava o desenvolvimento linguístico e cognitivo das crianças.

As negociações ocorridas no período de elaboração da Constituição de 1988 intensificaram a discussão do atendimento ao filho do trabalhador. Isso resultou em um aumento das creches mantidas por empresas industriais, comerciais e por órgãos públicos para os filhos de seus funcionários, além da concessão, por algumas empresas, de uma ajuda de custo às funcionárias com filhos pequenos para pagarem creches particulares de sua livre escolha.

Pressões de movimentos feministas e de movimentos sociais de lutas por creches possibilitaram a conquista, na Constituição de 1988, do reconhecimento da educação em creches e pré-escolas como um direito da criança e um dever do Estado a ser cumprido nos sistemas de ensino. Também a promulgação do Estatuto da Criança e do Adolescente (ECA), em 1990, concretizou conquistas em relação aos direitos de crianças trazidos pela Constituição.

O debate que acompanhou a discussão, na Câmara dos Deputados e no Senado Federal, de uma lei que orientasse a educação nacional impulsionou diferentes setores educacionais, particularmente as universidades e instituições de pesquisa, sindicatos de educadores e organizações não governamentais, e preparou um contexto para a aprovação da nova Lei de Diretrizes e Bases da Educação Nacional (lei 9394/96), que colocou a Educação Infantil como etapa inicial da Educação Básica.

Desde sua aprovação, houve expansão do número de pré-escolas e de creches, embora insuficiente para atender a demanda, e alguma melhoria do nível de formação de seus docentes, muitas vezes já incluídos em quadros de magistério.

Com a Constituição Federal (1988) e a Lei de Diretrizes e Bases da Educação Nacional (1996), consolida-se legalmente a educação em creches e pré-escolas como primeira etapa da Educação Básica e desencadeia-se um processo bastante complexo de debate, definição e consolidação das decorrências político-institucionais em torno do caráter pedagógico da Educação Infantil e, com isso, a necessária reflexão das redes de ensino e unidades educacionais em torno de questões curriculares.

Na atualidade, cada vez mais a vivência da criança em programas de Educação Infantil de qualidade tem sido apontada por pesquisas nacionais e internacionais como indicador básico de bom desenvolvimento, além de configurar um aspecto positivo no processo de escolarização básica. Contudo, o reconhecimento dessa importância convive com a dificuldade de ampliar o número de crianças atendidas nas instituições de Educação Infantil, especialmente no que se refere à creche. Agregue-se a esse cenário recentes definições quanto à antecipação da entrada no Ensino Fundamental com a idade de 6 anos e a obrigatoriedade da matrícula na pré-escola para crianças de 4 e 5 anos, questões que têm impactado e gerado polêmicas na organização da Educação Infantil.

Na Educação Infantil, a questão do acesso se mostra preocupante, especialmente se tomarmos o segmento creche. Dados oficiais (PNAD/IBGE, 2009) indicam que aproximadamente 74% das crianças brasileiras de 4 e 5 anos estão matriculadas em pré-escolas e que apenas 18% das de 0 a 3 anos são atendidas no espaço da creche. Efeito dessas ausências do equipamento público para atender as famílias brasileiras é a ampliação de serviços alternativos e não regulados (o que constitui fator de preocupação quanto à educação e cuidados oferecidos às crianças) para atender a demanda de Educação Infantil.

Mais ações necessárias devem ser efetivadas no âmbito das políticas sociais para garantir o acesso a uma instituição de Educação Infantil. Esta deve propiciar às crianças experiências de aprendizagem significativas em um espaço coletivo e rico em interações com adultos e outras crianças. Espera-se que contribuam com o desenvolvimento infantil, de forma ampla e integrada, a partir de suas diferentes aprendizagens, superando fragmentações historicamente constituídas no atendimento aos diferentes grupos sociais.

Isso significa enfrentar desafios como a desigualdade de acesso às creches e pré-escolas entre as crianças brancas, negras e indígenas, ricas e pobres, moradoras do meio urbano e rural e das diferentes regiões. Todos os esforços então se voltam para a superação dessas desigualdades de modo a efetivar nas instituições de Educação Infantil os princípios constitucionais que visam construir uma sociedade livre, justa, solidária e que preserve o meio ambiente, como parte do projeto de sociedade democrática.

Além do acesso, outros importantes aspectos definem parâmetros de organização adequados para atender as crianças. De forma geral, os critérios de qualidade do trabalho na Educação Infantil devem abranger desde as condições de funcionamento das escolas (razão aluno/professor, tamanho de salas, qualidade da alimentação, diversidade de materiais didáticos etc.), às práticas pedagógicas e condições de trabalho e de formação dos diversos profissionais que fazem parte do contexto escolar. Um bom exemplo de sistematização desses aspectos é o documento Indicadores da Qualidade na Educação Infantil (MEC/SEB, 2009), além de diversos trabalhos relacionados à avaliação da qualidade em creches e pré-escolas.

Reflexões acerca do currículo de Educação Infantil

O parecer CNE/CEB nº 20/09 e a resolução CNE/CEB nº 05/09, que definem as Diretrizes Curriculares Nacionais para a Educação Infantil, apresentam a estrutura legal e institucional da Educação Infantil (número mínimo de horas de funcionamento, sempre diurno, formação em magistério de todos os profissionais que cuidam e educam as crianças, oferta de vagas próximas à residência das crianças, acompanhamento do trabalho pelo órgão de supervisão do sistema, idade mínima para efetivação da matrícula) e colocam alguns pontos para sua articulação com o Ensino Fundamental.

A versão institucional de Educação Infantil proposta nas diretrizes se contrapõe a programas alternativos de atendimento englobados na ideia de educação não formal. Lembra o parecer CNE/CEB nº 20/09 que nem toda política para a infância, que requer esforços multissetoriais integrados, é uma política de Educação Infantil. Com isso, sempre que necessário, outras medidas de proteção à infância devem ser buscadas fora do sistema de ensino, embora articuladas com ele. Nesse sentido, a Educação Infantil oferecida em instituições coletivas deve ter sua especificidade garantida em relação ao seu caráter pedagógico e à formação dos profissionais que nela atuam.

As diretrizes apresentam uma definição de currículo e princípios básicos orientadores de um trabalho pedagógico comprometido com a qualidade e a efetivação de oportunidades de desenvolvimento para todas as crianças. Elas explicitam os objetivos e condições para a organização curricular, consideram a

Educação Infantil das crianças do campo e indígenas, a importância da parceria com as famílias, as experiências que devem ser concretizadas em práticas cotidianas nas instituições etc. Além disso, fazem recomendações quanto aos processos de avaliação e de transição da criança ao longo de sua trajetória na Educação Básica. Elas devem servir de referência e de fonte de decisões em relação aos fins educacionais, aos métodos de trabalho, à gestão das unidades e à relação com as famílias.

Quanto aos princípios, as atuais Diretrizes Curriculares Nacionais para a Educação Infantil (parecer CNE/CEB nº 20/09, artigo 6º) apontam o que se espera das instituições de Educação Infantil brasileiras no atendimento aos bebês e crianças pequenas e suas famílias. Esses princípios enfatizam formas de trabalho pedagógico que busquem:

- organizar um cotidiano de situações agradáveis, estimulantes, que desafiem o que cada criança e seu grupo de crianças já sabem sem ameaçar sua autoestima nem promover competitividade;
- ampliar as possibilidades da criança cuidar e ser cuidada, de se expressar, comunicar e criar, de organizar pensamentos e ideias, de conviver, brincar e trabalhar em grupo, de ter iniciativa e buscar soluções para os problemas e conflitos que se apresentam nas mais diferentes idades;
- possibilitar às crianças apropriar-se de diferentes linguagens e saberes que circulam em nossa sociedade, selecionados pelo valor formativo que possuem em relação aos objetivos definidos em seu projeto político-pedagógico;
- assegurar às crianças a manifestação de seus interesses, desejos e curiosidades ao participar das práticas educativas;
- garantir às crianças a participação em diversificadas experiências e valorizar suas produções individuais ou coletivas como integrantes de um processo criador e a construção, por elas, de respostas singulares;

- apoiar a conquista de autonomia pelas crianças na escolha de brincadeiras e de atividades e para a realização de cuidados pessoais diários;
- promover a formação participativa e crítica das crianças;
- aumentar as possibilidades de aprendizado e de compreensão de mundo e de si próprio trazidas por diferentes tradições culturais;
- construir atitudes de respeito e solidariedade, fortalecendo a autoestima e os vínculos afetivos de todas as crianças, combatendo preconceitos que incidem sobre as diferentes formas como os seres humanos se constituem enquanto pessoas;
- aprender sobre o valor de cada pessoa e dos diferentes grupos culturais;
- adquirir valores como os da inviolabilidade da vida humana, a liberdade e a integridade individuais, a igualdade de direitos de todas as pessoas, a igualdade entre homens e mulheres, assim como a solidariedade com grupos enfraquecidos e vulneráveis política e economicamente;
- respeitar todas as formas de vida, ter em mente o cuidado com os seres vivos e a preservação dos recursos naturais;
- criar condições para que a criança aprenda a opinar e a considerar os sentimentos e a opinião dos outros sobre um acontecimento, uma reação afetiva, uma ideia, um conflito;
- estruturar ambientes que permitam às crianças a expressão de sentimentos, ideias e questionamentos em relação à busca do bem-estar coletivo e individual, à preocupação com o outro e com a coletividade.

A concepção de criança sustentada nas DCNEI coloca-a como sujeito de direitos e que se desenvolve nas múltiplas interações que ela vai experimentando no mundo social. Sua entrada no ambiente coletivo de educação pode propiciar um conjunto de interações diversificadas e complementares em relação ao ambiente familiar, que lhe possibilitam aprendizagens amplas e diversas. "Nessas condições ela faz amizades, brinca com água ou terra, faz de conta, deseja, aprende, observa, conversa, experimenta, questiona, constrói sentidos sobre o mundo e suas identidades pessoal e coletiva, produzindo cultura" (parecer CNE/CEB nº 20/09).

Nessa direção, compreende-se que, desde o nascimento, o bebê é capaz de interagir e se comunicar com parceiros mais próximos como pais, irmãos, avós e professores. Além disso, podem desenvolver, nesse processo, sua afetividade, motricidade, linguagem, cognição e um sentido de si como pessoa única, mas historicamente marcada.

Atualmente, têm-se ampliado os estudos e pesquisas que afirmam a profícua condição que é a interação de bebês e crianças pequenas com outras crianças de idade semelhante, contrariando a ideia de que crianças muito pequenas não tinham condição de interagir com seus colegas. Ao interagir com outras crianças, a brincadeira aparece como importante meio de aprendizagem, pois lhes possibilita aprender sobre o mundo e suas relações, surpreender-se consigo mesmas e com os outros, além de propiciar-lhes espaços de construção de conhecimento e de cultura com seus pares.

Em situações de jogo simbólico, bastante frequente em creches e pré-escolas, desde que se ofereçam boas condições de organização do tempo e do espaço, é possível observar como as crianças trazem para os espaços de interação com os colegas cenas do dia a dia de uso da linguagem, como falar ao telefone. Assim, fazem jus a uma riqueza de detalhes que orienta tanto para a construção de comportamentos próprios da cultura em que elas vivem quanto para a elaboração de novos elementos necessários para que a brincadeira aconteça. Nesse sentido, há toda uma articulação de gestos e falas que envolvem tanto o convite e o aceite para a brincadeira, como a estruturação da cena imaginária do falar ao telefone. Nessa situação, observa-se que a rica coordenação desse jogo pelas crianças se faz por meio da imitação das ações de outra criança, no caso, a incorporação da fala do outro na própria fala.

Ora, no que se refere à aprendizagem de crianças pequenas, essas são situações de construção de conhecimento bastante ricas que exemplificam a profunda articulação do conhecimento construído pelas crianças (no caso, em situações de brincadeira simbólica) com os conhecimentos sobre o seu mundo social (desde os papéis e jogos sociais, como conversar com alguém ao telefone até o uso dos objetos), perspectiva presente nas atuais Diretrizes Curriculares Nacionais da Educação Infantil.

Em relação à construção de um currículo para a Educação Infantil, deve-se ressaltar a controvérsia que esse debate gera entre professores de creches e pré-escolas e outros educadores e profissionais que atuam na área, mobilizados por diferentes visões de criança, de família, e de funções da creche e da pré-escola constituídas historicamente.

Para muitos educadores e pais, receosos de importar para a Educação Infantil uma estrutura e uma organização que têm sido muito criticadas, a Educação Infantil não deveria envolver-se com a questão de currículo, termo em geral associado a certo percurso de escolarização vivido no Ensino Fundamental e norteado por práticas reconhecidamente fragmentadas e restritivas e centrado na ideia de disciplinas escolares.

Ao tomar parte na Educação Básica, a Educação Infantil é chamada a refletir sobre a questão curricular ao mesmo tempo em que garante a especificidade da educação e do cuidado com bebês e crianças pequenas. Seu desafio é superar uma prática pedagógica centrada no professor e trabalhar, sobretudo, a sensibilidade deste para fazer uma aproximação real com a criança, compreendendo-a do seu ponto de vista, e não do ponto de vista do adulto. Esta tarefa é favorecida pela existência de uma série de conhecimentos sobre as formas de organização do cotidiano das unidades de Educação Infantil, de modo a promover o desenvolvimento das crianças.

Assume-se a ideia de currículo articulado ao projeto pedagógico que, por sua vez, consiste no plano orientador das ações da instituição e tem caráter político por excelência ao ampliar possibilidades e garantir determinadas aprendizagens consideradas valiosas em certo momento histórico.

Nas DCNEI, o currículo da Educação Infantil é concebido como "um conjunto de práticas que buscam articular as experiências e os saberes das crianças com os conhecimentos que fazem parte do patrimônio cultural, artístico, científico e tecnológico. Tais práticas são efetivadas por meio de relações sociais que as crianças desde bem pequenas estabelecem com os professores e as outras crianças e afetam a construção de suas identidades" (DCNEI, 2009, parecer CNE/CEB nº 20/09).

A definição de currículo defendida nas diretrizes põe o foco na ação mediadora da instituição de Educação Infantil como articuladora das experiências e saberes das crianças e os conhecimentos que circulam na cultura mais ampla e que despertam o interesse das crianças. Esta definição amplia sobremaneira as experiências que podem ser promovidas na Educação Infantil, considerando-a um espaço privilegiado na promoção de interações das crianças com outras crianças e com adultos, ampliando suas aprendizagens e relações sociais. É uma definição que foge de versões já superadas de conceber listas de conteúdos obrigatórios, de disciplinas estanques, de atividades que apenas antecipam aprendizagens das etapas posteriores da educação, ou ainda da ideia de que na Educação Infantil não há necessidade de qualquer planejamento de atividades, e em que o regente é um calendário voltado a comemorar determinadas datas sem avaliar o sentido das mesmas e o valor formativo dessas comemorações, e também da ideia de que o saber do senso comum é o que deve ser tratado com crianças pequenas.

As atuais DCNEI, em seu artigo 9º, detalham doze campos de experiências de aprendizagem que devem ser garantidos no currículo de qualquer instituição de Educação Infantil brasileira. A noção de "experiências de aprendizagem" ilumina a perspectiva da criança no contexto da instituição de educação coletiva. Isso porque experiência é algo da ordem do vivido, do que se construiu e das contínuas significações e ressignificações que o processo de aprendizagem configura para cada criança.

As situações cotidianas criadas nas creches e pré-escolas podem ampliar as possibilidades de as crianças se apropriarem de formas de conviver, brincar e trabalhar em grupo, comunicar-se, criar e reconhecer novas linguagens, ouvir histórias e recontá-las, ter iniciativa, buscar soluções para problemas e conflitos, conversar sobre o crescimento de algumas plantas ou animais que são por elas cuidadas, colecionar objetos, participar de brincadeiras de roda, comparar tamanhos, dançar, cuidar de sua higiene e de sua organização pessoal, cuidar dos colegas que necessitam de ajuda, cuidar do ambiente, compreender suas emoções e sua forma de reagir às situações e formular um sentido para si mesmas.

Olhar para as práticas culturais nas quais as crianças se envolvem e constroem sentidos sobre o mundo constitui uma boa direção para nortear o trabalho pedagógico visando a mediação de situações de aprendizagens significativas em um movimento de reflexão/avaliação constante, em que o professor se pergunta:

- O que espero que as crianças aprendam?
- Que situações vivenciaram?
- Que condições (tempo, espaço, materiais e interações) foram oferecidas?
- Como agiram nessas situações?
- O que observo que as crianças aprenderam?

A concretização de atividades que possibilitarão diversificadas experiências de aprendizagem em um currículo integrado é prerrogativa das equipes escolares. Isso pressupõe um processo contínuo de formação que vise à concretização de um currículo de qualidade na Educação Infantil, garantindo assim a construção de projetos pedagógicos de boa qualidade para bebês e crianças pequenas. Os espaços de formação, quando realizados de forma efetivamente coletiva, criam ainda possibilidades de reflexão acerca da prática pedagógica e promovem o crescimento profissional dos professores.

Ilustração Dora Bontempi

2

PLANEJAR PRÁTICAS PEDAGÓGICAS: PRINCÍPIOS E CRITÉRIOS

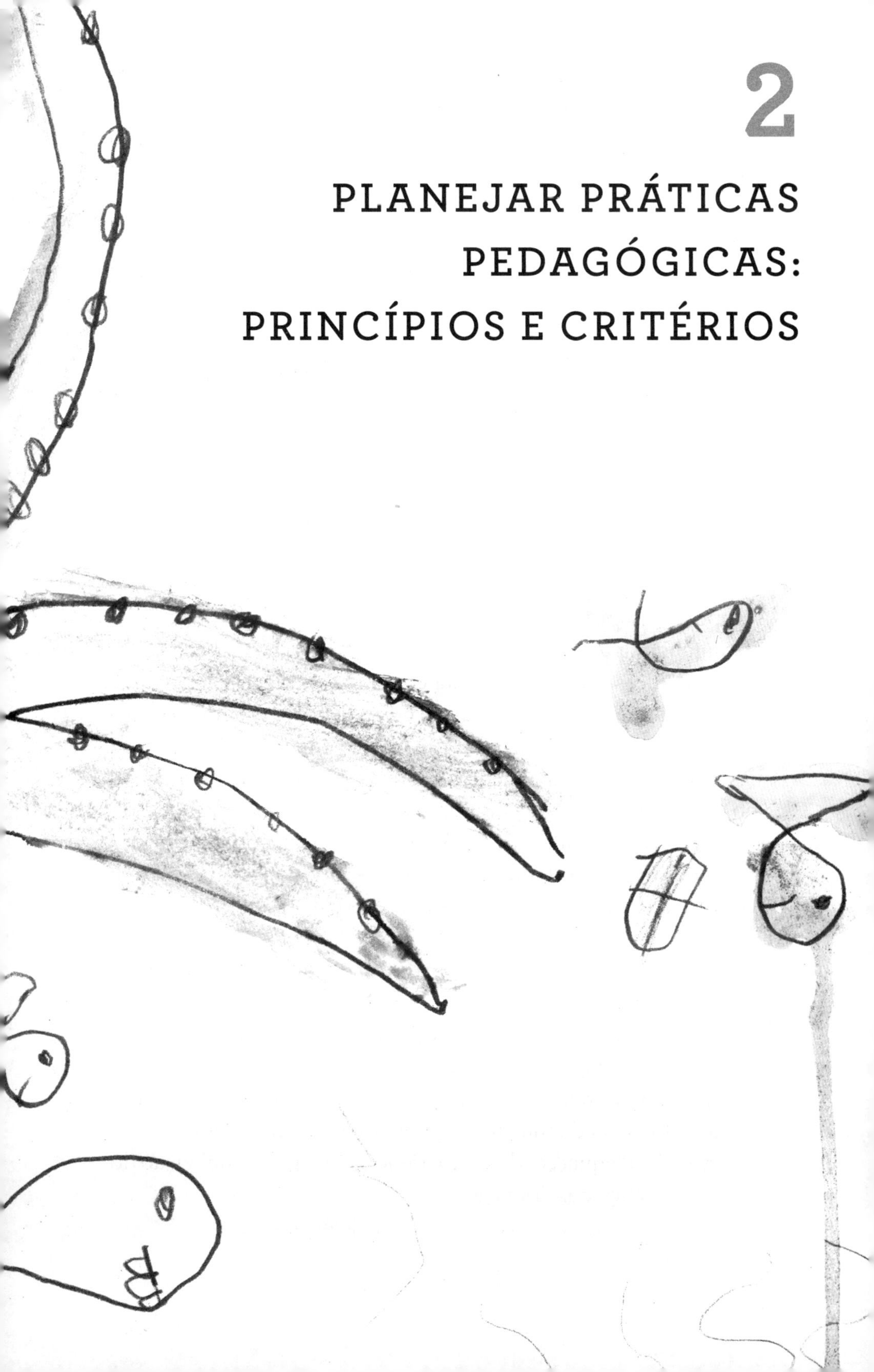

Ter clareza sobre os direitos das crianças e uma concepção de infância, bem como de Educação Infantil, é ponto de partida para a construção de um trabalho pedagógico consistente que se inicia no planejamento inicial do professor, tarefa que traz grandes desafios.

O que é importante oferecer às crianças em cada momento da vida? O que lhes propor diariamente? É importante variar as atividades ou manter sempre as mesmas? Como a criança que frequenta uma instituição educativa poderá se inserir nesse contexto maior? Que aspectos da cultura o professor deve apresentar intencionalmente às crianças? Como abrirá as portas da instituição para o mundo? Que valores ele deverá destacar ou discutir com as crianças?

Muitas vezes, os professores tomam decisões isoladamente, agindo intuitivamente, ou conforme o costume, sem pensar que existem princípios e bons critérios para apoiar essa tarefa. Para planejar o trabalho na Educação Infantil é importante conhecer o grupo de crianças, seus interesses, seu desenvolvimento, o grau de autonomia que elas têm para resolver problemas diversos, as características próprias da faixa etária, a experiência construída na sua história fora da instituição educativa, bem como nos anos anteriores em que frequentou um espaço educativo. Mas não só isso. Além dos conhecimentos sobre as crianças, é fundamental ao professor considerar alguns princípios e referências que podem tornar o trabalho pedagógico mais engajado com um projeto de Educação Infantil brasileiro e, sobretudo, com o projeto educativo de sua própria instituição. São eles:

1. Atendimento às Diretrizes Curriculares Nacionais para a Educação Infantil.
2. A coerência e a articulação das experiências propostas às crianças.
3. A inter-relação entre educar e cuidar na prática educativa;
4. O papel da interação no desenvolvimento humano.
5. A adequação das experiências do ponto de vista do avanço das crianças.
6. A inclusão de crianças com deficiências.

Tais tópicos serão discutidos a seguir e são importantes guias para a reflexão sobre as experiências que a instituição de Educação Infantil pode assegurar na infância.

1. O atendimento às Diretrizes Curriculares Nacionais para a Educação Infantil

Um importante guia para a reflexão sobre o planejamento pedagógico é o documento das Diretrizes Curriculares Nacionais para a Educação Infantil. Segundo essas diretrizes, toda proposta pedagógica deve se guiar pelos princípios:

> "Éticos: da autonomia, da responsabilidade, da solidariedade e do respeito ao bem comum, ao meio ambiente e às diferentes culturas, identidades e singularidades.
>
> Políticos: dos direitos de cidadania, do exercício da criticidade e do respeito à ordem democrática.
>
> Estéticos: da sensibilidade, da criatividade, da ludicidade e da liberdade de expressão nas diferentes manifestações artísticas e culturais" (Diretrizes Curriculares Nacionais para a Educação Infantil, resolução CNE/CEB nº 05/09, artigo 6º).

As práticas pedagógicas apresentadas neste livro fundamentam-se nesses princípios. No conjunto dessas práticas educativas será possível reconhecer a busca pela construção da autonomia das crianças para locomover-se pelo ambiente, para explorar o mundo, para colocar-se nas relações éticas entre pares e se posicionar nas situações de conflitos. Da mesma forma, será possível reconhecer também a intenção de cultivar o respeito ao bem comum, tanto no espaço da instituição de educação quanto na comunidade, na relação com o outro, investindo na construção de referências para o reconhecimento e o respeito das singularidades.

Sob outro aspecto, notar-se-á como as práticas educativas são atravessadas por ideais políticos de garantia do direito da criança aos serviços públicos, do direito de ser respeitada em sua singularidade e atendida em suas especificidades, de vivenciar relações democráticas em todos os sentidos, desde a sua inserção nas regras e no sistema próprio da instituição educativa, até o convívio com os colegas.

Por fim, esses princípios são reconhecidos no investimento em espaços, rotinas e vivências que ampliem a sensibilidade de crianças e adultos que convivem em uma instituição de Educação Infantil que busca assegurar a organização pedagógica de maneira lúdica, valorizando a criatividade das crianças e sua singularidade.

Princípios éticos, políticos e estéticos tornam-se concretos na vida das crianças por meio da imersão em um ambiente educativo e da vivência de determinadas práticas sociais. Tais práticas, segundo o artigo 9º das Diretrizes Curriculares Nacionais para a Educação Infantil, devem garantir a todas as crianças experiências que:

- promovam o conhecimento de si e do mundo por meio da ampliação de experiências sensoriais, expressivas, corporais que possibilitem movimentação ampla, expressão da individualidade e respeito pelos ritmos e desejos da criança;
- favoreçam a imersão das crianças nas diferentes linguagens e o progressivo domínio por elas de vários gêneros e formas de expressão: gestual, verbal, plástica, dramática e musical;
- possibilitem às crianças experiências de narrativas, de apreciação e interação com a linguagem oral e escrita, e convívio com diferentes suportes e gêneros textuais orais e escritos;
- recriem, em contextos significativos para as crianças, relações quantitativas, medidas, formas e orientações espaçotemporais;
- ampliem a confiança e a participação das crianças nas atividades individuais e coletivas;
- possibilitem situações de aprendizagem mediadas para a elaboração da autonomia das crianças nas ações de cuidado pessoal, auto-organização, saúde e bem-estar;

- possibilitem vivências éticas e estéticas com outras crianças e grupos culturais, que alarguem seus padrões de referência e de identidades no diálogo e conhecimento da diversidade;
- incentivem a curiosidade, a exploração, o encantamento, o questionamento, a indagação e o conhecimento das crianças em relação ao mundo físico e social, ao tempo e à natureza;
- promovam o relacionamento e a interação das crianças com diversificadas manifestações de música, artes plásticas e gráficas, cinema, fotografia, dança, teatro, poesia e literatura;
- promovam a interação, o cuidado, a preservação e o conhecimento da biodiversidade e da sustentabilidade da vida na Terra, assim como o não desperdício dos recursos naturais;
- propiciem a interação e o conhecimento pelas crianças das manifestações e tradições culturais brasileiras;
- possibilitem a utilização de gravadores, projetores, computadores, máquinas fotográficas, e outros recursos tecnológicos e midiáticos.

Essas experiências são, portanto, os primeiros referenciais que devem ser considerados na escolha de práticas educativas que vão compor a proposta de uma instituição de Educação Infantil. Tais campos de experiência envolvem atividades promotoras de aprendizagem e desenvolvimento que podem ser propostas às crianças. São atividades para alimentar o desenvolvimento do corpo, do pensamento, da imaginação e dos sentimentos, de modo a integrar as ações de cuidar e de educar e, ainda, propiciar a formação de novos e singulares interesses infantis. Mas é importante lembrar que as práticas educativas não são oferecidas sem qualquer critério, de modo solto. Elas devem ser alinhavadas de acordo com o projeto pedagógico de cada unidade de Educação Infantil.

Para responder como a creche ou pré-escola pode organizar

todas essas experiências e de que modo articulá-las, as Diretrizes Curriculares Nacionais para a Educação Infantil orientam:

> "As creches e pré-escolas, na elaboração da proposta curricular, de acordo com suas características, identidade institucional, escolhas coletivas e particularidades pedagógicas, estabelecerão modos de integração dessas experiências" (parecer CNE/CEB nº 20/09).

Isso significa que cada unidade de cada instituição educativa deverá realizar um verdadeiro estudo de seu entorno, das características de sua comunidade, do papel social que a instituição exerce nessa comunidade e as expectativas sobre a educação das crianças para organizar planos anuais e programações detalhadas.

2. A coerência e a articulação das experiências

O modo de articular essas experiências é o que vai distinguir uma instituição de outra, o que fará um trabalho singular e adequado para atender uma comunidade específica. O ambiente educativo cumpre um papel fundamental na integração das experiências infantis. Ele não se restringe aos espaços físicos e materiais, mas abrange também as relações interpessoais, a atmosfera afetiva, os valores que se exprimem nas ações e as experiências educativas promotoras de desenvolvimento humano e que trazem consigo as regras de tolerância, respeito, responsabilidade e do prazer de estar em grupo. A qualidade do ambiente em si pode assegurar muitas das expectativas de aprendizagem para a Educação Infantil.

É possível, por exemplo, "garantir experiências que promovam a interação, o cuidado, a preservação e o conhecimento da biodiversidade e da sustentabilidade da vida na Terra, assim como o não desperdício dos recursos naturais" (Diretrizes Curriculares Nacionais para a Educação Infantil), por meio do desenvolvimento de projetos coletivos de estudo de aspectos da natureza e dos ambientes naturais, dos ecossistemas típicos brasileiros e também de outras regiões do mundo. São oportunidades para que as crianças aprendam o sentido da natureza e seu delicado equilíbrio, o papel de todos os seres vivos na manutenção da vida e do equilíbrio ecológico, a interferência do homem e os limites de sua ação no meio natural, o respeito à vida animal, às plantas e ao planeta em que vivemos, de modo geral.

No entanto, a sustentabilidade e o não desperdício dos recursos naturais são constituídos como valor para as crianças por meio de hábitos que se aprendem desde cedo. Por isso, pouco adianta desenvolver projetos sobre o meio ambiente se a escola não se organiza de modo sustentável e responsável no consumo dos bens naturais.

As crianças prestam muita atenção a tudo o que veem, mesmo quando não intencionamos mostrar a elas. Procuram coerência entre o que falamos e o que realmente fazemos. Os professores são fonte inesgotável de modelos e, por isso mesmo, é importante explicitar às crianças a intenção que está por trás de cada atitude. Daí que para constituir hábitos de cuidado, de preservação e não desperdício dos recursos naturais, as crianças precisam encontrar no ambiente e nas atitudes dos professores:

- orientações sobre como usar as torneiras e o chuveiro;
- procedimentos de reutilização de materiais e reciclagem, quando for o caso;
- instruções para o descarte adequado de todo tipo de lixo, inclusive selecionando-o segundo os tipos e o destino de cada um (lixo orgânico, latas, papéis etc.);
- práticas cotidianas de economia dos recursos naturais em todas as ações: ao preparar os alimentos, ao utilizar materiais plásticos no ateliê de artes, ao confeccionar decorações para as festas, ao planejar com cuidado os bilhetes e as circulares que realmente precisam ser reproduzidas, evitando o uso desnecessário de papel;
- a reflexão sobre os materiais que se devem priorizar em detrimento de outros que demoram mais para se decompor, como o uso de sacolas retornáveis e não de

saquinhos plásticos; copos de vidro, louça ou alumínio em vez dos plásticos descartáveis.

A mesma reflexão vale para o caso das aprendizagens sobre a diversidade e a construção da identidade racial. Por exemplo, um projeto sobre a presença da cultura afro no Brasil e as influências em nossos hábitos pode ampliar as referências das crianças sobre os diferentes grupos culturais, seu padrão de beleza, seu valor etc. No entanto, isso tem pouco valor se a instituição não assumir valores mais positivos com as diferenças culturais e promover a igualdade de tratamento.

Para que as crianças negras e brancas, assim como as pertencentes a outros grupos possam ter boas "experiências que (...) alarguem seus padrões de referência e de identidades no diálogo e conhecimento da diversidade" (Diretrizes Curriculares Nacionais para a Educação Infantil), é importante que o professor:

- ofereça igualmente suas manifestações de carinho e atenção a todas as crianças;
- cuide com igual zelo de todas as crianças nos banhos, nas trocas, no toque, no modo como penteia os cabelos, como as enfeita fazendo-as bonitas na sua natureza própria, valorizando a beleza do convívio com a diversidade estética;
- ofereça igualmente colo e acolhimento a todos;
- esteja atento aos elogios que faz às crianças, procurando destacar as diferenças e as qualidades que cada um possui;
- evite apelidos pejorativos que possam acirrar a discriminação entre os colegas;
- valorize a diferença entre meninos e meninas sem minimizar a posição de cada um ou seu valor no grupo em função do gênero, evitando a reprodução de valores estereotipados típicos das sociedades que discriminam a mulher;
- respeite o modo de se expressar das famílias, repudian-

do comparações e comentários jocosos a respeito das culturas e das variantes linguísticas características das diversas regiões do país;

- ofereça às crianças bonecas de diferentes raças e culturas, com as quais elas possam se identificar;
- assegure que no ambiente da instituição estejam presentes músicas e objetos decorativos que representem estéticas diversas.

Os valores também aparecem no modo como usamos os recursos materiais da creche ou escola. O modo como se propõe a aproximação das crianças às tecnologias deve ser objeto de reflexão dos professores, pois isso pode definir o quanto a instituição compartilha do princípio da inclusão das crianças num mundo que, sabemos, é em grande parte mediado pela tecnologia. Isso se faz com ações intencionais, com a proposição de determinadas práticas educativas e também com a imersão das crianças em um ambiente tecnológico.

O professor pode, por exemplo, propor oficinas ou projetos para apresentar computadores ou maquinas fotográficas às crianças. Um interessante projeto de estudo da paisagem do entorno da creche ou da escola pode criar contextos muito significativos para o uso de diversos recursos tecnológicos de produção e reprodução de imagens. No entanto, para "garantir experiências que possibilitem a utilização de gravadores, projetores, computadores, máquinas fotográficas, e outros recursos tecnológicos e midiáticos" (Diretrizes Curriculares Nacionais para a Educação Infantil), é importante que a instituição educativa pense sua política de uso desses equipamentos com as crianças, evitando que eles sejam manipulados apenas pelos adultos. Faz parte de uma pauta de discussão coletiva, por exemplo:

- o uso da televisão de modo educativo, evitando que tão importante recurso sirva apenas para manter as crianças caladas nos momentos mais tumultuados do dia;
- o uso do rádio, de modo que elas possam aprender a ouvir e selecionar as estações, evitando que ele se restrinja a reproduzir uma música ambiente que, a depender do programa que se escuta e do volume, pode ser prejudicial ao desenvolvimento da audição e da sensibilidade das crianças;
- o uso do retroprojetor que, muitas vezes, fica restrito às reuniões dos professores, mas que, quando utilizado adequadamente pelo professor, pode tornar-se um grande aliado no trabalho artístico, promovendo melhores condições para a apreciação estética de obras de arte e também de desenhos infantis;
- o uso de máquinas fotográficas, inclusive as dos celulares, como recurso para o trabalho com as artes visuais, de modo que as crianças tenham um recurso a mais para produzir imagens;
- o uso de computadores que podem estar disponíveis na própria sala de aula, e não apenas no laboratório de informática, permitindo que as crianças observem os professores utilizando esse recurso em seu trabalho, além de disponibilizá-lo para que as crianças possam desenhar, escrever e experimentar diferentes aplicativos do computador;
- o uso da internet, quando possível, oferecendo às crianças a possibilidade de inclusão digital desde cedo.

Em todos os exemplos apresentados até aqui, vimos como os valores estão presentes na atmosfera de um ambiente educativo e como isso se nota em todas as atitudes individuais e coletivas dos professores. Grande parte das aprendizagens infantis será constituída nesse ambiente que carrega todas essas marcas.

3. As inter-relações entre educar e cuidar na prática educativa

O professor também precisa ter um olhar que coloque em destaque as relações entre dois aspectos da ação educativa com crianças: educar e cuidar. Entende-se que as atividades de cuidado não se distinguem das atividades pedagógicas, posto que ambas são aspectos da mesma experiência, do ponto de vista da criança. A hora de trocar fraldas de um bebê é a hora de mantê-lo limpo e saudável. Mas, ao mesmo tempo, essa atividade contribui para o desenvolvimento corporal do bebê e exerce grande influência na construção de sua identidade e das relações de confiança que estabelecerá futuramente, aprendizagens que nos acompanham para toda a vida. Do mesmo modo, quando organizamos uma roda de histórias, asseguramos às crianças o acesso a bons modelos da linguagem escrita em diversos gêneros literários, a fim de que ela possa, pouco a pouco, apropriar-se desse modo de expressão. Essa também é uma atividade que alimenta a imaginação, dá suporte para a elaboração de sentimentos complexos, de emoções e afetos que acolhem a criança na sua experiência existencial. O modo como organizamos o espaço com tapetes, esteiras ou almofadas pretende circunscrever o espaço da roda, de modo que todos possam observar uns aos outros. Mas também pretende assegurar às crianças algumas condições de conforto físico para que possam sustentar uma postura adequada durante o tempo em que o professor estiver fazendo a leitura.

A própria rotina pedagógica deve compreender, de forma integrada, ações de cuidado e de educação da criança. Desse modo, é possível garantir uma das mais importantes práticas pedagógicas orientadas pelas Diretrizes Curriculares Nacionais para a Educação Infantil: "experiências que possibilitem situações de aprendizagem mediadas para a elaboração da autonomia das crianças nas ações de cuidado pessoal, auto-organização, saúde e bem-estar."

Em uma rotina integrada, voltada para o desenvolvimento das crianças, as situações de aprendizagem mediadas devem estar integradas ao conjunto das experiências: o tempo de ser acolhido, de alimentar-se, de repousar, de ser cuidado, de cuidar de si próprio e do outro é também o tempo de aprender a expressar-se em diferentes linguagens, de conhecer mais sobre o mundo, sua cultura e a de outros povos, entre tantas outras aprendizagens importantes na infância.

Cuidar é uma ação complexa que envolve diferentes ações, gestos, precauções, atenção, olhares. É muito importante que o cuidar seja tecido na relação entre sujeitos que estabelecem intimidade: o professor e as crianças. Assumir a intrínseca relação entre educar e cuidar é um importante princípio para a definição de práticas educativas. Envolve acolher a criança nos momentos difíceis, orientá-la quando necessário, apresentar-lhe o que há de encantador no mundo da música e das artes, da natureza e dos homens, das letras e dos números, e muito mais, de modo a enriquecer a trajetória de cada criança e ajudá-la a construir sua história pessoal.

4. O papel das interações no desenvolvimento humano

Ainda segundo as Diretrizes Curriculares Nacionais para a Educação Infantil, o planejamento de um currículo de Educação Infantil deve ter como eixos norteadores a interação e a brincadeira. Por isso, todas as propostas apresentadas a seguir se organizam no eixo das interações não só de professores e crianças, mas, principalmente, das próprias crianças, e da brincadeira como principal atividade infantil.

Afirmar que a criança é um sujeito que produz cultura exige que se conheça a cultura infantil, seus modos de produção e expressão, e que se planejem situações capazes de desafiá-las, ajudando-as a avançar nas suas aprendizagens e no desenvolvimento de suas potencialidades. Assim, pensar nas relações entre infância e cultura nos leva a pensar sobre o papel do adulto, que será o mediador dessas relações.

O professor tem um papel fundamental na investigação dos processos de significação das crianças tanto quanto na escolha de atividades promotoras de desenvolvimento. Ele deve se responsabilizar por criar bons contextos de mediação entre as crianças, seu entorno social e os vários elementos da cultura. Cabe-lhe a arte e a competência de criar condições para que as aprendizagens ocorram tanto nas brincadeiras livres quanto nas atividades orientadas, considerando o desenvolvimento, a ação mental infantil e interações de maior qualidade envolvendo adultos e crianças, e as interações que as próprias crianças estabelecem enquanto brincam, produzem e aprendem cooperativamente.

É o professor quem planeja as melhores atividades, aproveita as diversas situações do cotidiano e potencializa as interações. Tudo para apresentar às crianças o mundo em sua complexidade: a natureza, a sociedade, as artes, os sons, os jogos, as brincadeiras, enfim, os conhecimentos construídos ao longo da história, possibilitando a construção de sua identidade, individualidade e autonomia dentro de um grupo social.

5. Adequação das experiências do ponto de vista do avanço das crianças

A Educação Infantil também deve conhecer e investir no que é do interesse das crianças, como forma de reconhecê-las como cidadãs de direito desde o nascimento.

Desde muito cedo, as crianças manifestam interesses das mais diversas maneiras que sua experiência em uma cultura lhes possibilitou apropriar: sorrindo quando aprovam algo ou quando querem repetir uma experiência; chorando quando desaprovam ou não querem mais comer ou fazer algo; apontando para algo que desejam ou para pedir que o adulto nomeie os objetos que observam; balbuciando, e muitos outros.

Quando as crianças são muito pequenas, até os 2 anos de idade, os adultos têm um papel determinante na definição das experiências que elas devem ter e dos conteúdos a serem construídos. Mas à medida que crescem e se desenvolvem, espera-se que elas cultivem interesses e participem mais ativamente das explorações que vão construir em grupo.

Em relação a este ponto, mais uma vez, surgem as dúvidas dos professores: o que e por que vamos apresentar determinados conteúdos às crianças? Quais serão os projetos a serem desenvolvidos em cada semestre? É nessa hora que surge uma resposta pronta: deve-se oferecer o que interessa às crianças. Mas esse é um tópico bastante questionável. Antes de responder, vamos refletir sobre a própria pergunta: por que, afinal, o interesse passou a ser uma questão da Educação Infantil? Como saber o que interessa às crianças?

As ideias que permeiam nossos discursos hoje em dia, por mais novas que possam parecer, têm uma longa história. Aquilo que se convencionou chamar de "interesse" está bastante associado aos ideais da Escola Nova, movimento que marcou profundamente o pensamento pedagógico brasileiro a partir da primeira metade do século XX. O grande desafio da época era promover uma ideia mais potente de criança, evidenciando-a em suas características próprias e retirando do adulto o lugar de centro do processo educativo. Nessa visão, as técnicas, os métodos e os processos de ensino tinham mais visibilidade do que a aprendizagem das crianças propriamente dita, comumente vista como uma consequência lógica e resposta homogênea às ações dos adultos.

O movimento da Escola Nova trouxe um olhar mais próximo das crianças, mais interessado em estabelecer um diálogo entre os que ensinavam e os que aprendiam. Antes disso, ideias sobre a singularidade da infância já circulavam entre os pensadores e ajudaram a enraizar uma ideia forte de criança que a Escola Nova propagou. No século XVIII, por exemplo, o filósofo Rousseau já afirmava que as crianças pensam de maneira diferente dos adultos e defendia práticas educativas nas quais elas próprias pudessem explorar o mundo com mais autonomia, enfrentando seus desafios e procurando nele somente o que de fato as interessava.

Na mesma linha, no início do século XIX, o educador alemão Fröbel, desenvolveu o conceito de "complexos de interesses". Para ele, o aprendizado só se dá porque existe interesse em aprender. No fim do século XIX, o médico francês Ovide Decroly também defendeu a ideia de aptidões naturais que todas as crianças teriam e que poderiam desenvolver no contato com tudo aquilo que pudesse lhes interessar, o que estaria ligado às necessidades humanas. Para ele, as quatro necessidades principais seriam, então: alimentação, abrigo, defesa e produção. Dessas decorreriam os centros de interesse que permitiriam que as crianças pudessem escolher suas próprias atividades e aprender a observar, a associar espaço e tempo e a experimentar.

Os três autores têm em comum a crença de que o fundamento da educação de uma criança estaria na própria natureza: a necessidade é que gera o interesse e é ele que leva ao conhecimento. Esse pensamento influenciou de tal modo a Educação Infantil que ainda hoje podemos encontrar suas marcas em muitas propostas curriculares, mesmo quando, teoricamente, já discordam dessa concepção inatista.

No século XX, Freinet, professor e pensador francês, deu um passo à frente desses educadores na sistematização de um método pedagógico para trabalhar a partir da necessidade e do interesse da criança. Ele acreditava que a aprendizagem dependia da cooperação e que, ao contrário do que se pensava anteriormente, é a escola que deve estimular o interesse e a vontade de aprender. Nesse contexto, a criança é que deveria conduzir o adulto na escolha do que pesquisar e todo o trabalho do professor seria o de alimentar as escolhas infantis. Seu método propunha a organização de cantos de atividades específicas que permitiriam à criança explorar conteúdos ligados aos centros de interesse.

Muito do que esses pensadores trouxeram para a Pedagogia ainda está presente no trabalho da Educação Infantil, ainda que muitos educadores não saibam disso. Muitas das práticas foram assimiladas sem que se discutissem as ideias que as fundamentavam como, por exemplo, a crença na força da natureza na determinação do desenvolvimento humano, ideias que, sabemos hoje, já foram bastante discutidas e contestadas.

Sabemos hoje, por meio de estudos feitos em diferentes campos do conhecimento, que a cultura é mediadora fundamental no desenvolvimento do ser humano, muito mais do que suas características biológicas, ou naturais. A experiência de uma pessoa influencia o próprio desenho do seu campo de interesses. Como propõe Vygotsky, não são as necessidades naturais básicas que conduzem o desenvolvimento da criança no mundo, mas sim os desafios criados nas interações que a criança estabelece com diferentes parceiros nas diversas situações sociais a que ela é exposta desde o nascimento.

Dessa perspectiva, a criança é vista como sujeito marcado pela cultura e, ao mesmo tempo, como um sujeito que produz cultura. Ela é um ser natural e ao mesmo tempo social, na medida em que suas necessidades "naturais" são culturalmente percebidas e supridas. Por isso, interessa-nos saber como um professor se relaciona com seu grupo de crianças e o seu tempo e como ele interpreta as experiências infantis.

É certo que cada novo grupo de crianças a cada momento sempre traz algo novo, há sempre um dado insondável no encontro entre crianças e adultos. Mas isso não significa que o professor não saiba nada sobre o grupo que chega. Nesse encontro também pesa a experiência proveniente de tantos grupos que ela já encontrou ao longo de sua vida. Além disso, os interesses das crianças têm uma dimensão coletiva, à medida em que elas estão imersas em determinados ambientes sociais comuns, por isso podemos dizer que essas atividades são definidas não para uma ou outra criança em especial, mas sim para um grupo de crianças.

Vemos, então, que a questão do interesse das crianças nos dias de hoje em muito ultrapassa a discussão da espontaneidade que centrava todas as ações na criança e destituía o professor de seu papel nas relações de ensino e aprendizagem. Cientes da responsabilidade na decisão sobre o que as crianças precisam aprender, muitos professores procuram critérios que os ajudem. Uma importante ferramenta para a pesquisa do professor é a sua observação atenta, que lhe possibilita conhecer a significação que cada criança empresta a elementos do meio. Para tanto ele necessita observar as reações das crianças, conhecer suas preferências, incentivá-las a expor sua forma de perceber determinada situação ou conceito, encorajá-las a considerar, ao mesmo tempo, os aspectos valorizados por outras crianças e que as levam a encarar o elemento em questão de modo diferente. Observar o grupo de crianças é, portanto, um ponto de partida do planejamento pedagógico. O reconhecimento dos modos de operar das crianças pode surpreender os professores, mesmo os mais experientes.

A questão do interesse deve, então, ser respondida pela qualidade das atividades propostas. O critério que a tradição escolar comumente usou ao longo de sua história é o do ajuste ao desenvolvimento. Tratou-se de selecionar atividades próprias para cada faixa etária ou nível de desenvolvimento das crianças, sem, contudo, notar a limitação que esse critério impunha ao avanço das crianças, contrariando inclusive os objetivos primordiais da educação.

O maior problema que se encontra na base da hipótese de que as boas atividades seriam aquelas mais adequadas ao nível de desenvolvimento das crianças é a crença de que o processo de desenvolvimento é natural. Não se contou com o aspecto social do desenvolvimento e o fato de que as crianças podem fazer com alguma ajuda muito mais do que fariam sozinhas.

Tomando como base a teoria vygotskyana de desenvolvimento, podemos pensar que uma atividade desafiadora para as crianças não é aquela que está circunscrita a uma fase de desenvolvimento, faixa etária ou condição, ou seja, de sua zona real de desenvolvimento, mas sim em uma zona "próxima" de desenvolvimento. São atividades que oferecem às crianças problemas que não sejam nem tão fáceis que elas não tenham nada mais a aprender, e nem tão difíceis que não tenham condições de resolvê-los por meio de seus recursos ou com ajuda de um parceiro um pouco mais experiente.

A brincadeira pode ser vista como uma dessas atividades desafiadoras: por exemplo, ao fazer de conta que é mamãe ou papai na brincadeira de casinha, uma criança de 2 anos assume um comportamento que não seria adequado à sua idade real – cozinhar ou cuidar de bebês –, mas, justamente porque faz de conta que é tal personagem, ela pode sentir e pensar a partir de situações que não estariam em seu horizonte de criança. De modo semelhante, uma criança de 4 ou 5 anos pode não saber escrever convencionalmente, mas, ao escrever como se soubesse fazê-lo, ela coloca em jogo suas ideias sobre o que seja a escrita no mundo, levanta e testa hipóteses no confronto com a escrita convencional e pode avançar muito na compreensão do sistema de escrita e de seus usos, até dominá-lo e, então, escrever por conta própria. Nos dois casos, vemos crianças procurando lidar com problemas complexos, enfrentando situações que não seriam pertinentes à sua idade, como, por exemplo, resolver problemas de mãe sem ser adulto, escrever sem saber escrever. Pensando assim, não é o desenvolvimento que permite essas ou aquelas aprendizagens pelas crianças, mas o contrário: são as aprendizagens que alavancam o desenvolvimento.

Propor atividades que as crianças ainda não experimentaram ou problemas que elas ainda não sabem solucionar, mas oferecendo-lhes diferentes formas de apoio necessário para que ultrapassem a zona real de seu desenvolvimento, é o melhor que se pode fazer para ampliar seus interesses e promover seu avanço.

6. A inclusão de crianças com deficiências

Nos últimos anos, temos assistido ao profícuo diálogo entre educadores e especialistas das diversas áreas da saúde contribuindo para o avanço da inclusão de todas as crianças na escola regular. O amplo conhecimento sobre os processos de desenvolvimento das crianças permite hoje compreender a complexidade dos modos de existir, estabelecendo diferenças inclusive entre os que portam deficiências como problemas mentais, cegueira, mudez etc., e os que possuem necessidades especiais de aprendizagem como, por exemplo, transtornos globais do desenvolvimento e síndromes leves. O desafio em ambos os casos é atender as necessidades das crianças em um contexto de inclusão.

Para a Educação Infantil, a inclusão é um princípio que rege o planejamento de todas as atividades e é sempre vista sob todos os pontos de vista, não apenas o clínico. Por exemplo: ao encaminhar e acompanhar a família de uma criança cega a profissionais ou centros especializados onde ela possa aprender a ler na linguagem dos cegos, a instituição educativa cumpre um importante papel de incluir essa criança e sua família na sociedade, para que usufrua plenamente de seus direitos. Ao desenvolver formas de se comunicar com essa criança na própria instituição educativa, o professor abre uma possibilidade mais imediata de inclusão dessa criança nas práticas sociais daquele grupo. Ao desenvolver estratégias de cooperação com as demais crianças, ele inclui todas as crianças, não apenas a criança cega, em uma prática social mais responsável e sensível às diferenças, o que é um ganho para todas.

A reflexão sobre casos de deficiência, como o exemplo tratado, nos leva a refletir, por extensão, sobre a complexidade dos modos de existência e das elaborações de cada um. Sob a óptica educativa, uma criança com síndrome de Down, por exemplo, é tão diferente das demais crianças quanto todas as demais crianças são diferentes entre si. Em um ambiente onde não há padronizações e nem exigências de expectativas hegemônicas, a diversidade de olhares, estilos, abordagens, expressões e comportamentos torna-se um valor que o professor destaca em todas as suas atuações.

Essa ideia sustenta um princípio básico de todo planejamento, que é a aposta nas diferentes significações das crianças. Todas as atividades são oferecidas com ajustes necessários a todas as crianças, a fim de que possam explorar diversas experiências e superar seus limites. O objetivo não é compensar a necessidade da criança, como se ela carregasse uma falta, mas sim explorar e valorizar a sua forma singular de responder aos desafios que lhe são colocados. A intenção é iluminar as tantas formas como tais atividades podem ser vividas, ampliando os padrões estereotipados de comportamento.

A ideia da inclusão como princípio deve reger todo o currículo, passando inclusive por modos de organização de tempos, espaços e materiais. Bebês, mesmo quando ainda não andam, não devem ficar confinados no berço a maior parte do tempo, mas sim dispostos no chão de modo a ter acesso aos materiais da sala e observar seu entorno. Cadeirantes não devem ficar fora das brincadeiras de parque, mas sim explorar o espaço pensado para acomodar a sua movimentação na interação com os amigos.

Esse ponto é especialmente importante porque atende ao sentido maior da educação, que vai muito além do trabalho com as diferentes linguagens na Educação Infantil, um trabalho de formação que assegura o direito à proteção, estimula iniciativas individuais e promove a qualidade de vida em grupo, com liberdade, confiança e dignidade.

Para que a jornada do desenvolvimento humano na Educação Infantil se efetive plenamente, em sua complexidade, para que todas as crianças possam explorar ao máximo as potencialidades que sua cultura lhes oferece, é importante que a instituição de Educação Infantil se responsabilize por assegurar, de forma organizada e coerente com o projeto da instituição educativa e as diretrizes nacionais, algumas experiências sugeridas nos próximos capítulos.

Ilustração LUIZA CORTESE MUDRIK

3

A CONSTRUÇÃO DE AMBIENTES DE CONVIVÊNCIA E APRENDIZAGEM NAS INSTITUIÇÕES DE EDUCAÇÃO INFANTIL

Nesta terceira década do século XXI, é possível dizer que as concepções de infância e Educação Infantil brasileiras vêm mudando bastante, embora ainda tenhamos muito a caminhar e aprender. Novas diretrizes curriculares nacionais inscrevem hoje a Educação Infantil como uma instância de direito de todas as crianças, apontando para a importância dessa etapa em sua vida, e para a compreensão e o norteamento do desenvolvimento infantil em uma sociedade democrática.

A função das instituições de Educação Infantil, a exemplo de todas as instituições nacionais – e principalmente como o primeiro espaço de educação coletiva fora do contexto familiar –, ainda se inscreve no projeto de sociedade democrática desenhado na Constituição Federal de 1988 (art. 3º, inciso I), com responsabilidades no desempenho de um papel ativo na construção de uma sociedade livre, justa, solidária e socioambientalmente orientada (parecer CNE/CEB nº 20/09).

De fato, as diretrizes de 2009 definem as instituições de Educação Infantil que recebem as crianças pequenas como espaços privilegiados de convivência, "de construção de identidades coletivas e de ampliação de saberes e conhecimentos de diferentes naturezas, por meio de práticas que atuam como recursos de promoção da equidade de oportunidades educacionais entre as crianças de diferentes classes sociais no que se refere ao acesso a bens culturais e às possibilidades de vivência da infância". Isso significa entender as crianças pequenas como sujeitos de direito e como cidadãos, acolhendo também as famílias como parceiras na educação de seus filhos e filhas.

Nessa concepção, as instituições de Educação Infantil são hoje lugares com função sociopolítica e pedagógica, onde são produzidas novas formas de sociabilidade e de subjetividades comprometidas com a democracia e a cidadania, com a dignidade da pessoa humana, com o reconhecimento da necessidade de defesa do meio ambiente e com o rompimento de relações de dominação etária, socioeconômica, étnico-racial, de gênero, regional, linguística e religiosa que ainda marcam nossa sociedade (parecer CNE/CEB nº 20/09).

As mudanças na natureza da Educação Infantil nos colocam diante de um desafio: o da compreensão de que as instituições, sejam elas públicas ou particulares, tenham como foco as crianças, todas elas com direito a vivenciar boas rotinas, uma jornada diária interessante, acolhedora e desafiadora, bem como atividades que instiguem o desenvolvimento de seu autoconhecimento e autoestima e que ampliem seu conhecimento sobre relações sociais e elementos da cultura. Isso apresenta também um desafio para a formação dos professores, apontando para a necessidade não apenas da formação específica, mas também de uma profunda compreensão do que caracteriza educar crianças pequenas e um verdadeiro interesse e competência para desempenhar a função de professores de Educação Infantil.

Modelos mais recentes de Educação Infantil mostram a importância de seus educadores serem sensíveis às necessidades pessoais e sociais das crianças, tornando-se seus parceiros especiais em situações de adaptação e acolhimento, identificação e explicitação de sentimentos, ou no enfrentamento de conflitos. Essas situações, tão comuns no dia a dia da Educação Infantil, não podem mais ser consideradas fortuitas. São, ao contrário, a essência do cotidiano dos grupos infantis, e o professor deve estar preparado para participar delas e encaminhá-las.

Muitas vezes, importantes conquistas das crianças, principalmente aquelas relacionadas ao desenvolvimento de sua autoestima e de sua capacidade de socialização, não são valorizadas pelas instituições, sendo entendidas quase como "consequências naturais" do processo de desenvolvimento, sobre as quais o ambiente da creche ou escola não teria influência. No entanto, essas conquistas são aprendizagens que devem ser contempladas e serão possibilitadas, em maior ou menor grau, pela sensibilidade e pelo trabalho intencional dos professores, tanto no aspecto das relações quanto no da reflexão e da organização de ambientes de aprendizagem.

O período de 0 a 5 anos é repleto de momentos importantes para as crianças. A construção de uma identidade pessoal, a aquisição da marcha, a aprendizagem da fala, o controle dos esfíncteres, o desenvolvimento das primeiras amizades e o faz de conta são apenas algumas delas. Isso sem falar nas experiências de aproximação da cultura: a leitura, a escrita, o contato com a literatura e com as artes. Todas essas conquistas devem ser consideradas quando se organizam os ambientes das creches e escolas em que as crianças convivem. Dentro dessa perspectiva, esses ambientes devem ser agradáveis, acolhedores, afetivos e ao mesmo tempo desafiadores.

Acreditamos que o maior estímulo para uma criança seja a companhia das outras crianças. Compreender a convivência entre as crianças como oportunidade privilegiada, considerando-a mobilizadora de uma série de experiências de aprendizagem, leva os professores a organizar espaços, rotinas e promover também a interação das crianças. Porém, não se trata de entender que a criança que frequenta a instituição de Educação Infantil deva ser superestimulada, ou que seu convívio seja visto como compensador das perdas que ela poderia sofrer por não estar em casa, na companhia da mãe ou outra figura familiar.

A interação do projeto pedagógico e do ambiente da instituição de Educação Infantil

As concepções de educação se relacionam e se traduzem nas propostas ou projetos pedagógicos de creches e escolas e nos diferentes níveis de gestão de situações educativas nelas encontrados, como a própria gestão da unidade, no que diz respeito a decisões administrativas e formativas, e também à gestão dos grupos infantis de 0 a 5 anos por seus professores.

A proposta pedagógica, ou projeto pedagógico, é o plano orientador das ações da instituição e define as metas almejadas para o desenvolvimento e aprendizagem dos meninos e meninas que nela são educados e cuidados. Na sua execução, a instituição de Educação Infantil organiza seu currículo, que pode ser entendido como as práticas educacionais organizadas em torno do conhecimento e em meio às relações sociais que se travam nos espaços institucionais e que afetam a construção das identidades das crianças. Por expressar o projeto pedagógico da instituição em que se desenvolve, englobando as experiências vivenciadas pela criança, o currículo constitui um instrumento político, cultural e científico coletivamente formulado (parecer CNE/CEB nº 20/09).

A pergunta que se coloca é: como uma concepção contemporânea de infância e Educação Infantil se traduz no ambiente educativo para crianças pequenas? Dito de outra forma, considerando o fato de que o ambiente de Educação Infantil estará dialeticamente relacionado ao projeto pedagógico de cada instituição, um exercício interessante é olhar para o ambiente das instituições com olhos de pesquisador e perguntar-se que concepção de educação é possível depreender dele.

Para que as diferentes propostas pedagógicas e atividades selecionadas por seu potencial de mediação de aprendizagem e desenvolvimento sejam realizadas, é preciso pensar na organização de ambientes que apoiem as ricas experiências de convivência e aprendizagem das crianças. Por exemplo: para incentivar a exploração de objetos pelos bebês e crianças pequenas, o ambiente deverá viabilizar completamente a ação exploratória das crianças, que vão empilhar, encaixar, encher, esvaziar, jogar ou amassar diferentes objetos. Uma atividade assim deverá não apenas prever a preparação do espaço físico – amplo e ao mesmo tempo acolhedor – mas também o número de crianças e o tempo em que estarão envolvidas na atividade, não esquecendo o fato de que, nessa faixa etária, nem todas as crianças manterão o mesmo interesse na ação durante o mesmo tempo, devendo estar prevista alguma atividade para os que rapidamente finalizarem ou interromperem a exploração. Finalmente, uma proposta como essa demandará professores que entendam o significado dessa exploração e a viabilizem, estimulando as diferentes interações das crianças no momento em que a brincadeira acontece.

Da mesma forma, a organização de uma exposição de trabalhos das crianças mais velhas, como as de cinco anos, por exemplo, deverá considerar a própria forma de seleção dos trabalhos e a escolha do espaço onde serão expostos, a partir da escuta das opiniões e sugestões das próprias crianças. Tal escuta deverá contemplar a organização de várias rodas de conversas sobre esse assunto e os registros das decisões tomadas. Pode envolver a necessidade de organizar assembleias em que crianças e professores da escola participem e nas quais ideias e decisões serão compartilhadas em prol de uma organização comum, acordada por todos – como no caso de uma exposição que apresente os trabalhos de todas as classes da Educação Infantil.

Situações como essas ilustram o quanto a organização dos ambientes das instituições de Educação Infantil mantém uma íntima relação com o projeto pedagógico construído por sua equipe. Se o projeto considera a criança como alguém curioso e ativo, seus professores produzirão um ambiente em que os tempos, espaços, materiais e interações impliquem diferentes experiências de aprendizagem e garantam tanto continuidade àquilo que a criança já sabe e aprecia quanto à criação de novos conhecimentos e interesses. Porém, se o projeto pedagógico apoia-se numa concepção na qual o pensamento e as ações infantis são pouco compreendidos e tolerados, o ambiente poderá restringir as atividades das crianças, impedir sua movimentação autônoma e sua apropriação dos espaços e rotinas, privilegiando sua subordinação às decisões e escolhas dos adultos.

Segundo as Diretrizes Curriculares Nacionais para a Educação Infantil (parecer CNB/CEB nº 20/2009), na organização de seu projeto pedagógico e nos planos de ensino, as instituições de Educação Infantil necessitam:

- compreender a brincadeira como uma atividade fundamental nessa fase do desenvolvimento e criar condições para que as crianças brinquem diariamente;
- propiciar com regularidade experiências promotoras de aprendizagem e consequente desenvolvimento das crianças;
- selecionar aprendizagens a serem promovidas sem restringi-las a tópicos tradicionalmente valorizados na cultura escolar, mas ampliando-as na direção do aprendi-

zado das crianças para assumir o cuidado pessoal, fazer amigos e conhecer suas preferências e características;

- considerar as especificidades e os interesses singulares e coletivos dos bebês e das crianças das demais faixas etárias, vendo a criança em cada momento como um ser completo no qual os aspectos motores, afetivos, cognitivos e linguísticos se integram, ainda que em permanente mudança;
- trabalhar com os saberes que as crianças constroem, ao mesmo tempo em que se garante que elas se apropriem ou construam novos conhecimentos;
- organizar os espaços, tempos e materiais a fim de promover produtivas interações das crianças nas atividades;
- abolir todos os procedimentos que não reconheçam a atividade criadora e o protagonismo da criança pequena, que promovam atividades mecânicas e não significativas para elas;
- possibilitar que as crianças expressem sua imaginação nos gestos, no corpo, na oralidade e/ou na língua de sinais, no faz de conta, no desenho, na dança e em suas primeiras tentativas de escrita;
- dar oportunidade para as crianças se apropriarem de elementos significativos de sua cultura não como verdades absolutas, mas como elaborações dinâmicas e provisórias;
- criar condições para que as crianças participem de diversas formas de agrupamentos (grupos de idades iguais ou diferentes) formados com base em critérios estritamente pedagógicos;
- possibilitar às crianças fazer deslocamentos e movimentos amplos nos espaços internos e externos da instituição, e permitir que elas se envolvam em explorações e brincadeiras;
- oferecer objetos e materiais diversificados que contemplem as particularidades do desenvolvimento de cada criança, incluindo as crianças com deficiência, com trans-

tornos globais do desenvolvimento e com altas habilidades/superdotação, e as diversidades sociais, culturais, étnico-raciais e linguísticas das famílias e da comunidade regional;

- garantir momentos para as crianças brincarem em pátios, quintais, praças, bosques, jardins, praias e viverem experiências de semear, plantar e colher os frutos da terra, permitindo-lhes construir uma relação de identidade, reverência e respeito para com a natureza;
- possibilitar o acesso das crianças a espaços culturais diversificados e a práticas culturais da comunidade, tais como: apresentações musicais, teatrais, fotográficas e plásticas, e visitas a bibliotecas, brinquedotecas, museus, monumentos, equipamentos públicos, parques, jardins;
- garantir espaços e tempos para o diálogo com as famílias, integrando-as no projeto curricular pensado para seus filhos;
- documentar as decisões que orientaram a organização das atividades de aprendizagem e as observações sobre aspectos relevantes de sua realização.

Ao observar essas necessidades postas à Educação Infantil hoje, é possível perceber que a constituição de um ambiente não diz respeito apenas a seu aspecto espacial. Na verdade, um ambiente implica a maior ou menor integração de vários aspectos ou dimensões, que sempre e necessariamente estarão em interação:

DIMENSÃO INTERACIONAL: corresponde à maneira como o ambiente contempla e favorece as diferentes possibilidades de interação estabelecidas pelas crianças entre si ou com os adultos, suas relações, a descoberta dos outros, o nascimento das amizades, o encaminhamento de conflitos, tudo isso por meio de atividades interessantes, organizadas e apoiadas em materiais diversos e nas intervenções sensíveis e planejadas de seus professores. Também compreende o modo como as crianças utilizam esse ambiente como campo de exploração e de criatividade, e como cada criança o considera – um ambiente de alegria ou de medo, de descoberta ou de inibição, de amizades ou de rivalidades.

Sabemos que as interações sociais são elementos determinantes na aprendizagem das crianças. Por isso, precisam ser levadas em conta na organização dos ambientes, bem como no trabalho de planejamento. Cabe, então, refletir sobre as possibilidades que as crianças têm de explorar a interação no próprio grupo infantil, sem estarem necessariamente limitadas à condução das atividades pelos professores; sobre o tempo e a qualidade da convivência com os adultos e com crianças de diferentes idades; sobre as possibilidades de estarem entre os mais velhos da turma e também entre os mais novos; sobre a possibilidade de oferecerem ajuda e serem ajudados, ou mesmo de escolher os amigos com quem desejam brincar, sem deixar de acatar novas sugestões de parceria incentivadas pelo professor.

No que diz respeito às interações entre as crianças, os ambientes de Educação Infantil em nosso país têm sido tradicionalmente determinados pela predominância das formas coletivas de participação nas atividades, com instruções e acompanhamento centralizados nos adultos, que podem assim ser traduzidos numa espécie de "máxima": todo mundo faz a mesma coisa, ao mesmo tempo, do mesmo jeito. Essa regra tem-se aplicado não apenas aos momentos de brincadeiras ou atividades realizadas no espaço interno, como o desenho ou artes, mas também aos momentos de cuidado de si, em que todas as crianças usam o banheiro no momento determinado pelo professor, ou se alimentam no mesmo ritmo, gerando para muitos um tempo de espera considerável.

Essas formas de organização consideram pouco as competências das crianças para se movimentarem, participarem da arrumação dos ambientes e fazerem escolhas: o que querem fazer, do que querem brincar, com quem querem conversar. Porém, numa concepção educacional que as toma como protagonistas, é possível privilegiar outras formas de interação. É o caso dos pequenos grupos.

Atualmente muitas instituições têm optado pela ênfase numa organização espacial que convide as crianças a se reunirem em grupos menores, pelo menos numa boa parte do dia. Nas salas e nos demais espaços da instituição de Educação Infantil, organizam-se áreas que possibilitam às crianças trabalhar em duplas, trios ou quartetos, realizando atividades de leitura, pintura, construção, música, teatro, faz de conta, entre muitas outras.

Em algumas instituições, essas áreas de atividades diversificadas – também conhecidas como "cantos" – são fixas. Assim, ao mesmo tempo em que as crianças exercitam diariamente a possibilidade da diversidade de agrupamentos e opções de atividades, exercitam também a constância e a repetição, já que poderão voltar às opções preferidas sempre que quiserem, em outros dias. Outras instituições refazem os cantos a cada dia, segundo a programação didática ou as sugestões das crianças, que sem dúvida podem ser incluídas na preparação e organização do ambiente. Mesmo os bebês demonstram apreciar certas áreas do espaço e evitar outras, o que constitui sua forma de avaliar o ambiente e apresentar sugestões de mudanças. Sem isso os espaços ficam uniformes, massificados, com áreas pouco dinâmicas e sem vida, fazendo jus à máxima de realizar a mesma coisa, ao mesmo tempo e do mesmo jeito.

Evidentemente, repensar dessa forma a organização dos espaços de uma instituição implicará numa mudança profunda no papel do professor – outro aspecto importante no que diz respeito às interações vividas num berçário ou na escola. Nas experiências educativas que optam por descentralizar os espaços de atividade infantil, além da mudança e enriquecimento do próprio espaço, muda também a qualidade das intervenções e da participação de seus professores nas atividades. Porém, a menor centralidade do adulto não significa menor relevância. O principal papel do professor fica sendo o de organizar os contextos e as oportunidades, sem conduzir as crianças a resultados predeterminados. Sua função é voltada a conhecer os percursos possíveis de aprendizagem e desenvolvimento das crianças.

Ainda com relação às interações, outro aspecto a ser considerado na organização dos ambientes de Educação Infantil é a possibilidade de integrar crianças de diferentes faixas etárias. A maior parte das unidades de Educação Infantil brasileiras opta pelo critério etário de organização de seus grupos infantis. Entretanto, a interação de crianças maiores e menores é sabidamente uma das condições mais estimulantes e geradoras de aprendizagens. As crianças menores são desafiadas pelo convívio com as maiores em suas competências motoras, linguísticas e relacionais; da mesma forma, as crianças maiores podem viver e experimentar suas capacidades de cuidar, proteger e ensinar as menores, bem como de rever seu próprio processo de crescimento em que a relação entre fragilidade e força, competência e necessidade de ajuda, e a crise entre ser pequeno e ser grande é característica. Se não é possível que os grupos infantis considerem sempre a característica interetária, é importante pensar que haja sempre um ou mais momentos na rotina da instituição em que os pequenos e os maiores possam estar juntos.

DIMENSÃO FÍSICA: diz respeito à organização dada ao espaço físico – seu tamanho, formato, condições de iluminação, ventilação – e aos materiais nele dispostos e disponíveis: mobiliário, divisões, brinquedos, objetos etc. Também abrange as qualidades sensoriais oferecidas pelo espaço (de cores, formas, espelhos, transparências, tecidos e outros materiais), além da presença de elementos da natureza e de múltiplas culturas.

O espaço constitui importante elemento na relação de aprendizagem, o que reforça a importância de refletir sobre ele, planejá-lo e aperfeiçoá-lo. Tal como ocorre em relação ao tempo, a estruturação dos espaços das instituições é fonte importante de mediações para a criança aprender a considerar localizações, dimensões e significações, conforme lida com lugares e situações ligadas a cada um deles. Ter um espaço organizado para as crianças, do qual elas se sintam realmente apropriadas e onde estejam seguras, amplia as possibilidades de interações variadas, prolongadas, estimulantes, afetivas, com diferentes parceiros, influenciando o desenvolvimento de sua atividade criativa. O espaço é assim considerado um elemento educador para as crianças.

A organização do espaço serve de referência para a criança antecipar o que pode e o que não pode fazer em determinado local e decidir como quer ou não utilizá-lo para atingir seus desejos emergentes. O espaço oferece ainda oportunidade para o desenvolvimento artístico da criança, pois a coloca diante de diferentes texturas, cores, formas, sons, aromas e gostos, elementos significativos na construção de sentidos variados em relação à sua experiência sensorial e estética.

Vemos assim que também a organização dos espaços das instituições de Educação Infantil apoia-se no projeto pedagógico construído por sua equipe. Se o projeto considera a criança como alguém curioso, ativo, como propomos neste livro, ele pressupõe uma organização espacial que promova diferentes experiências de aprendizagem, garantindo continuidade ao que a criança já sabe e aprecia, além de oportunidade para ela criar novos conhecimentos e interesses. Se a criança é considerada como alguém a ser disciplinado, o espaço é organizado para silenciá-la e inibir suas ações. O arranjo espacial é parte fundamental na construção de um ambiente em que as crianças sintam-se estimuladas a explorá-lo do ponto de vista motor (engatinhando, andando, manipulando coisas), levando-se em conta também as sensações que ele desperta (sons, cheiros, sabores, texturas), e o que a vivência naquele espaço provoca na afetividade (confiança ou medo), na cognição (ideias, imagens sobre possíveis papéis que podem estar nele presentes) e em sua interação.

Como as atividades das crianças podem acontecer em diferentes locais (o local de entrada, as salas de convivência ou de aula, o refeitório, o local de preparo dos alimentos, o parque, a quadra, o jardim), há a preocupação com a organização de todos esses espaços, para garantir sua estabilidade, fator fundamental para as crianças com alguma deficiência, como no caso das crianças cegas, que se localizam por coordenadas ambientais sutis e variadas.

É importante, todavia, reconhecer que a estruturação do espaço não tem uma relação unilateral com a criança. Esta atribui um sentido pessoal ao espaço e pode, com os colegas ou sozinha, contribuir para a sua reformulação, ou mudar a destinação pensada pelos professores.

É importante que cada espaço:

- seja estimulante, aconchegante, asseado, seguro, bonito, organizado de modo funcional e favoreça o envolvimento das crianças em diferentes atividades;
- garanta acessibilidade a crianças e adultos com visão ou locomoção prejudicada;
- dê condições para que as atividades possam ser feitas com um número variado de crianças;
- seja renovado periodicamente em função de novas aprendizagens por meio de novos arranjos no mobiliário, novos objetos ou elementos decorativos e novos cantos de atividades;
- seja planejado de modo a evitar acidentes.

A sala de cada turma deve ser organizada para possibilitar o desenvolvimento de diferentes atividades, concomitantes ou sequenciadas – brincadeiras, contação de histórias, pinturas, leituras etc. –, além de prever locais para que as crianças guardem seu material e exponham suas produções.

O espaço para os bebês deve ser estruturado para facilitar sua movimentação e locomoção, ampliando sua capacidade de localização espacial. Deve também estimular sua curiosidade e a exploração do ambiente, sendo ao mesmo tempo planejado de forma a evitar acidentes.

Montar o espaço com as crianças de 3 a 5 anos com base em uma história contada ou criada por elas pode ampliar as possibilidades simbólicas do local e transformá-lo em cenário para a brincadeira. Para ampliar a dimensão de fantasia que se queira dar ao ambiente, as salas ou os espaços externos, como o parque ou o pátio da creche ou escola, podem ser enriquecidos com materiais de cores diversas e objetos para compor um castelo, uma floresta, uma astronave, ou com tecidos que se transformem em tetos de circo, cadeiras que sugiram a existência de tronos ou bancos de um trem e assim por diante.

A configuração dos ambientes externos pode ser aproveitada (elevações no terreno, árvores, áreas para correr etc.) e constantemente transformada, com o uso de objetos como tecidos, cordas ou pneus, que possibilitem que as crianças realizem diferentes atividades e enfrentem desafios corporais. Muitas instituições que não possuem um espaço externo amplo ou naturalmente desafiador podem enriquecer bastante o espaço disponível, tornando-o atraente e estimulante para as crianças. Nessa proposta, a participação das famílias e da comunidade na doação de materiais possibilita aos pais conhecerem mais e partilharem da proposta educacional da instituição.

Finalmente, além da organização cuidadosa do espaço, outro aspecto importante a ser observado pelo professor é o modo como as crianças o utilizam. Isso possibilita que ele avalie a relação entre o espaço e os objetivos pretendidos, o que pode levar a novas modificações, seguidas, por sua vez, de novas observações e reavaliações. Para isso, o professor deve fazer alguns questionamentos, por exemplo: como organizar o espaço para cada atividade? Como é melhor dispor do mobiliário e arranjar esse ambiente? Será melhor mantê-lo como um espaço aberto, semiaberto ou fechado? Em todas as ocasiões ou em momentos determinados do dia? Quais qualidades estéticas esse espaço possibilita para a ampliação dos sentidos da criança? Guarda as marcas das produções infantis, nas mais diversas formas de expressão, na composição estética do ambiente? Permite que a criança tenha contato com elementos de outras culturas e o convívio com uma diversidade maior de valores estéticos? Que condição de segurança esse espaço oferece? E de desafios convidativos à exploração infantil? Ele deve ser arranjado de modo permanente ao longo do ano ou deve ser alterado à medida que o tempo passa e as crianças se desenvolvem? Essa organização permite às crianças o acesso ao ambiente exterior ou as deixa excessivamente confinadas em uma sala a maior parte do tempo? É seguro e ao mesmo tempo acolhedor? Promove o contato com os elementos da natureza necessários à saúde e à qualidade de vida?

Ao lado da organização do espaço, a seleção, cuidado e disponibilização dos materiais a serem utilizados na realização das atividades são também aspectos fundamentais da dimensão física do ambiente de uma instituição. Estudos mostram que o material desempenha um papel importante no desenvolvimento da criança considerando seu aspecto de mediação com o mundo. Para a criança pequena, o objeto determina a ação, situação que se inverte um pouco mais tarde, quando é a ideia que passa a determinar o uso do objeto. O uso dos materiais de forma dinâmica, ajustada a cada situação de aprendizagem, aumenta o interesse e a concentração das crianças, e deve ser feito de maneira que elas se sintam corresponsáveis, juntamente com a equipe escolar, por sua seleção, organização e limpeza.

À medida que as crianças se desenvolvem, é importante que elas possam ter acesso aos materiais, buscando-os ou guardando-os de modo independente e aprendendo quais cuidados são necessários para a sua conservação e organização. Assim, em sua relação com os materiais, as aprendizagens das crianças não se restringem a saber para que servem ou o que fazer com eles. Compreender que os materiais da creche ou da escola são de uso comum, que pertencem a um grupo e não apenas aos adultos e responsabilizar-se por seu uso e cuidado são aprendizagens importantes para as crianças no que diz respeito a cooperar e contribuir para a construção e manutenção de um ambiente agradável e organizado.

Como cada material pode criar diferentes oportunidades para as crianças agirem, é importante que o professor:

- selecione objetos em função das aprendizagens que quer promover e dos significados que as crianças, por meio de suas ações, atribuem a eles;
- providencie o material necessário para a realização das atividades – livros, tintas, argila, diferentes tipos de

papéis e pincéis, materiais para a construção de instrumentos sonoros, tecidos e outros elementos para confecção de cenários e figurinos;

- disponibilize materiais diversificados para a brincadeira – brinquedos (convencionais, industrializados e artesanais) e materiais não estruturados (papelão, tecidos, pneus e outros materiais reaproveitáveis), além de fantasias e adereços que possibilitem às crianças assumirem diferentes papéis;
- considere as necessidades de crianças com deficiências visuais, auditivas e físicas, oferecendo-lhes materiais adequados.

Os materiais devem ser pensados de acordo com cada proposta e com os problemas que queremos que as crianças resolvam. Por isso, é importante avaliar em conjunto com o planejamento do próprio espaço: que tipo de materiais e em que quantidade eles devem ser oferecidos às crianças? Os materiais que disponibilizamos são realmente desafiadores para as crianças de diferentes idades que convivem nesse ambiente? Atendem aos interesses e conhecimentos dos bebês e das crianças maiores? Que qualidades estéticas eles possuem? Em seu conjunto, tais materiais permitem a exploração dos diferentes sentidos? Promovem a exploração de diferentes linguagens (verbal, plástica, dramática, etc.)? São seguros e ao mesmo tempo desafiadores, interessantes? Em que situações precisam ser mais estruturados e quando podem ser menos estruturados? Por quê?

DIMENSÃO TEMPORAL: compreende a organização do tempo e os momentos em que os diferentes espaços são utilizados, bem como a distribuição das atividades ao longo da jornada diária, criando momentos diversos: tempo de chegar, de brincar, de alimentar-se ou repousar, de explorar, de ouvir histórias etc. De um ponto de vista mais abrangente, compreende as variações na organização dessas rotinas e jornadas considerando o clima, as estações do ano e sua influência na duração e distribuição das atividades e experiências das crianças. Finalmente, essa dimensão considera as formas de organização do ambiente para o atendimento das crianças em período parcial ou integral.

O tempo de uma criança na instituição educativa deve ser visto da perspectiva da criança, pois é um tempo de existência, de formação pessoal e social. Decidir sobre como usar o tempo é um desafio a que nós, adultos, dedicamos uma vida inteira. Somos responsáveis pelo modo como nós mesmos usamos o nosso tempo. Mas na instituição de Educação Infantil o tempo de existência é compartilhado.

Um ponto importante é reconhecer que as aprendizagens das crianças e seu desenvolvimento ocorrem em determinado momento histórico e incluem sua participação em situações que se efetivam no cotidiano com determinadas durações, periodicidade e sequenciamento. Com isso, a criança aprende a lidar, inicialmente de modo intuitivo, com ideias de antes e depois, de dia e noite, de ontem, hoje e amanhã, ideias que são utilizadas por seus parceiros mais experientes. Essa participação leva a criança a antecipar situações e a construir sua noção de tempo, sua memória e seus planos.

O tempo de realização de cada atividade e a forma como a criança é convidada a fruir dele (se com pressa ou com calma, se automaticamente ou com a oportunidade de construir um significado para ela) certamente influenciam a construção do ambiente de uma instituição.

Por conta da predominância das formas coletivas de participação das crianças nas atividades e da centralização, no professor, da decisão de determinar quando estas se iniciam ou terminam, também no que diz respeito à dimensão temporal os ambientes de Educação Infantil têm um desafio a enfrentar: acabar com os tempos de espera entre uma atividade e outra, que juntos podem somar, muitas vezes, mais da metade do tempo que as crianças passam na creche ou escola. O planejamento dos tempos das atividades, considerando a diversidade das crianças, bem como o planejamento da passagem de uma atividade para outra, podem diminuir esses momentos de espera e tornar o ambiente mais flexível para contemplar os diferentes ritmos infantis. Isso possibilita às crianças viverem dois movimentos fundamentais: o de repetição do conhecido e o de contato com a novidade.

Há dois lados na consideração do tempo na Educação Infantil. Um deles focaliza a rotina diária da instituição, que orienta em especial o trabalho dos profissionais que nela trabalham. O outro foco está na jornada das crianças, a sequência de atividades e experiências que elas vivenciam a cada dia. Evidentemente, os dois focos devem se ajustar, mas tal como apontam estudos e publicações recentes, estamos vivendo um momento na área de Educação Infantil em que maior força deve ser dada à consideração da jornada, em grande parte pelo esforço de superar o olhar tradicional que pouco via as necessidades, preocupações e projetos das crianças, mesmo das muito pequenas. A questão que se coloca hoje para promover uma Educação Infantil de qualidade é como ajustar a rotina da instituição para beneficiar a jornada das crianças, em vez de pensar em como ajustar a jornada das crianças para obedecer à rotina da instituição.

A rotina na instituição de Educação Infantil é fundamental para o desenvolvimento profissional dos educadores e o desenvolvimento integral (cognitivo, afetivo, motor, social) das crianças. Em sua definição, é preciso considerar o tempo dos atores envolvidos: tempo de aprender, de conviver, de falar, de escutar, de silenciar, de brincar, de ser.

Na relação entre o ambiente da instituição e seu projeto pedagógico, é possível perceber que a qualidade do tempo vivido pelas crianças na creche ou escola estará de acordo com a ideia de Educação Infantil que sua equipe possui. Uma concepção contemporânea de Educação Infantil brasileira, pautada pela Revisão das Diretrizes Curriculares Nacionais para a Educação Infantil (parecer CNB/CEB nº 20/2009), aponta que o tempo que as crianças passam na instituição deve ser orientado por princípios pedagógicos:

1. Garantir o protagonismo da criança, ou seja, ter como foco da jornada o ponto de vista da criança (e não a mera

relação de ações dos adultos no cotidiano de cada turma), atentando ao sentido que a criança pode dar a cada atividade.

2. Efetivar o planejamento coletivo das ações pelos professores, incluindo a documentação das atividades e a socialização de registros entre eles, o que demanda a construção contínua de uma "afinação" da equipe, com conversas frequentes sobre as rotinas e jornadas em jogo e o ajuste de condutas, para não deixar as crianças confusas com orientações por vezes antagônicas.
3. Dar conhecimento às famílias dos objetivos sobre a jornada da criança na instituição e sobre a forma como esta se efetiva cotidianamente.

Mais uma vez vemos que o projeto pedagógico da unidade é o grande balizador dessa articulação curricular. Daí a grande oportunidade aberta para que ele seja discutido e aperfeiçoado ao longo do ano. Quando a jornada cotidiana de uma mesma turma de crianças fica sob a responsabilidade de educadores diferentes ao longo do período, os professores que trabalharão com a mesma turma devem planejar em conjunto suas ações, de forma a garantir continuidade à experiência educacional das crianças. É interessante pensar que, apesar da troca de professores, a vida continua quando um vai embora e o outro chega. Sem dúvida, assim é para as crianças, embora seus educadores eventualmente possam não se lembrar disso, considerando como o início do trabalho o momento em que cada professor chega e assume a sala e o grupo – mesmo que as crianças já estejam na instituição desde o período anterior. Para as crianças, qualquer interrupção no curso dos projetos ou dos combinados do dia parecerá artificial. Portanto, seus professores precisam criar canais de documentação e de socialização das experiências vividas pela turma e estruturar os espaços disponíveis para o desenvolvimento de atividades planejadas em comum.

Com base na proposta pedagógica da instituição e considerando as aprendizagens selecionadas para o grupo de crianças, os professores devem organizar rotinas diárias que contenham momentos de atividades de higiene, alimentação e repouso; atividades coletivas como a entrada e a saída, momentos no pátio, celebrações e grandes festas; atividades diversificadas, como brincadeiras e explorações realizadas em pequenos grupos ou individualmente, com supervisão do professor; atividades coordenadas pelo professor, como de conversa, hora da história, passeios, visitas, oficinas de artes; e atividades em que as crianças podem se envolver livremente, embora com supervisão do professor.

As atividades devem ser organizadas ao longo da jornada diária, da semana, do ano, considerando diferentes modalidades organizativas que levem em conta sua frequência ou encadeamento. Nesse sentido, uma sugestão para a organização do tempo didático das instituições de Educação Infantil tem sido:

- *Atividades permanentes*: ocorrem com regularidade (diária, semanal ou quinzenal) e têm como objetivo familiarizar as crianças com determinadas experiências de aprendizagem. Elas asseguram seu contato com rotinas básicas para a aquisição de certas competências, considerando que a constância do fazer possibilita a construção do conhecimento essencial pelas crianças. Para os grupos de crianças menores, atividades como a exploração de diferentes objetos e de percursos motores, as brincadeiras cantadas, os momentos de movimentação e dança e a leitura pelo professor – entre muitas outras – devem ser, sem dúvida, permanentes. Entre as atividades permanentes para os grupos de crianças maiores, as conversas diárias em roda, o desenho, as atividades de artes visuais no ateliê, a brincadeira no parque e a leitura diária de histórias são apenas algumas das que devem estar na jornada. Além dessas, são também permanentes, e por isso mesmo constituem oportunidades para o desenvolvimento de competências específicas importantes, as atividades de cuidado de si como as refeições, as trocas e banhos dos bebês, a escovação de dentes, a ida ao banheiro, o momento de descanso e tantas outras. Essas atividades cotidianas e a qualidade de sua vivência marcam, de forma intensa, o ambiente da instituição e o modo como as crianças o sentem e veem.

- *Sequência de atividades:* trata-se de um conjunto de propostas, com eventual ordem crescente de dificuldade, em que cada passo permite que o próximo seja realizado. Seu objetivo é trabalhar experiências mais específicas, aprendizagens que requerem aprimoramento com a experiência. São exemplos de sequência de atividades a exploração de objetos semelhantes, várias vezes, pelos bebês, em que a repetição e a constância qualificam as interações e a aprendizagem; e as sequências de leitura de um mesmo gênero de histórias durante um certo período de tempo, no caso das crianças maiores.
- *Atividades ocasionais:* permitem trabalhar com as crianças, em algumas oportunidades, um conteúdo que se considera valioso, mesmo não tendo correspondência com o que está planejado para o momento. Se a proposta permite trabalhar de maneira significativa, a organização de uma situação independente se justifica. São exemplos de atividades ocasionais a preparação de uma salada com as frutas presenteadas por alguma família à creche; o convite para que um músico, de passagem pela comunidade, venha tocar para as crianças; a elaboração de uma festa de despedida para uma criança que vá se mudar e deixar de frequentar a creche; a discussão de uma notícia de grande importância, publicada pelos jornais, na roda de conversa; ou cuidar, durante alguns dias, de um passarinho machucado encontrado no quintal, até que possa voar novamente.
- *Projetos didáticos:* seu planejamento tem objetivos claros, previsão de tempo, divisão de tarefas e avaliação final em função do que se pretende. Suas principais características são a existência de um produto final e de objetivos mais abrangentes. A compreensão de que se realiza

> um trabalho em etapas e o compartilhamento de um objetivo comum caracterizam os projetos como uma modalidade de organização de tempo didático que se presta mais aos grupos de crianças maiores, a partir dos 3 anos.

Qualquer que seja a frequência de realização de uma atividade, a escolha do horário em que ela deve acontecer favorece sua melhor organização e uma participação mais efetiva das crianças. Mesmo os horários de entrada e saída devem ser planejados para reduzir a ocorrência de conflitos e possibilitar novas oportunidades de envolvimento das crianças em atividades exploratórias.

Além do tempo dado pelo relógio, o tempo histórico é outro componente importante a ser considerado pelo professor, uma vez que as crianças trazem para o cotidiano da instituição de Educação Infantil as marcas de sua época e os momentos importantes para sua comunidade. Músicas, notícias, moda, gibis, programas de televisão são apenas alguns indicadores importantes dos interesses que têm sido postos para as crianças, que devem apontar para o professor se, o quanto e como podem ser considerados nas atividades e projetos, ou mesmo sinalizar para as abstrações e ampliações, por vezes necessárias, que o professor sensível saberá conduzir.

As decisões sobre como contemplar as atividades de cuidados, as brincadeiras ou as situações de aprendizagens orientadas devem considerar, em especial, os interesses e as necessidades das crianças. Atividades preparadas de acordo com as particularidades de cada grupo possibilitam a segurança do educador e, consequentemente, das crianças. Isso não quer dizer que não haverá flexibilidade ou ajustes. A articulação entre a rotina da instituição e a jornada das crianças é o instrumento fundamental para a organização do dia da criança na escola. Nesse sentido, é importante que essa rotina seja construída por todos os atores envolvidos – diretor, coordenador, professores, e também os familiares.

Os ambientes de Educação Infantil ganham em qualidade ao considerar as crianças como protagonistas das situações, atividades e experiências que vivem na creche ou na escola. É preciso, porém, avançar nesse objetivo. Com relação à qualidade do tempo que as crianças passam nas instituições – muitas vezes jornadas integrais – é importante fazer o necessário exercício de colocar-se no lugar das crianças e considerar a sua noção de tempo e de participação nas atividades que lhes são propostas como o ponto mais importante, a partir do qual qualquer programação didática deveria ser estruturada, numa concepção contemporânea de Educação Infantil.

Por tudo isso, o professor tem grande responsabilidade em assegurar que o tempo da criança seja vivido da melhor maneira, com o máximo de qualidade a que ela tem direito. Isso implica que se faça constantemente perguntas como: qual é o melhor momento do dia para determinada proposta pedagógica? Por quanto tempo a criança poderá dedicar-se a essa atividade? O tempo dedicado às atividades deve ser o mesmo, independentemente da idade e da experiência das crianças? E se uma delas acabar antes, o que pode fazer com o seu tempo livre? Que propostas são mais interessantes para o uso do tempo de viver em grupo e de estar sozinho? Que qualidades tem esse tempo a cada época do ano: verão, inverno? Tempo de colher ou de plantar? Essas qualidades do tempo se relacionam de alguma forma com a qualidade da passagem do tempo da criança na instituição?

DIMENSÃO FUNCIONAL: considera as formas de utilização dos diferentes espaços, sua polivalência, sua flexibilidade e os tipos de atividade que neles podem ocorrer. Também inclui o aspecto da possibilidade de promover maior ou menor segurança e autonomia para as crianças.

Concepções mais antigas de educação ofereciam às crianças um ambiente quase sempre marcado por restrições, ordens inquestionáveis, organização rígida dos espaços, tempos definidos pelos adultos, exigência de silêncio e pouca interação. O fato de não serem protagonistas nesses ambientes fazia das crianças seres muito mais passivos e contemplativos de decisões e encaminhamentos feitos pelos outros do que integrantes e participantes efetivos do cotidiano da creche ou da escola. Assim, a ligação das crianças com sua escola – um lugar, em princípio, potencialmente carregado de sentidos afetivos, cognitivos e sociais para as crianças – era marcada por uma relação de não protagonismo e não pertencimento, mesmo sendo o lugar onde passavam a maior parte do tempo de suas vidas.

Que percepção nossas crianças têm de suas escolas? Como se sentem nelas? Sabem onde estão e por quê? Para que acham que vão à creche ou à escola, e que sentido tem a instituição em suas vidas? Perguntas como essas podem ajudar a nos colocarmos no lugar das crianças, ou lembrarmo-nos das crianças que fomos, recordando a intensidade da nossa própria relação com esses lugares.

Essas perguntas – e suas respostas – também nos ajudam a refletir sobre a dimensão funcional dos ambientes contemporâneos de Educação Infantil e em sua estreita ligação com a ideia de um projeto pedagógico com foco na criança. Afinal, pensar na funcionalidade dos ambientes implica pensar nas condições reais que eles oferecem para favorecer, realmente, a convivência e a aprendizagem das crianças tendo como base os princípios de organização de ambientes apresentados neste capítulo e relacionados às dimensões apresentadas anteriormente. O quanto os espaços internos ou externos estão a serviço das crianças? As salas em que convivem permitem diferentes organizações? Podem ser modificadas com facilidade, integrando a ajuda das crianças? Seu mobiliário é adequado ao tamanho e às necessidades das crianças? Ele pode ser afastado ou reorganizado de modo a recriar o ambiente de acordo com o objetivo das atividades do grupo? Os mesmos parâmetros se prestam à reflexão sobre a funcionalidade dos espaços externos. O parque, por exemplo, além de ser o lugar por excelência para a brincadeira livre e para os jogos tradicionais, pode acolher também um almoço ou lanche ao ar livre, uma roda de histórias ou mesmo a coleta de material para um projeto de ciências.

Por fim, a funcionalidade de um ambiente que considera as crianças como protagonistas é revelada também na possibilidade de que estas se apropriem e circulem pelos espaços da instituição com segurança e confiança crescentes, sem depender inteiramente do professor para ter acesso a materiais e brinquedos, ou de sua anuência para realizar ações cotidianas, como tomar água ou ir ao banheiro. Nesse sentido, as instituições devem contemplar as necessidades das crianças deficientes, considerando a importância da construção de rampas, a presença de sinalização alternativa com texturas e outras soluções que promovam a integração e o bem-estar de todos que convivem numa instituição de Educação Infantil.

Vimos como a vida de uma instituição de Educação Infantil será influenciada pela relação dialética dessas dimensões, evidenciada em seu ambiente. Em resumo, a qualidade pedagógica de um ambiente é resultado de múltiplos fatores que devem ser considerados, em especial:

a) as possibilidades criadas para as crianças manipularem diferentes elementos, produzirem e exporem seus trabalhos, organizarem situações, imaginarem, tudo isso por meio de atividades interessantes, organizadas e apoiadas em materiais e em instruções claras;

b) a organização dada ao espaço físico – seu formato, organização funcional e qualidades sensoriais (presença de cores, formas, espelhos, transparências, tecidos e outros materiais), além da presença de elementos da natureza e de múltiplas culturas;

c) a distribuição das atividades ao longo da jornada diária, criando momentos diversos: tempo de brincar, de alimentar-se ou repousar, de explorar, de ouvir histórias etc.;

d) o modo como as crianças utilizam esse ambiente como campo de exploração e de criatividade, e como cada criança o considera um ambiente de alegria ou de medo, de descoberta ou de inibição, de amizades ou rivalidades.

Esses elementos atuam de maneira articulada na promoção de aprendizagens, e servem como referências importantes para as crianças na formação de hábitos e de noções temporais e espaciais.

Após discutir como o ambiente de Educação Infantil e sua gestão (planejamento, estruturação e avaliação) estão intimamente ligados a uma proposta pedagógica e a uma determinada concepção de criança, podemos nos perguntar: o que é preciso fazer, que decisões será preciso tomar para que realmente o tempo e as oportunidades de convivência das crianças nas creches e escolas estejam de acordo com uma concepção contemporânea de educação e garantam o protagonismo das crianças, a parceria com suas famílias, a convivência em ambientes ricos, afetivos e desafiadores? O que é prioritário, hoje, na gestão das unidades de Educação Infantil para que se garanta esse objetivo?

A Revisão das Diretrizes Curriculares Nacionais para a Educação Infantil (parecer CNB/CEB nº 20/2009) é clara quanto à necessidade de que se faça, nas creches e escolas, a efetivação de processos democráticos de participação, de modo a garantir a qualidade da educação das crianças pequenas em parceria com suas famílias, numa perspectiva que rompa cada vez mais com o assistencialismo, o não reconhecimento da criança como sujeito de direitos e o não profissionalismo de seus educadores. Vivemos, portanto, um momento de transição, em que formas antigas e tradicionais de organização de ambientes infantis convivem com formas contemporâneas, em concordância com princípios e valores muitas vezes ainda distantes da compreensão e do compartilhamento pela sociedade. Nesse sentido, qualificar esses ambientes não remete apenas a providências organizacionais; sua recriação acontece certamente nas interações, na ética e na forma como situações-problema são enfrentadas.

Assim, quando a equipe de uma instituição de Educação Infantil se propõe a rever e qualificar suas práticas e ambientes, é importante pensar que esses processos são, também, pedagógicos, ou seja, geram aprendizagens profissionais.

A ideia de gestão de projeto pedagógico que defendemos aqui tem, portanto, foco na criança e caráter democrático (apesar das dificuldades), compartilhado (apesar das formações diferentes e dos olhares diversos) e didático (aperfeiçoando continuamente as ações de todos os envolvidos na educação das crianças pequenas e aprimorando a qualidade das suas experiências nas instituições de Educação Infantil). Esse modelo busca a consolidação de um trabalho coletivo que assegure continuidade e abertura nas atividades de educação e cuidado da pequena infância.

Para tornar visíveis os desafios desta concepção de gestão e as formas de enfrentá-los, faz-se necessário que os educadores sistematizem suas ações, observações e tomadas de decisão, de maneira a produzir reflexões que, partindo da análise das práticas cotidianas e ambientes, subsidiem a produção de conhecimentos sobre a educação coletiva das crianças pequenas em instituições públicas e particulares. Teremos assim um produtivo e criativo campo de decisões educacionais, registro desse momento histórico de grande importância, para compartilhar com profissionais de Educação Infantil de todo o país.

Em seguida, sugerimos um instrumento para a reflexão sobre o ambiente de uma instituição de Educação Infantil. Seu foco está na possibilidade oferecida por esse ambiente de promover boas oportunidades para a brincadeira das crianças na instituição, mas poderia ter qualquer outro foco que se revelasse importante dentro dos projetos pedagógicos específicos.

Instrumento para a reflexão sobre a brincadeira na instituição de Educação Infantil

As questões a seguir dizem respeito à qualidade do espaço, dos materiais, do tempo e das interações que constituem o ambiente da instituição para a brincadeira. O foco da reflexão é: o ambiente da creche ou da pré-escola é favorável à brincadeira?

1. As crianças sentem-se emocionalmente bem no espaço e na relação com os adultos? As outras crianças presentes manifestam interesse e vontade de brincar?
2. O tempo destinado à brincadeira é planejado e não se restringe apenas aos minutos destinados ao parque?
3. O caráter essencialmente lúdico das vivências infantis é

pensado no planejamento conjunto das atividades das crianças? De que forma? Como a função da brincadeira é entendida pelos professores? E pelos pais? E pelas crianças?

4. Tem sido possível, aos professores, serem observadores atentos e sensíveis da brincadeira das crianças, percebendo a riqueza das interações infantis que nela ocorrem?
5. No cotidiano da unidade educacional são criadas oportunidades para a realização de brincadeiras diversificadas segundo os interesses de diferentes grupos, deixando as crianças circularem pelos ambientes e envolverem-se em diferentes tipos de jogos?
6. Os professores conhecem os jogos e brincadeiras infantis (seus temas, materiais, personagens)?
7. Os professores participam das brincadeiras de faz de conta estimulando as crianças a assumir personagens?
8. São garantidas oportunidades para a criança brincar isoladamente e em grupos?
9. São garantidas oportunidades para a criança brincar com parceiros da mesma idade e de idades diferentes (não apenas os da sua própria turma)?
10. São garantidas oportunidades para a criança brincar de forma livre ou mediada pelo professor?
11. A organização do espaço e a dos materiais possibilita a autonomia das crianças na criação de cenários, enredos e papéis para brincar?
12. Os professores incentivam a brincadeira autônoma da criança, permitindo que escolha quando, como, onde, com quem, e com quais materiais ela quer brincar?
13. Objetos, indumentárias e outros elementos que estimulem as crianças a imitar situações da vida cotidiana, a assumir determinados papéis, ou a reproduzir as ações do personagem de uma história lida pelo professor em outra situação estão disponíveis para serem usados cotidianamente?

14. As crianças são apoiadas na superação dos conflitos desencadeados em suas brincadeiras? Como? Que tipo de conflitos?
15. São criadas condições para que as brincadeiras possam ocorrer no interior do prédio, em sua parte externa, ou no campinho gramado ou praça vizinhos à creche ou pré-escola?
16. São criadas oportunidades para estimular a ampliação do repertório de brincadeiras e a diversidade de possibilidades de brincar das crianças, além do faz de conta: jogos de regras, brincadeiras cantadas, jogos de tabuleiro, entre outros?
17. Os professores incentivam as crianças a tomar as brincadeiras vividas como assunto tanto nas rodas de conversa quanto nas situações comunicativas informais envolvendo adultos e crianças?
18. Os professores ajudam as crianças a organizar os espaços e os objetos que estruturam o enredo, o cenário e os papéis adotados no faz de conta?
19. Os professores participam ativamente das situações de brincadeira cuidando para que as regras propostas pelo grupo para um determinado jogo sejam mantidas, assumindo o papel de juiz em um jogo de regra ou em um jogo esportivo?
20. Os professores assumem papéis em um faz de conta, considerando as situações criadas pelas crianças tanto em relação aos temas, personagens, clima emocional, quanto em relação às regras, materiais utilizados, organização do espaço e formas de cada criança desempenhar certos papéis?
21. A atitude dos professores é lúdica com relação às crianças e está presente em todos os momentos do dia e não apenas em momentos planejados para brincar?
22. Os materiais disponíveis para a brincadeira são bastante diversificados e flexíveis – brinquedos (convencionais, industrializados e artesanais) e materiais não estrutura-

dos (papelão, tecidos, pneus e outros materiais reaproveitáveis) –, favorecendo as invenções infantis?

23. Estão disponíveis para as crianças objetos da própria cultura, incluindo diferentes portadores de textos que podem alimentar variados enredos?

Para finalizar, uma pergunta: por onde seria possível começar a intervir para promover avanços no ambiente da instituição favorecendo o brincar?

Ilustração Dora Bontempi

4

PRÁTICAS PEDAGÓGICAS PARA CRIANÇAS DE 0 A 2 ANOS

Desde o nascimento, as crianças passam por um incrível processo de desenvolvimento, mediadas por diferentes parceiros com os quais interagem em situações culturais concretas. Isso lhes possibilita apropriar-se de significados que circulam na cultura através de gerações e produzir novos significados.

Ao apoiar as ações infantis, as professoras que trabalham com crianças de até dois anos favorecem que meninos e meninas efetivem conquistas como, por exemplo: alimentar-se sozinhas, reconhecer os sinais do próprio corpo para controlar suas necessidades fisiológicas, andar e se equilibrar autonomamente, condição básica para explorar o entorno. Nessa fase da vida, as crianças aprendem a dominar movimentos específicos como: segurar, jogar e pinçar objetos, ampliando significativamente suas possibilidades de explorar os materiais, por exemplo, reconhecendo a permanência de suas marcas, permitindo-lhes a experiência de rabiscar. Elas ainda aprendem a lidar com o medo e outros estados emocionais que acompanham a separação da mãe e dos demais familiares, além de reconhecer manifestações de cuidado e afeto, estabelecer vínculos com diferentes parceiros e experimentar diferentes sentimentos. Há, ainda, o desenvolvimento da linguagem que lhes permitirá reconhecer diferentes formas de comunicação de sua língua materna, condição básica para ampliar suas relações com o outro. Todos esses aspectos colaboram para a complexa experiência de construção do eu, de uma noção de si como sujeito, o maior de todos os desafios dessa fase da vida.

Considerando essas características da faixa etária e seu modo próprio de aprender, apontaremos algumas práticas educativas fundamentais para crianças de 0 a 2 anos de idade em instituições de Educação Infantil. São oportunidades criadas para que cada criança, provocada por seu grupo de referência, se aproprie e construa criativamente significados sobre si e sobre o mundo.

Características do planejamento para crianças de 0 a 2 anos

A interação é o elemento crucial do processo de aprendizagem. Daí as situações pedagógicas constituírem-se por meio das trocas simbólicas, ou de significados, entre sujeitos de diferentes níveis de desenvolvimento. Além das interações entre adultos e crianças, as interações que as crianças estabelecem entre si oferecem ricas oportunidades de aprendizagem por causa da proximidade (mas não da igualdade) de competências entre crianças de idades próximas e pela possibilidade de cada uma delas identificar-se com os parceiros: outros bebês ou crianças um pouco maiores.

O trabalho pedagógico com as crianças de até dois anos leva em conta que elas aprendem na interação com o ambiente complexo, que inclui um *espaço* com determinados objetos e rotinas, um *tempo* para realizar certas atividades, *materiais* para com eles agir e *interações* com diferentes pessoas na realização das tarefas. Na organização de ambientes promotores de aprendizagem, o professor deve estruturar esses elementos e, em especial, criar condições para a ocorrência de interações e ajustar suas ações de cuidado e apoio nas diversas atividades que viabiliza para as crianças, considerando-as como sujeitos ativos, inteligentes e capazes de construir crescente autonomia.

As propostas de atividades apresentadas a seguir referem-se a diferentes campos de experiência e são vivenciadas na interação, de modo global e integrado, pelas crianças, uma vez que as atividades exploratórias as envolvem em sua afetividade, seu corpo, sua linguagem, sua inteligência etc.

1. BRINCAR E SE MOVIMENTAR

O brincar e o movimento têm predominância nos processos de aprendizagem da criança de 0 a 2 anos. Nessa faixa etária, o corpo com seus sentidos (tato, olfato, paladar, audição e visão) e o movimento, constituem-se como principais recursos de aprendizagem. A criança pequena "pensa" e se comunica primeiramente com o corpo. É também o corpo e o movimento sua primeira fonte de prazer. Com isso as crianças, desde o nascimento, atuam e dão significado ao ambiente em que vivem por meio de movimentos, que são interpretados por seus parceiros culturais e se tornam gestos que, por sua vez, compõem uma linguagem corporal. Assim, elas iniciam uma criativa apropriação de sua cultura e se comunicam com outras crianças e adultos que dela compartilham.

Embora a criança já se movimente ao nascer, ela necessita percorrer um caminho de aprendizagem na interação com os outros e com o mundo para ampliar suas possibilidades de movimento, partindo de reações reflexas rumo ao domínio intencional de um sistema complexo de coordenação de gestos e percepções. Assim, progressivamente, a criança é capaz de obter, por meio do ato motor, aquilo que deseja alcançar, segurar, ou levar à boca. O ato motor passa a integrar um sistema compartilhado de símbolos, possibilitando a expressão de um desejo, ou de um medo, por meio de gestos.

A transformação do movimento em gesto, segundo Vygotsky, se dá por um processo complexo que chamamos de *internalização,* que consiste na reconstrução interna (mental) de uma operação externa (uma ação observável realizada na interação com um parceiro humano). O desenvolvimento do gesto de apontar, comum em bebês, é um bom exemplo desse processo. Inicialmente, o bebê estende o braço e as mãos para alcançar um objeto que está fora de seu alcance. A mãe, ou outro adulto, interpreta o seu movimento, pega o objeto e o estende ao bebê. Eventualmente traduz o movimento do bebê em palavras: "Você quer aquilo, não é?". Como o movimento de tentar alcançar o objeto gera uma reação em outra pessoa, que o significa, tal movimento passa a ser direcionado para esse outro, o que dá origem a uma intenção comunicativa. Conforme a criança passa a compreender o seu movimento como um gesto de apontar, ela o simplifica, tornando-o esquemático. O gesto de apontar se torna um signo compreensível por qualquer outro sujeito da cultura: "Eu quero aquilo." Nesse processo, o movimento de pegar transforma-se no gesto de apontar. (Vygotsky, 2002).

A "captura" do movimento como gesto depende de uma combinação das habilidades motoras próprias a cada estágio de desenvolvimento da criança com as possibilidades oferecidas pela cultura. Cada cultura tem um jeito próprio de preservar e transmitir os respectivos recursos expressivos do movimento e de valorizar seu domínio e interpretação. Cada gesto da criança carrega, assim, a marca do grupo social no qual ela se insere, além de sua marca pessoal e singular.

O brincar nesse período é caracterizado pelo exercício das possibilidades corporais de movimentação e ação no mundo. O controle e o domínio do movimento são fortes motivadores nos jogos iniciais do bebê, para quem a descoberta das sensações do próprio corpo, das possibilidades de movimentos ao agir sobre o espaço, manusear objetos e interagir com adultos e outras crianças é muito prazerosa.

A brincadeira é, desde o início, uma experiência que se adquire quando compartilhada e que se enriquece na interação com outros sujeitos portadores de cultura. Brincar com o próprio corpo ou com o corpo da mãe, inicialmente indiferenciados para o bebê, constitui a fase inicial de sua atividade lúdica. Até os 4 meses, aproximadamente, a sucção e o exercício funcional dos movimentos das mãos no campo visual geram imensa satisfação. Mais tarde, quando a criança se torna capaz de sentar-se e o seu campo de visão é ampliado, seu interesse estende-se do próprio corpo para os objetos e para o que pode fazer com eles. Ao final do primeiro ano, os jogos do tipo esconder e achar objetos são centrais na atividade lúdica do bebê, assim como colocar e tirar objetos de um recipiente. Ao brincar com os objetos as crianças procuram descobrir como eles funcionam, o que podem fazer com eles.

Ao redor dos 15 meses, a criança utiliza objetos de uso cotidiano para realizar ações imitativas como levar uma colher à boca ou usar uma escova para escovar-se, fazendo um uso convencional desses objetos. Entre os 15 e 21 meses, há uma transformação, e a criança passa a mostrar-se capaz de dar significados incomuns a objetos que possibilitam uma determinada ação já incorporada em seu repertório gestual. Assim, pode pegar um bloco de madeira e levá-lo ao ouvido em um gesto de atender um telefone, por exemplo. Esses pequenos gestos podem aparecer inicialmente de modo não encadeado em uma cena, no meio de um jogo de exploração motora dos objetos, desencadeados por um som (alguém falando "alô!" no seu campo auditivo pode incitar a realização do gesto descrito anteriormente), pelo próprio gesto "solicitado" pelo objeto (ao arrastar um pote de plástico no chão esse objeto pode momentaneamente "se transformar" em um carrinho). Ou ainda pela presença de um modelo (adulto ou criança) a ser imitado. Esses gestos imitativos nos quais os objetos perdem sua força motivadora original podem ser observados desde muito cedo e constituem um passo significativo no processo de construção da imaginação que culminará no jogo simbólico propriamente dito. Por sua vez, imitar o outro exige observação atenta e ajuste dos próprios movimentos e expressões faciais e vocais, com o que a criança experimenta possibilidades antes não conhecidas, ampliando seus meios de se movimentar e brincar.

Na Educação Infantil, o professor não apenas oferece à criança modelos e materiais da cultura para os exercícios da imitação e da criação livre, mas também interpreta seus gestos de modo a compor com ela um repertório de movimentos, uma "cultura corporal", que possibilita à criança agir de modo instrumental sobre o ambiente, ou seja, usando os gestos como ferramentas para realizar ações e exprimir seus sentimentos segundo marcas simbólicas da cultura a que pertence.

Conhecer o próprio corpo abrange o trabalho em diferentes áreas, além da área corporal, tais como as ciências, que investem no corpo humano como objeto de conhecimento, e as artes, que trazem diferentes modos de expressão e representação do corpo. A atitude do professor também é decisiva em todos os momentos para que a criança construa uma disposição positiva em relação ao próprio corpo e ao do outro, além do prazer ao se movimentar. Para isso o professor pode reconhecer o movimento da criança em diferentes momentos do dia como um elemento próprio da faixa etária, sem interpretá-lo como manifestação de desordem ou indisciplina. Pode, ainda, validar os avanços motores das crianças, respeitar e valorizar suas diferentes características corporais e promover situações lúdicas para a aprendizagem dos diferentes aspectos ligados ao brincar e ao movimento.

Assim, a dimensão lúdica e corporal é parte integrante da experiência humana e da cultura. Pode ser aperfeiçoada como meio de significação de si, do outro e do mundo, e como veículo de expressão, se for trabalhada intencionalmente nas instituições educativas. Cabe ao professor trabalhar pelo aprimoramento do gesto e enriquecimento do brincar na criança de 0 a 2 anos, procurando contemplar e explorar a multiplicidade de suas funções e manifestações. Esse trabalho deve propiciar o desenvolvimento de aspectos específicos da motricidade, trabalhados em práticas selecionadas da cultura corporal, assim como o ingresso da criança no mundo dos significados culturais, dos quais os gestos e a fala dos professores e das crianças, os diferentes materiais, os objetos de uso cotidiano e os brinquedos de faz de conta são portadores.

O conhecimento do próprio corpo, a capacidade de nomear, identificar e ter consciência de suas partes, assim como a construção de uma autoimagem positiva, estão associados às oportunidades oferecidas à criança para a expressão e o conhecimento da cultura corporal do mundo em que vive. A prática livre e orientada de atividades amplia a sociabilidade e a interação pelo movimento, assim como afirma uma atitude positiva com relação ao próprio corpo e ao movimento. Para que isso ocorra é preciso que o professor organize inicialmente, no tempo e no espaço, propostas desafiadoras e instigantes de atividades ligadas ao conjunto disponível de práticas corporais em sua cultura.

No caso das crianças de 0 a 2 anos é importante repetir a mesma proposta diariamente por determinado período de tempo de forma que elas adquiram familiaridade com a situação e com os materiais, e possam explorar diferentes formas de interagir com eles; o reencontro com uma mesma proposta, uma semana depois, pode não ser suficiente para garantir a continuidade das ações exploratórias como veremos mais adiante.

Alguns princípios podem orientar a aprendizagem do brincar, dos gestos e movimentos na Educação Infantil, devendo o professor:

- reconhecer e validar os avanços e conquistas de cada criança em seu processo de aprendizagem;
- estimular a interação de crianças de mesma idade e de diferentes faixas etárias;
- favorecer a autonomia da criança na exploração do ambiente e do próprio corpo;
- elaborar propostas desafiadoras que levem em conta os conhecimentos prévios e o interesse das crianças;
- observar e registrar as ações das crianças nas atividades propostas para conhecer o grupo e realizar ajustes;
- favorecer a organização de atividades que reúnam crianças com diferentes competências corporais e lhes proporcionar, com propostas abertas e que possibilitem respostas múltiplas e inesperadas, oportunidades para uma produção criativa de novos elementos lúdicos e corporais;
- garantir cotidianamente uma diversidade de propostas, organizações espaciais e de materiais que possibilitem à criança realizar diferentes movimentos para explorar o entorno e o seu corpo;
- assegurar a regularidade nas propostas que possibilite à criança explorar repetidamente o mesmo material, o espaço e o seu corpo de diferentes formas ou com crescente domínio dos movimentos realizados em cada proposta;
- selecionar elementos da cultura corporal para ampliar o repertório gestual da criança por meio de práticas socialmente significativas, tomando a brincadeira como elemento privilegiado da cultura corporal nessa faixa etária;
- organizar situações em que as crianças possam rolar, sentar, engatinhar, andar, correr, saltar e também segurar objetos, arremessá-los, manipulá-los, empilhá-los, encaixá-los, pois esses são movimentos básicos pelos quais ela desenvolverá sua coordenação motora e am-

pliará o seu conhecimento sobre si, sobre o espaço e sobre os objetos;

- estar atento às possíveis intenções comunicativas e à qualidade de seus movimentos na interação com as crianças, pois o modo como utiliza seu próprio corpo em cada gesto, no modo de olhar, abraçar, pegar no colo, torna o professor um modelo para elas.

Ao explorar o ambiente e as diferentes linguagens, as crianças não apenas trabalham suas emoções, ampliam seu conhecimento sobre o mundo e investigam as propriedades físicas dos materiais, mas também conhecem a si mesmas, aos outros, suas possibilidades de ação no espaço, seus recursos para agir sobre os materiais, para se expressar e interagir com seus pares e com adultos a sua volta. Nesses momentos, elas têm oportunidade de se expressar corporal e verbalmente, de aprender a cuidar de si e do ambiente e, sobretudo, de brincar e se divertir muito.

Explorar objetos

Disponibilizar objetos com diferentes atributos e usos sociais é uma forma de garantir às crianças de 0 a 2 anos "experiências que incentivem a curiosidade, a exploração, o encantamento, o questionamento, a indagação e o conhecimento das crianças em relação ao mundo físico e social, ao tempo e à natureza" (Diretrizes Curriculares Nacionais para a Educação Infantil). Os objetos são portadores de significados culturais que as crianças passarão a integrar em suas brincadeiras. Mesmo antes de serem capazes de se sentar as crianças já se interessam por objetos. O primeiro objeto com o qual elas brincam é o corpo da mãe ou de outro cuidador. O bebê manipula o seio da mãe, segura os seus dedos, sente e reconhece seu cheiro, tenta agarrar seus objetos como brincos e óculos. Móbiles colocados no teto ou sobre o berço, pequenos chocalhos e paninhos que possam agarrar também despertam o interesse dos bebês desde cedo. Quando a criança já é capaz de se levantar ao deitar de bruços e de sentar-se com apoio ou sozinha, ganha novas possibilidades de explorar objetos dispostos ao seu alcance.

Com o propósito de enriquecer as situações de exploração de objetos por bebês de 0 a 2 anos, a educadora inglesa Elionor Goldschmied (2006), criou a proposta dos "cestos do tesouro", que consiste em disponibilizar uma grande variedade de objetos que despertem o interesse das crianças, estimulem seus sentidos e permitam a investigação dos seus diferentes atributos. Os objetos, um para cada três crianças aproximadamente, são colocados em cestos baixos, sobre um tapete ou algo que delimite um espaço para a atividade. Eles não devem ser feitos apenas de plástico, porque assim a variedade de atributos seria pequena. O ideal é buscar uma gama variada de texturas, formatos, pesos, cheiros, sons, cores, brilhos que os diferentes materiais podem oferecer. Além de objetos de uso cotidiano como bolsinhas, panelas, ou estojo de óculos, sugerem-se materiais naturais como sementes, conchas, pedras, esponjas e mesmo algumas frutas, como limão e maçã, objetos de madeira (argolas de cortina, bobinas, carretéis, pregadores de roupa, tigelinhas, colheres de pau), objetos de metal (apito, aros de chave entrelaçados, colheres, copos, espremedores de alho, tampas de panela, molho de chaves), outros materiais naturais (pincéis, escovas de cabelo e de dente, pequenos cestos) e objetos de couro, papelão, tecido, borracha, saquinhos com chás de aromas diversos etc.

Essa proposta foi pensada para crianças no seu primeiro ano de vida, quando parecem se perguntar "O que é isso?" sempre que entram em contato com um objeto novo. Para investigar essa questão, os bebês utilizam todo o seu corpo, manuseiam os objetos, passam nos pés e em outras partes do corpo, colocam na boca e, dessa forma, vão descobrindo os diferentes atributos desses objetos interessantes. Por isso é importante dar liberdade de ação e deixá-los com roupas confortáveis, sem meias ou sapatos, para que possam explorar o conteúdo do cesto utilizando todos os recursos que possuem. Progressivamente, a pergunta que as crianças fazem ao explorarem os objetos passa a ser "O que posso fazer com essas coisas?".

Compartilhar um mesmo cesto com duas ou três crianças cria uma boa oportunidade para que elas interajam mediadas pelos objetos. Eles se tornam mais interessantes na mão de outra criança, pois ganham vida e criam a necessidade de as crianças elaborarem estratégias para compartilhá-los. Conforme as crianças possam fazer maiores deslocamentos e experimentar associações entre os objetos, aqueles que permitam ações de empilhar, encaixar, encher e esvaziar darão a elas grande prazer e novas aprendizagens.

Cabe ao professor:

- preparar o cenário e acompanhar as crianças atentamente dando tempo e transmitindo confiança para que se aventurem a explorar os objetos desconhecidos;
- trocar periodicamente alguns objetos dos cestos para que a criança encontre sempre objetos com os quais está familiarizada, podendo explorá-los de maneira nova e podendo também travar contato com objetos novos que despertem sua curiosidade.

Não há um único critério de seleção de materiais que possam oferecer às crianças oportunidades de interação ao explorar e fazer descobertas sobre seus atributos e propriedades associativas, sobre os usos e significados a eles associados, e sobre os recursos motores e sensoriais que a criança possui. O importante é o professor:

- colecionar materiais para poder oferecer opções variadas de exploração às crianças;
- organizar os materiais em caixas, cestos ou sacos que lhe possibilitem fazer escolhas intencionais e regulares sobre como apresentá-los às crianças para que elas possam discriminá-los no seu jogo de exploração, aprendendo também sobre como classificá-los no momento da brincadeira e na hora de guardá-los;
- garantir a higiene e a segurança dos objetos, especialmente porque muitos deles não foram confeccionados

especialmente para serem manuseados por bebês, sendo que sua presença atenta é fundamental para garantir o adequado uso dos objetos;

- organizar previamente os materiais que serão utilizados no desenvolvimento da brincadeira.

Brincar de faz de conta

De início, na brincadeira, a capacidade de imaginar está totalmente vinculada ao objeto, como quando o bebê fala "Alô!" ao manipular um telefone real ou um objeto muito semelhante a ele. Mais tarde essa capacidade se desvincula do significado real do objeto e a criança cria uma situação simbólica a partir de objetos, comportamentos e significados internalizados. Assim, por meio da imitação, precursora da representação, a criança irá ingressar no mundo dos símbolos que irá dominar progressivamente no jogo de faz de conta.

Até essa fase é importante a organização de um cenário e objetos próximos do real que funcionem como referência às ações imitativas ou representativas, uma vez que a criança ainda está "presa" ao uso convencional dos objetos. Na sequência, a criança será capaz de utilizar substitutos não convencionais ou simbólicos para determinados objetos: por exemplo, areia como substituto da comidinha. Por isso, materiais de largo alcance que possam representar diferentes objetos são elementos fundamentais na composição de cenários para a brincadeira de faz de conta. Ao redor dos 2 anos e meio de idade, a criança será capaz de um jogo de papéis mais elaborado, construindo ela própria cenários imaginários e dramatizando sequências de ação mais longas em coautoria com outras crianças.

Um instrumento valioso para o trabalho do professor é a observação do brincar infantil, voltada para compreensão das interações das crianças e para o reconhecimento de suas competências. Uma vez que a direção do jogo é dada pelas crianças, o professor pode participar mais ativamente oferecendo-se como coparticipante, estimulando-as a fazer aquilo a que se propuseram, a interagir de modo construtivo, dando tempo para que resolvam os problemas ou ultrapassem os desafios que encontram. Outras ações são requeridas do professor, tais como:

- mediar a resolução de conflitos surgidos na brincadeira compartilhada das crianças, por ser difícil para elas abdicar de seus desejos e colocar-se no ponto de vista do outro;
- oferecer com regularidade objetos diversificados, não convencionais, e os tradicionalmente utilizados, como bolas, caixas, cordas, aros, além de brinquedos – estruturados ou não –, com diferentes formatos, texturas e cores, para que as crianças de diferentes idades possam experimentar diversos modos de segurá-los, empilhá-los, arremessá-los, criando formas de explorá-los ou conhecendo novas formas ao imitarem o colega ou o professor;
- organizar a presença de objetos e cenários marcados pela cultura nas brincadeiras de faz de conta (mobiliário de casinha, carrinhos, fantasias) e os utilizados por adultos no seu cotidiano (vestimentas, bolsas, acessórios, telefone, panelas, potes e embalagens de produtos industrializados, como caixas de leite, xampu etc.).

Explorar o espaço – percursos de obstáculos

A exploração do espaço é um dos modos mais utilizados pelo bebê para conhecer também a si, seus limites e suas possibilidades motoras. Organizar espaços para uma exploração criativa pelos bebês é uma forma de "garantir experiências que promovam o conhecimento de si e do mundo por meio da ampliação de experiências sensoriais, expressivas, corporais que possibilitem movimentação ampla, expressão da individualidade e respeito pelos ritmos e desejos da criança" (Diretrizes Curriculares Nacionais para a Educação Infantil).

Tendo o movimento como foco, o professor deve propor desafios corporais adequados às competências motoras de seu grupo de crianças, de modo que elas possam percorrê-los com relativa autonomia e assim experimentar e exercitar suas competências motoras e de orientação espacial, sempre de modo a ampliá-las, tornando as atividades prazerosas para as crianças. Elas são capazes de repetir sem cessar movimentos, aparentemente, sem valor funcional pelo simples prazer de exercitar uma nova conquista motora, o que se dá, por exemplo, quando o professor lhes permite que se virem e desvirem em um colchonete com outras crianças, tentando alcançar objetos ou deslocar-se no espaço.

As ações das crianças ao explorarem um percurso de obstáculos não precisam ser dirigidas, nem se deve ter preocupação em determinar uma ordem específica para que o façam. Muitas vezes o professor decide o caminho a ser percorrido, as ações a serem desempenhadas em cada obstáculo e o momento em que cada criança deve iniciar o percurso. Contudo, esse modo de condução limita muito as possibilidades das crianças de explorar criativamente o espaço e gera grandes momentos de espera e imobilidade em uma proposta que visa trabalhar o movimento corporal, configurando um contrassenso.

Preparar um ambiente para as crianças de modo que elas se sintam instigadas a explorá-lo, entretanto, requer mais do que pensar nos desafios motores. Criar um ambiente em que cores e imagens diversas, diferentes texturas, objetos a serem alcançados, ou móbiles que se movimentem e emitam sons reforcem a vontade que as crianças possuem de explorar o entorno. Conforme as crianças vão crescendo, o elemento simbólico ganha importância, e o espaço poderá ser enriquecido com elementos que habitam a fantasia infantil por meio de tecidos que viram castelos, desenhos no chão que podem sugerir a existência de peixes em um rio a ser ultrapassado, meio tonel que pode virar um navio, uma fila de cadeiras que se transforma em um trem, e assim por diante.

Ao planejar e ajudar na organização do espaço, as crianças podem também atuar como em um jogo de construção, em uma dimensão maior, empilhando pneus, almofadas, planejando o percurso que irão fazer, antecipando e exercitando o senso de orientação espacial. Algumas ações podem favorecer a criação desse espaço de exploração:

- delimitar na sala ou nas áreas externas um ambiente repleto de desafios topográficos organizados em forma de rede ou teia, que possa ser explorado de diferentes modos, seguindo diferentes direções ou percursos escolhidos pelas crianças. Se a área for de tamanho adequado e com obstáculos suficientes, não há problema em permitir que todas as crianças o percorram simultaneamente, pois cada uma o fará a seu modo, no seu ritmo e seguindo caminhos diferentes, descobrindo, ao observar os colegas, novas formas de transpor os obstáculos;
- apoiar as crianças nas suas intenções exploratórias e limitá-las quando notar que há risco de queda ou choque entre elas;
- montar o espaço com as crianças a partir de uma história contada ou criada por elas para ampliar as possibilidades simbólicas do espaço, transformando-o em cenário para a brincadeira;
- transformar a área externa da unidade, que geralmente oferece uma série de desafios motores que devem ser diariamente explorados pelas crianças, usando materiais como cordas, pneus e tecidos, para criar novos desafios corporais e enriquecer o ambiente com fantasia e encanto. A estabilidade de sua estruturação é importante para que elas possam exercitar repetidas vezes alguns movimentos e criar novos modos de explorar os mesmos brinquedos;
- supervisionar a interação de crianças de diferentes faixas etárias no parque, quando os menores podem espelhar-se nos maiores, tentando acompanhar e imitar seu jeito de explorar o espaço, e os maiores podem ser orientados a ajudar e proteger os menores, em um importante jogo social de cuidar do outro.

Brincar com brincos, brincadeiras cantadas e jogos tradicionais

Além da exploração do espaço e da descoberta de suas possibilidades motoras, a Educação Infantil também deve permitir aos bebês a ampliação de suas possibilidades expressivas. Por isso, deve "garantir experiências que favoreçam a imersão das crianças nas diferentes linguagens e o progressivo domínio por elas de vários gêneros e formas de expressão: gestual, verbal, plástica, dramática e musical" (Diretrizes Curriculares Nacionais para a Educação Infantil).

Jogos e brincadeiras, dentre as diversas manifestações da cultura corporal, são elementos privilegiados para o trabalho corporal nessa faixa etária. Nessas brincadeiras, não apenas o movimento é fonte de prazer, mas também o jogo com as palavras e com a música. A Educação Infantil pode não apenas preservar esse patrimônio, mas também recriá-lo com as crianças, de modo a construir um repertório próprio da instituição, fortalecendo a identidade do grupo.

- Com os bebês pequenos, os brincos (por exemplo: serra, serra, serrador; bambalalão) criam uma ótima oportunidade de fortalecimento de vínculo entre a criança e o professor. Em situações em que as demais crianças do grupo estejam engajadas em atividades autônomas, ou repousando, o professor pode dirigir-se àquelas que estejam despertas para interagir aos poucos com cada uma por meio dos brincos.
- Outras brincadeiras, como as rodas cantadas, e os jogos tradicionais, por exemplo o corre cotia, podem ser apresentados coletivamente às crianças um pouco maiores, com o professor centralizando a ação para que elas o imitem até que tenham aprendido a brincadeira e possam atuar de modo mais autônomo. Não se deve ter a pretensão, entretanto, de que todas as crianças se engajem na brincadeira simultaneamente e pelo mesmo perí-

odo de tempo. Algumas delas podem participar apenas observando ou alternar a participação com outras atividades que lhes pareçam mais interessantes.

- A interação dos bebês com crianças maiores que já dominam as regras permite que participem por meio da observação e imitação, ingressando progressivamente como participantes do jogo. O professor exerce papel incitador nessas brincadeiras, ao oferecer-se como modelo, ao convidar (e não impor) as crianças para brincar.
- Pode-se fazer um levantamento de repertórios lúdicos junto às crianças, seus pais e toda a comunidade do entorno da instituição. O levantamento pode ser ampliado por meio de pesquisa bibliográfica.

Dançar e se expressar com o corpo

A dança é uma manifestação cultural que, presente desde o mais remoto passado da humanidade, constituiu uma linguagem pela qual os diferentes povos representavam acontecimentos significativos de seu presente, passado e futuro. Em todas as culturas, as crianças têm contato com a dança desde muito cedo, tendo oportunidade, em companhia de adultos e de outras crianças, de imitar e criar movimentos a partir de uma música ou outro estímulo.

Nem todo movimento corporal constitui uma dança, mas ao dialogar com o ambiente por meio de seu corpo, seja imitando um animal, um objeto, o jeito de andar de um personagem, seja ao balançar ritmicamente ao som de uma música, a criança está explorando algumas possibilidades expressivas de seu corpo e alguns elementos importantes da dança.

A dança recria os movimentos, sensibilizando a criança para o valor expressivo de seus gestos. É também uma importante fonte de prazer, autoconhecimento e sociabilidade, promovendo a construção de novas possibilidades expressivas e o aperfeiçoamento dos gestos, uma vez trabalhados de modo intencional na dança. Por meio dela, a criança aprende a explorar movimentos leves ou fortes, rápidos ou lentos, percorrendo diferentes áreas do espaço, sozinha ou interagindo com parceiros a partir de uma música, imagem ou outro estímulo. Ela pode, progressivamente, utilizar o corpo como fonte de investigação criativa do mundo e de si mesma, de suas ideias e emoções, explorando as formas de expressão corporal presentes no seu grupo social e em outros grupos.

A dança pode ser compreendida como movimento humano articulado ao som (ou ao silêncio) e ao espaço. Ela se faz na relação entre o movimento dos dançarinos (quem), o som (ou o silêncio) e o espaço (onde). Envolve de modo articulado um corpo (suas partes e tônus muscular), suas ações ou possibilidades de movimento (saltar, girar, cair, deslocar-se, gesticular), as dinâmicas ou qualidades do movimento (rápido, lento, forte, leve, direto, flexível), o espaço em todos os seus níveis (alto, médio, baixo), planos e formas, bem como as interações de aproximação e distanciamento criadas pelos sujeitos. Ela pode ser trabalhada a partir da exploração de movimentos específicos, como os apresentados nas danças de roda e brincadeiras cantadas, ampliando o repertório das crianças.

Explorando diferentes possibilidades do movimento por meio da dança, as crianças aumentam o domínio que têm do próprio corpo, permitindo não apenas seu uso competente nas várias ações cotidianas, mas também a vivência do corpo humano como um instrumento valioso de expressão artística. A ideia básica não é obter uma resposta determinada, mas oferecer, de um modo divertido e instigante, elementos que favoreçam a criação e a ampliação do repertório de movimentos que as crianças já possuem.

Para que a dança constitua um meio de expressão para a criança, é importante que esta tenha oportunidade de criar movimentos livremente. Entretanto, a liberdade precisa ser alimentada pelo professor para que a criança não se restrinja ao repertório de movimentos que já conhece e os repita mecanicamente. É preciso que o professor planeje propostas que estimulem a criação de diferentes respostas motoras expressivas a estímulos diversos e ampliem o repertório cultural e gestual das crianças.

Alguns pontos podem ajudar os professores a planejar boas experiências com a dança:

- criar oportunidades para que as crianças dancem ao som de músicas variadas, de diferentes regiões e grupos culturais, integrando o trabalho de música e dança e ampliando o conhecimento e as formas de expressão do grupo;
- selecionar músicas e materiais que possam sugerir às crianças a criação de movimentos com determinadas características, considerando as variações e características dos movimentos corporais. As músicas de diferentes gêneros incitam diferentes respostas motoras, conforme o andamento seja rápido ou lento, a melodia seja alegre ou triste, o ritmo seja uma valsa ou um samba etc. Se o professor quiser estimular a experimentação de movimentos rápidos com os pés, por exemplo, ele pode deixar as crianças descalças e forrar o chão com plástico bolha para que elas dancem livremente sobre esse piso ao som de uma música com ritmo acelerado, experimentando sua textura ao movimentar os pés. Se ele puser uma música mais calma, isso irá afetar a movimentação das crianças, embora permita respostas bastante diferentes frente a esse estímulo;
- utilizar materiais diversos, além da música, para promover a criação de movimentos que interajam com esses objetos. Distribuir fitas para que as crianças dancem com elas ao som de uma música sugere que façam movimentos rápidos com os braços. Existe uma série interminável de gestos que podem ser feitos segurando-se uma fita;
- propor às crianças a criação de movimentos coordenados, dançando em duplas, em trios, em grupos maiores, em roda, e assim por diante, quando forem capazes de andar de modo seguro;
- criar imagens que apontem para as diferentes qualidades do movimento também oferece inspiração para a

criação, ao mesmo tempo que estimula a experimentação de jeitos de se mover com os quais a criança não está acostumada, tais como: dançar como robôs, como maria-mole ou com partes do corpo "grudadas" umas às outras ou no chão;

- produzir intervenções no espaço, tais como: delimitações com divisórias de tecido, demarcações com giz ou fita adesiva no chão, colocação de obstáculos, para que as crianças dancem "livremente" nesse novo espaço;
- dançar junto com as crianças em alguns momentos, oferecendo-se como modelo para sugerir algumas ações com os objetos, com os colegas e a partir da música.

Imitar pessoas, animais, personagens

Um conjunto de atividades organizadas para provocar a criança a imitar alguém é um recurso fundamental de aprendizagem na faixa etária de até 2 anos. Trata-se de propor modelos diversificados para que a criança brinque, imite gestos, expressões e posturas associadas a personagens diversos, animais e outras pessoas. Para tanto, o uso de objetos e adereços pode incrementar essas situações. Inicialmente, a imitação se dá com base em um modelo presente, sendo que nesse exercício a criança precisa captar e reproduzir as características básicas do modelo, o que posteriormente irá possibilitar progressivamente a construção das imagens das situações.

Algumas ações do professor podem propiciar a ocorrência de brincadeiras prazerosas de imitação pelas crianças pequenas:

- estruturar uma situação de brincadeira com bonecas e mamadeiras, em que as crianças seja estimuladas a explorar esses objetos sem considerar o significado social a eles atribuído. Assim elas podem segurar a boneca, balançá-la pelos cabelos e bater a mamadeira no chão;
- atuar como modelo a ser imitado, por exemplo, segurando a boneca como um bebê e oferecendo-lhe a mamadeira em sua boca;

- mostrar às crianças imagens de bichos e imitá-los por meio de sons e movimentos.

2. TER EXPERIÊNCIAS COM A LINGUAGEM VISUAL: A EXPLORAÇÃO PLÁSTICA E A PRODUÇÃO DE MARCAS

Assim como na exploração dos objetos, também na exploração plástica a atividade da criança de até 2 anos é caracterizada pelo exercício das possibilidades corporais de movimentação e ação no mundo. A descoberta das sensações do próprio corpo e das possibilidades de movimentos ao agir sobre os materiais plásticos são muito prazerosas para o bebê. Isso, em si, já justifica a presença das experiências com a linguagem visual na Educação Infantil. Além disso, o trabalho de produção plástica permite à criança imprimir suas marcas no mundo e ser reconhecida como produtora de cultura.

A experiência do bebê com materiais plásticos é fruto de um processo de aprendizagem e desenvolvimento. Inicialmente, ao explorar os materiais plásticos, como os meios (tinta, giz de cera, carvão), instrumentos (pincéis, rolinhos, esponjas, os próprios dedos) e suportes (papel, papelão, chão, parede), a criança interessa-se por investigar os seus atributos, sua textura, cor, temperatura, gosto, cheiro. E o faz agindo sobre eles com o corpo todo. Os próprios movimentos e gestos são a principal fonte de investigação para o bebê. É importante que o professor reconheça o valor dessas primeiras explorações dos bebês sobre os materiais plásticos para o aprimoramento do seu gesto expressivo na apropriação das manifestações culturais inerentes à linguagem visual. Isso só será possível se a criança tiver oportunidade e for encorajada a agir com liberdade de movimentos e com regularidade sobre diversos materiais plásticos desde os berçários.

Ao lidar com os materiais plásticos, a criança age e transforma seu meio, no caso, os suportes e os materiais. Mas, ao mesmo tempo, também transforma a si mesma: no início ela explora o gesto, mas, com a experiência, passa a observar os resultados de seus gestos, as marcas que ele produz sobre o suporte. Ao descobrir que esses movimentos produzem marcas, o olhar e o movimento do bebê se complementam para focar uma verdadeira pesquisa que parte da exploração dos materiais plásticos, até o domínio gestual, a apropriação dos elementos próprios da linguagem pictórica: cor, linha, textura, densidade, ocupação espacial, brincando com o efeito que os seus gestos produzem sobre os materiais.

O desenvolvimento do gesto expressivo, na pintura, no desenho ou na modelagem só se concretiza plenamente no seu uso cultural. São as experiências de olhar e produzir marcas mediadas pelo professor na organização do espaço, na seleção de materiais e na interação com a criança, que irão possibilitar o avanço da criança no domínio da linguagem visual.

Explorar tintas naturais, massas e misturas

Tintas, massas de modelar, areia, água, materiais sem forma, por suas características físicas, permitem que o bebê experimente a transformação dos materiais a partir de sua ação sobre eles. Ao passar tinta sobre a pele, por exemplo, é possível ao bebê perceber toda a sua extensão em contato com esse material; sensações de tato e temperatura, além da percepção visual de transformação de cor produzida, auxiliam o bebê no reconhecimento dos limites do seu corpo, no reconhecimento de sua pele como aquilo que o separa do mundo e o constitui dentro dos limites do seu "eu". O sentimento de prazer ou repulsa vivido pelo bebê nessa experiência irá depender das experiências anteriores que teve com esse tipo de material, não apenas as tintas, mas a água, as secreções de seu corpo, as papinhas nos momentos de alimentação.

A familiaridade da criança com cada tipo de material e a reação positiva dos adultos diante dessas experiências irá favorecer a exploração prazerosa do mesmo. Nas primeiras experiências de contato direto das crianças com tintas, areia, massas, (o mesmo ocorre com alimentos novos) a criança pode demonstrar aflição. É preciso ser paciente e respeitar o tempo da criança, não forçando esse contato, mas oferecendo repetidas vezes a oportunidade de utilizar determinado material e observar o professor e outras crianças manuseando-o. Dessa forma, poderá se sentir segura e à vontade para arriscar-se na experimentação e ir se familiarizando com as novas sensações produzidas.

Diversos materiais prestam-se a essa exploração pelos bebês, por não serem tóxicos e poderem até mesmo ser levados à boca, uma vez que essa é uma forma comum de o bebê explorar os materiais. As tintas podem ser produzidas com mingau de maisena e água colorida com suco de vegetais como espinafre, beterraba e cenoura. O mesmo pode ser feito para colorir massas feitas de farinha de trigo, água e sal. Quando já não levarem muito à boca, pode-se também utilizar anilina comestível para colorir o mingau e as massas. Areia, terra e água também são elementos que oferecem muitas possibilidades de exploração pelas crianças, usando potes para que façam experiências de encher e esvaziar. Ao explorá-los livremente, as crianças poderão descobrir as marcas que produzem com suas mãos, pés ou outros instrumentos em seu corpo ou em outras superfícies. Igualmente valiosa é a experiência de trabalhar com tinta sobre papel, ou sobre a superfície de uma mesa de fórmica, de uma parede de azulejos, espalhando-a com as mãos ou com outro instrumento fácil de manusear como pincel grosso, esponjinhas, rolinhos de espuma. Além de explorar as características próprias desses materiais, as crianças podem pesquisar as transformações que ocorrem na mistura ou a associação de dois ou mais materiais: água com areia ou farinha, tinta com areia, etc.

Na organização do ambiente para essas explorações, é importante que o professor:

- reserve um espaço amplo, que permita a circulação e a mobilidade das crianças e que possa ser sujado e posteriormente limpo com facilidade. A área externa é muito adequada a essas atividades, pois além de preencher os critérios mencionados acima, oferece outros elementos como areia, terra, plantas, pedras e outros elementos naturais;

- selecione cuidadosamente o material para a atividade e organize-o no espaço de modo atraente para as crianças, para compor um cenário que lhes comunique o que elas podem fazer;
- garanta que os materiais estejam acessíveis às crianças para que possam tomar decisões sobre quais utilizar, sobre o que fazer com eles, perseguindo seus interesses de investigação;
- planeje propostas de atividades alternativas para aquelas crianças que, ao terminar sua exploração, possam se engajar autonomamente enquanto outras permanecem na atividade inicial. As crianças possuem diferentes ritmos e, embora possam iniciar a exploração coletivamente, irão se desinteressar da mesma em tempos diferentes;
- ofereça novos desafios com base na observação do percurso de exploração desenvolvido por cada criança, dando tempo para que cada uma inicie e decida o que fazer com base em seus interesses;
- ajude as crianças na resolução de problemas enfrentados no uso dos materiais;
- coloque-se como modelo no uso dos materiais e chame a atenção para as ações das outras crianças oferecendo referências e base de imitação para que cada criança encontre novas formas de agir que não havia experimentado por si mesma;
- atue na organização do grupo, mediando eventuais disputas por espaço e materiais, comentando as ações e descobertas das crianças e identificando o momento de finalizar a atividade, quando pode solicitar a colaboração delas.

Desenhar

Para a criança, o desenho inicia-se pelo simples prazer do gesto. A criança exercitará o ato motor de rabiscar até que perceba que o seu movimento produziu uma marca. Então tornará a explorar esses movimentos, munida de materiais para produzir intencionalmente o mesmo efeito. A repetição dessa experiência é fundamental para o avanço das possibilidades de desenho da criança. Por isso, deve ser uma atividade diária na programação das crianças.

Nesse momento, cabe ao professor oferecer materiais de forma a permitir que ela explore suas possibilidades gestuais no desenho. Para tanto ele deve:

- disponibilizar riscadores fáceis de segurar, como gizes de cera e canetas grossas de diferentes cores;
- selecionar materiais de diversas texturas para que o bebê possa explorar a força: materiais mais macios que riscam facilmente e que, portanto, necessitam pouca força e, por outro lado, materiais resistentes como giz de cera grosso, que suporta muita força, sem rasgar o papel;
- oferecer papéis variados, quanto à forma e textura, sempre adequando-os ao suporte: papéis bem pequenos requerem canetas mais finas e papéis maiores, canetas grossas, carvão, etc. A gramatura deve ser alta o suficiente para suportar os traçados sobrepostos com canetinhas;
- dispor os papéis em mesas baixas ou na parede ao alcance das crianças, quando elas já são capazes de permanecer em pé, o que lhes permite olhar e produzir em diferentes posições;
- fixar os suportes em mesas bem baixas ao redor das quais as crianças possam ficar sentadas no chão, o que é uma forma interessante de possibilitar o desenho para crianças que já podem se sentar sozinhas;
- planejar situações para que as crianças também possam

rabiscar na areia, na terra ou na argila com gravetos, produzindo marcas nessas superfícies.

Diferentes materiais, suportes variados quanto à forma e à textura, desafiam o controle motor da criança pequena na sua experiência de desenhar. Embora a criança não esteja inicialmente preocupada com o uso da cor, pois a utiliza apenas para registrar o movimento, podemos oferecer cores variadas para que se familiarize e passe a operar com elas quando tiver interesse em utilizá-las como um elemento expressivo.

As crianças, nessa faixa etária não estão preocupadas em representar figuras, mas suas garatujas apresentam regularidades provenientes das características gestuais peculiares de cada criança. É possível identificar os percursos gráficos de cada criança observando seu modo de ocupar o espaço do papel com seus rabiscos, a força e direções de seu traçado.

O desenho como representação é um passo do processo de experimentação gráfica da criança, no qual o traçado é guiado por uma intenção previamente definida pela criança ou surge durante a atividade de desenhar. Essa conquista, entretanto, não significa o abandono do grafismo puro. Essas manifestações continuam interessando as crianças e mesmo os adultos, e são possibilidades próprias da linguagem visual, fundamentais para o desenvolvimento da linha, da ocupação espacial, da força e outros aspectos que devem ser valorizadas pelo professor.

Explorar caixas de imagem, luz e sombra

A experiência com a linguagem visual passa necessariamente pelo modo como atribuímos significados às coisas que vemos. Embora a capacidade de enxergar seja própria do organismo biológico, a interpretação do que vemos depende do sentido atribuído culturalmente, ou seja, o olhar requer aprendizagem.

A luz que emana das coisas do mundo projeta sombras e cores nos nossos olhos. Sem serem mediadas pela linguagem, sombras e luzes não são nada mais que isso: pura impressão na retina. A nomeação pelo outro daquilo que vemos cria ou modifica sentidos e reorganiza a nossa própria percepção. Pelos olhos dos outros, que comunicam o que veem pela linguagem verbal, nosso olhar é transformado. É isso que ocorre com a criança pequena: seu primeiro olhar é curioso e inquieto, e transforma-se na interação com os outros, adultos ou crianças.

São as experiências visuais que a criança tem ao longo de sua vida, mediadas pelo olhar do outro, que formam seu vocabulário de imagens. Por isso é necessário que o professor se preocupe com as imagens que povoam o cotidiano dos bebês e crianças na instituição.

Essas imagens estão nas paredes, nos livros e podem ser intencionalmente planejadas e apresentadas às crianças. As experiências de ver também são enriquecidas pela variação da paisagem visual que o bebê percebe nos diferentes ambientes da escola, no entorno da instituição de Educação Infantil e de sua casa. Imagens diversas, fotografias, reproduções de obras de arte, sobretudo oriundas da cultura brasileira, podem também ser apresentadas aos bebês, de forma lúdica, para povoarem seu cotidiano de modo a enriquecê-lo visualmente. É interessante que o professor:

- exponha imagens e produções das crianças nas paredes, sempre que possível na altura dos olhos das crianças que já caminham;
- fixe imagens diversas em diferentes planos que permitam que os bebês as visualizem quando estão sentados em almofadas ou deitados no chão ou no berço, de costas ou de bruços. Imagens plastificadas e fixadas no chão permitem que o bebê interaja com elas ao engatinhar;
- disponibilize móbiles coloridos e com formas interessantes, que oferecem ricas experiências visuais porque incluem movimentos que atraem o olhar do bebê;
- faça intervenções no espaço, por exemplo, com lenços e fitas pendurados no teto, que produzem variação na percepção de profundidade quando o bebê está deitado ou olhando para cima;

- construa caixas de diferentes tamanhos com imagens coladas nos lados ou no seu interior que possam surpreender o bebê quando abertas por eles;
- variar a luminosidade da sala, e comandar brincadeiras com luzes e sombras para permitir ao bebê investigar e brincar com esses elementos que constituem a linguagem visual.

3. TER EXPERIÊNCIAS COM A LINGUAGEM MUSICAL – ESCUTAR E PRODUZIR MÚSICA

Os seres humanos estão imersos no ambiente sonoro desde antes do seu nascimento. Estudos demonstram que os bebês desenvolvem capacidades surpreendentemente precoces de percepção e compreensão dos fenômenos sonoros, ainda dentro do útero materno. Na barriga da mãe, os bebês notadamente reagem com movimentos, e seus batimentos cardíacos se modificam diante de estímulos sonoros e da música.

Ao nascer, as crianças iniciam sua participação num mundo repleto de sons e música, que durante toda a vida integrarão suas formas de se comunicar e relacionar. Rapidamente, os bebês tornam-se capazes de se comunicar por meio de sons, que começam a produzir tão logo nascem: primeiramente o choro, manifestação vocal poderosa, que inaugura a chegada da criança ao mundo social, capaz de comunicar estados, desconfortos e emoções variadas. As crianças logo passarão a ser também produtoras competentes de novos sons: pequenos ruídos, lalações, risadas ou linhas melódicas delicadas ou mesmo complexas, com as quais os bebês podem se entreter e se divertir durante muito tempo.

A própria voz é, para os bebês, uma inesgotável e fascinante fonte de exploração e de possibilidade de comunicação. Assim, suas reações vocais, a princípio reflexas, compõem o que poderíamos chamar de um primeiro sistema de sinais que pode ser decodificado pelos outros. Mas a voz da mãe e das outras pessoas que fazem parte do entorno são, igualmente, fonte de curiosidade para os bebês.

As respostas que as pessoas dão às manifestações sonoras da criança caracterizarão seus primeiros diálogos sonoros, marcados pelo afeto e pelo ludismo, em jogos com grande potencial de comunicação. Assim, a música está presente desde o início da vida, e por isso mesmo é compreendida e utilizada pelas crianças, ainda que intuitivamente, muito cedo.

Os sons e a música intrigam, divertem, chamam a atenção das crianças. Além da voz humana, as crianças logo descobrem e passam a explorar outros sons de seu cotidiano. À medida que crescem e tornam-se mais e mais competentes para agir sobre o ambiente, tornam-se exploradoras incansáveis do mundo sonoro e de modos de produzir som e música. Assim, os objetos também passam a ser pesquisados como fontes sonoras e instrumentos musicais em potencial.

A criança integra suas capacidades motoras e condutas de exploração – bater, agitar, mexer, assoprar, empurrar, chutar – à sua possibilidade de escutar e produzir som e música. Seu corpo todo é um instrumento, um brinquedo sonoro que se manifesta enquanto se movimenta, ouve histórias, participa de uma refeição ou conversa. Essa integração das experiências de construção de conhecimentos é algo que precisa ser considerado pelo professor de Educação Infantil, já que é uma das mais importantes características das crianças na faixa etária de 0 a 2 anos.

A música está presente em todos os momentos da nossa vida, na natureza e na cultura. Ela faz parte das experiências inaugurais de construção de significados que durante os três primeiros anos de vida a criança percorrerá, impregnados de afetividade. O canto dos pássaros e o cricri dos grilos são sons que acompanharão a chegada do dia e o cair da noite, dando sentido a esses fenômenos; o som do vento e da chuva acompanhará a urgência das pessoas em se agasalhar e se proteger antes de sair para o espaço externo; as delicadas notas da caixinha de música anunciarão a hora de dormir; o som do rádio acompanhará a ação da mãe de dançar alegremente com a criança; o som dos tambores à distância marcará a aproximação das figuras dos folguedos; e tantas outras manifestações musicais farão parte da vida da criança a partir de seu nascimento, contribuindo para a formação de sua identidade e para a sua possibilidade de conhecer e de se expressar, ela mesma, nessa linguagem tão humana e fascinante.

A creche ou a escola podem se tornar locais privilegiados para as crianças explorarem formas de produzir sons e de ampliar o repertório musical que já possuem e que trazem de casa, já que no ambiente da instituição novos sons e músicas passarão a fazer parte de seu cotidiano. Nesse sentido, é importante que o professor dessa faixa etária conheça as preferências musicais das crianças, o que costumam ouvir e qual é o repertório musical de sua família. Essas informações podem ser compartilhadas nas primeiras reuniões de pais e contribuir para o fortalecimento dos novos vínculos entre professor e criança e entre as próprias crianças.

O professor deve saber que sua própria voz ao falar ou brincar com as crianças é uma ferramenta de comunicação muito especial, e que as canções e as brincadeiras cantadas que ele conhece criarão possibilidades de interação e aprendizagem no grupo de crianças. Interessante é que a instituição conte com um acervo de músicas cantadas e instrumentais, do qual façam parte peças da comunidade local e de diferentes culturas, que as crianças poderão ouvir em diferentes momentos da jornada na creche ou na escola.

Tendo isso em vista, alguns pontos podem ajudar os professores a planejar boas experiências com a música:

- considerar a importância da voz humana na expressão do bebê, estimulando-o para que utilize e brinque com a própria voz, criando diálogos musicais entre criança e adulto ao responder ao bebê também cantando e brincando, combinando sons em diferentes volumes, intensidades, timbres e durações;
- pesquisar e disponibilizar no ambiente, para os bebês e crianças pequenas, objetos e instrumentos musicais diversos, cujas possibilidades sonoras as crianças possam explorar batendo, sacudindo, chacoalhando, empurrando;
- conhecer, pesquisar e ampliar o repertório próprio de brincadeiras de roda, acalantos, parlendas, trava-lín-

guas e outras brincadeiras que exploram o ritmo, a rima e a musicalidade;

- preparar ambientes ricos em possibilidades sonoras, com objetos que produzam sons ao serem tocados pelo vento ou pelas próprias crianças (sininhos, móbiles sonoros, etc.);
- organizar, como atividade permanente na rotina, rodas ou momentos em que professor e crianças cantam juntos;
- organizar, também como atividade permanente da rotina, momentos de brincadeiras tradicionais com músicas, cantigas de roda, acalantos e canções de ninar;
- convidar as crianças a descobrir e pesquisar formas de fazer sons com o próprio corpo: bater palmas, esfregar as mãos, estalar dedos, bater os pés no chão, criar ruídos com a boca e a língua, bater no peito, etc.;
- convidar as crianças a se movimentarem e dançarem ao som de música, instrumental ou não, da cultura brasileira e de outras culturas;
- convidar as crianças a perceber, escutar e reproduzir sons presentes na natureza e nos ambientes, como o canto dos pássaros, os sons dos animais, o som da água correndo, do vento, do trovão;
- organizar atividades em que as crianças possam construir objetos e instrumentos musicais simples como chocalhos, paus de chuva, garrafas com diferentes níveis de água, tocos de madeira, pandeiros, guizos etc.;
- sonorizar histórias, criando com as crianças intervenções sonoras ao longo de uma narrativa: o som do rio, o barulho do sapo, a chuva caindo, um grito de medo etc., com a própria voz, com o corpo ou com objetos e instrumentos musicais.

Apreciar histórias e livros

As Diretrizes Curriculares Nacionais para a Educação Infantil recomendam a promoção de experiências que possibilitem às crianças experiências de narrativas, de apreciação e interação com a linguagem oral e escrita, e convívio com diferentes suportes e gêneros textuais orais e escritos. Mas, de que modo a narrativa e a linguagem escrita podem fazer parte do universo de significação da criança pequena?

Antes da leitura dos textos escritos, o bebê lê o mundo que o cerca. Em especial, lê o toque da mãe em seu corpo, lê sua expressão facial e lê sua voz ao falar ou cantar para ele. O ato de leitura se cria quando o sujeito recebe do meio informações que o mobilizam e às quais atribui um sentido. É possível dizer que mesmo antes de poder falar o bebê faz uma leitura do texto oral que chega aos seus ouvidos, ou seja, interpreta os sons e os gestos e expressões que o acompanham para alcançar uma compreensão do que lhe chega aos sentidos. A musicalidade da fala de sua mãe, a entonação e o ritmo marcam as primeiras interações que o bebê estabelece com o outro e constituem um indício da presença do outro, o que em si gera imenso prazer. É isso que ocorre também quando o bebê escuta uma história em voz alta.

Na contação de histórias, diversos elementos expressivos se articulam para reapresentar uma narrativa criada ou não por um autor conhecido, transmitida e recriada pela tradição oral. A voz humana, portadora da história da humanidade, associa-se aos gestos, às expressões faciais, ao contato olho no olho para comunicar ao bebê um mundo de fantasia. Recursos adicionais agregam expressividade teatral à experiência de ouvir histórias: os fantoches, objetos que representam personagens e instrumentos musicais que sonorizam as histórias são alguns dos recursos que facilitam a entrada do bebê no mundo imaginário das histórias. As expressões dos bebês, seus olhares atentos e seus sorrisos nos mostram o quanto ficam encantados quando lhes contamos uma história.

Ainda que inicialmente a compreensão do texto oral se dê de maneira global, pela apreensão de todo o contexto comunicativo, no qual a forma sobressai ao conteúdo, progressivamente a criança adentra no mundo da linguagem verbal e passa a estabelecer relação direta com as palavras. Além da ampliação das possibilidades da oralidade, o gosto pelas histórias é um grande ganho nessa fase.

Mas o trabalho com as histórias envolve outros ganhos, associados ao domínio da língua escrita. Mas qual é a relação possível de um bebê com a escrita? É principalmente por meio da língua escrita, oralizada na leitura em voz alta feita pelo adulto, que o bebê pode relacionar-se com a escrita. Ao ser fiel ao texto na leitura em voz alta, o professor mantém as características e marcas do texto escrito, embora o esteja comunicando oralmente. Não é apenas o texto que o professor apresenta à criança ao ler um livro, ele apresenta a si mesmo como modelo de leitor, com todos os comportamentos, gestos e ações que acompanham a leitura de um livro – o comportamento leitor.

Diferentemente da prática de contar histórias em que a comunicação é feita face a face, no ato de leitura em voz alta de um livro o professor olha para um objeto repleto de marcas antes de proferir as palavras do texto. É este ato que intriga as crianças: o que são essas marcas que fazem nascer palavras apenas ao olhá-las? Essa é uma primeira descoberta das crianças com relação à escrita, sua separação do universo gráfico em geral. A escrita seria para a criança, nesse primeiro momento, tudo o que não é desenho.

Antes de ser um texto, o livro é para a criança pequena um objeto que tem forma, cores, cheiro. Entretanto, esse objeto irá se distinguir de outros adquirindo significado especial para as crianças, à medida que elas participem de situações de leitura nas quais presenciem o uso social do livro, ou seja, vejam o professor utilizando o livro para evocar histórias e outros textos e adquirir informações. Ao participarem cotidianamente dessas experiências, as crianças irão significar essa prática social, a da leitura de histórias.

É na relação com a leitura, mediada pelo adulto leitor, que a criança irá significar essa prática, distinguindo-a de outras e percebendo o sentido que os seus usos sociais lhe conferem. Ao imitar os comportamentos do professor ao ler, apreende aspectos da leitura que estão além de seus conhecimentos, mas dentro de seu nível de desenvolvimento proximal. As crianças podem imitar uma variedade de gestos e ações que vão muito além dos limites de suas próprias capacidades. Por meio da imitação irão apropriar-se dos comportamentos leitores e significar a prática da leitura, condição necessária para a aprendizagem. Nesse processo, o objeto livro também é significado pela criança.

Primeiramente, a atividade tem para a criança uma dimensão externa. Na interação social ela se apropria das formas culturais de determinadas ações. Ao fazer isso, a atividade se torna interna, constitui-se como instrumento de mediação do sujeito com o mundo externo. Ao manusear os livros, as crianças podem mobilizar aquilo que aprenderam ao ouvir histórias lidas pelo professor, imitando seus comportamentos leitores. Na exploração desse objeto podem reproduzir gestos de folhear, apontar para as palavras e imagens, pronunciar palavras ao percorrerem o texto com os olhos, significando simultaneamente a prática de leitura e o objeto livro. O contato com textos e imagens, bem como a possibilidade de manusear o livro, permitem que aprendam, sobretudo, o uso e o significado social do livro, distinguindo-o dos brinquedos e de outros objetos de seu cotidiano.

Por todas essas razões, contar histórias, ler livros em voz alta e dispor livros para as crianças manusearem constituem práticas que devem estar presentes desde o berçário de modo intencional e planejado, como detalharemos a seguir.

Apreciar a contação de histórias

Ouvir histórias contadas pode ser uma experiência bastante prazerosa mesmo para os bebês com menos de um ano. Isso permite uma aproximação da criança com a estrutura oral da língua e o conhecimento de narrativas da tradição oral. O texto oral é efêmero. Ainda que se trate de uma história conhecida, há uma grande variação de conteúdo a cada vez que é proferido. Quem conta uma história pode improvisar ou mesmo criar uma história na hora em que a conta. O acesso ao texto pela criança se dá apenas no momento em que ouve o professor contando a história ou por aquilo que foi possível reter na memória. Contar uma história por meio de um texto escrito memorizado, entretanto, preserva suas características, ou seja, alguns elementos do domínio da língua escrita. Mas também preserva outros relacionados ao domínio oral, uma vez que o ouvinte mantém seu foco no orador que conta a história, e não estabelece relação entre o texto proferido e o seu portador original – o livro.

Como o foco da atenção das crianças está no modo como o professor conta a história, a experiência permite que a criança conheça recursos expressivos para narrar uma história. Ela permite um contato bastante próximo do professor com as crianças, o que fortalece seus vínculos com elas. Ele pode olhar para cada criança enquanto relata histórias que sabe de memória. Como se trata de uma narrativa flexível, fundada na oralidade, pode incorporar elementos do grupo, nome, características das crianças, e contar com a participação delas no relato da história.

A captura da atenção das crianças se dá fundamentalmente pela qualidade do texto, especialmente no que se refere à sua musicalidade, à variação de tons e ritmo. Histórias com rimas e repetições são especialmente atraentes para os bebês. Gestos e expressões faciais compõem a interpretação do texto oral e cativam ainda mais a atenção dos bebês. Outros recursos também podem ser utilizados com esse propósito: fantoches, teatro de sombras, objetos, tecidos, massinha ou instrumentos musicais representando personagens. Esses últimos materiais, de largo alcance, não guardam relação direta com o personagem e exigem da criança um trabalho de imaginação. É como se o professor estivesse mostrando que algumas coisas podem representar outras, um sino pode representar uma fada, uma caixa pode representar uma casa, e assim por diante. Permitir que os bebês brinquem com esses objetos é uma forma de estimular a recuperação da narrativa por eles, mediar uma conversa e favorecer seus comentários sobre a história ouvida.

Para as situações de contar histórias é papel do professor:

- selecionar com antecedência a história que irá contar às crianças, pesquisando nos livros, em sua memória ou recolhendo histórias conhecidas dos pais;
- escolher os recursos de apoio e antecipar intervenções que podem ser feitas antes, durante e depois de contar a história;
- preparar a sala com um canto aconchegante feito com piso macio e diversas almofadas que possam acomodar os bebês sentados para apreciarem a história. Esse espaço organizado e acolhedor pode ser organizado tanto na sala quanto na área externa, embaixo de uma árvore;
- marcar o momento de contar histórias com alguns "rituais" – variação na luminosidade da sala, a presença de uma caixa decorada ou baú com objetos que serão utilizados para contar histórias, etc.;
- explicitar os motivos da escolha ou da preferência por determinada história antes de começar a contá-la, e depois opinar sobre ela colocando seus pontos de vista.

Apreciar a leitura de histórias

Parte do que ocorre com a escuta de histórias contadas também ocorre com a escuta de histórias lidas: encantar-se e entrar em contato com narrativas de diferentes gêneros e culturas que possibilitam à criança olhar para si ao ver-se refletida nas experiências criadas pelos autores para os personagens. Entretanto, ao apreciar uma história lida pelo professor, a criança tem possibilidade de reconhecer as marcas específicas da língua escrita, o vocabulário e as convenções próprias dos seus diferentes gêneros, e, sobretudo, de perceber a permanência do texto escrito e a possibilidade de evocá-lo a qualquer tempo, a partir de determinadas marcas no papel, das quais o livro é portador.

Os diferentes gêneros de literatura infantil mostram às crianças que é possível imaginar, brincar com as palavras, que há um papel da linguagem para além do uso a que estão habituadas em seu cotidiano, como, por exemplo, o de receber ordens e instruções. A musicalidade da fala, que já era um atrativo no domínio oral, pode ser muito elaborada na escrita e transparece na leitura em voz alta. Esse aspecto está presente na prosa, mas é levado às últimas consequências na poesia, que é muito apreciada pelas crianças pequenas quando lida de modo expressivo pelo adulto.

O propósito central da leitura de histórias para as crianças é favorecer o seu ingresso no mundo letrado, por meio de uma experiência lúdica e prazerosa. Quando o professor lê para as crianças está apresentando um texto, uma narrativa, e ampliando seu universo cultural, mas ele também está oferecendo modelos de comportamento leitor que incluem todo o gestual da leitura, o cuidado com o livro, os comentários sobre o livro e sobre o texto.

Estando claro para o professor que as práticas de ler e contar histórias são diferentes quanto ao propósito pedagógico, o primeiro aspecto a cuidar com relação à leitura é a seleção criteriosa do texto e do livro a ser lido para as crianças. Se desejarmos mostrar às crianças que o texto escrito é permanente, é fundamental que o professor mantenha-se fiel ao texto escrito quando lê para as crianças, podendo repetir diversas vezes enquanto elas estiverem interessadas em ouvi-lo.

Tornar visível às crianças a relação entre o que é lido e as marcas – letras – do papel só é possível se a criança percebe o gesto de olhar para as marcas para evocar as palavras em voz alta, o que não acontece se o professor memorizar a história e contá-la com o livro de costas para ele. É claro que as imagens não são apenas um atrativo para as crianças, mas exercem um papel complementar ao texto, apoiando e complementando as informações, especialmente em livros destinados à criança pequena.

Em muitos livros as narrativas são produzidas apenas com imagens, o que cria uma oportunidade para que a criança exercite o olhar e possa ela própria, ou o professor, oralizar a história. Os livros interativos, com janelas que abrem e fecham, ou com *pop-ups* (figuras que saltam em relevo) são muito atrativos para os bebês e são um meio de gerar o interesse e o gosto pela leitura.

O apelo aos sentidos e à ação motora são recursos que agregam ludicidade à experiência de leitura para bebês e são bem-vindos quando acompanhados de um bom texto.

Para que a leitura aconteça de modo fluente e expressivo, favorecendo a compreensão do texto pelas crianças, o professor precisa:

- ler e preparar a leitura com antecedência, lendo diversas vezes o livro, inclusive em voz alta;
- na escolha do acervo para crianças pequenas, considerar a qualidade e a força das imagens;
- cuidar para que as ilustrações não reforcem estereótipos e preconceitos que produzam associações indevidas e cristalizadas na forma como os personagens são caracterizados. Associações entre o belo e o bom, entre o feio e o mau ou pobre, entre a etnia ou gênero e o papel social são frequentes e devem ser objeto de atenção. É importante que o conjunto de histórias e ilustrações contemple uma pluralidade de personagens e diversidade de representações no que se refere à associação entre as suas diferentes características e suas possibilidades de inserção no mundo social.

Manusear livros

Com a leitura pelo professor, o livro, que era um objeto-brinquedo para o bebê, adquire um significado especial como portador de textos, de histórias, o que exerce fascínio sobre os bebês. Desde muito cedo os bebês se interessarão por manuseá-lo e é importante que o façam livremente para que se apropriem de seu uso e possam imitar os comportamentos leitores do professor e explorá-los para conhecer suas características, exercitando o repertório gestual associado à leitura no seu uso, expressando suas preferências e tendo oportunidade de recuperar a história e oralizar trechos dela ao virar as páginas do livro em um primeiro ensaio do seu papel como leitor.

É preciso que essa experiência não se dê apenas por meio de livros de pano e papel com textos pobres, mas com aqueles livros que foram selecionados, por sua qualidade, para a leitura pelo professor. São eles que terão adquirido especial significado, despertando a curiosidade da criança pelo seu conteúdo e permitindo o real exercício gestual dos comportamentos leitores.

O manuseio de livros por bebês e crianças certamente lhes produzirá um desgaste maior do que se permanecerem guardados, mas é no uso que possuem valor pedagógico. O acompanhamento cuidadoso do professor e a organização do material mostram à criança como cuidar do livro e manuseá-lo sem o danificar, e a criança irá aprender isso paulatinamente.

Para criar a oportunidade de manuseio de livros cotidianamente, a sala de convivência das crianças precisa de um local em que os livros estejam visíveis e acessíveis a elas. Prateleiras baixas, com livros expostos de frente, para que as crianças vejam as capas e reconheçam. Tapetes e almofadas que propiciem um clima adequado à leitura são suficientes para criar um ambiente favorável ao manuseio de livros pelas crianças. É uma situação bastante rica para que o professor observe o que as crianças já sabem sobre leitura (que comportamentos leitores manifestam) e sobre as histórias trabalhadas (os livros preferidos, as histórias conhecidas e aquelas que elas são capazes de reproduzir trechos oralmente). Com base nessas observações o professor pode renovar o acervo dessa biblioteca de sala e selecionar leituras apropriadas para as crianças de seu grupo.

Conversar no cotidiano

Até adquirirem linguagem verbal, as crianças se comunicam e aprendem por meio do movimento. A ação motora, entendida como gesto (movimento com significado cultural), é ação inteligente e comunicativa. Contudo, o crescimento intelectual da criança depende de seu domínio dos meios sociais do pensamento, isto é, da linguagem. Daí que a aquisição da fala é uma das grandes conquistas do período da infância compreendido entre

0 e 2 anos. É nesse período que aparecem as primeiras palavras e é no final desse ciclo que a criança será capaz de referir-se a si mesma pelo pronome pessoal "eu", um indício de que ela já se percebe como um sujeito diferenciado do outro. Mais do que a aquisição de uma simples competência e de uma nova forma de comunicação com o outro, a aquisição da fala relaciona-se com a constituição do sujeito humano e com a possibilidade de a criança ter acesso a uma nova forma de pensamento. A criança pensa, comunica-se e é constituída como sujeito pela linguagem, interagindo com ela de modo ativo e criativo.

A criança nasce imersa no mundo da linguagem e da cultura, do universo simbólico. Ao nascer, o bebê já possui recursos, mesmo que não intencionais, para comunicar-se com o adulto que cuida dele. E se faz entender por meio do choro, sorriso, expressões, vocalizações e movimentos corporais, associados a diferentes estados físicos e emocionais, sinais que são interpretados e nomeados pelo adulto. Ao nascer o bebê é capaz de pronunciar sons que formam as diversas línguas humanas, sendo que o parceiro adulto reconhece e interpreta em especial os sons pertencentes à própria língua materna. Desse emaranhado de sons (os balbucios ou algaravia) na interação com os adultos, aparecem as primeiras palavras ao redor dos 10 meses, embora muito antes desse evento o bebê já seja capaz de entender, interpretando não apenas o significado das palavras, mas também a musicalidade da fala, os tons que marcam os diferentes sentidos e estados de ânimo associados ao discurso, dado que as expressões faciais e os gestos que acompanham a fala do adulto dão outras pistas que compõem o sentido geral do que é dito à criança.

Fica evidente que a interação com um parceiro mais experiente no uso da linguagem é o recurso básico para a criança construir instrumentos para conhecer o mundo e a si mesmo. Ainda no útero, o bebê já possui um significado para os adultos que cuidarão dele; esse significado é determinante na forma como irão interagir com ele, o que, por sua vez, interfere no modo como o bebê irá reagir a esses adultos. Como seres sociais que são, os bebês se interessam e já nascem com recursos para estabelecer elos e comunicação com os outros. E fazem isso por meio dos gestos, do choro e das expressões faciais.

Ao chegar à creche, em torno dos quatro meses, às vezes um pouco mais cedo ou um pouco mais tarde, o bebê está saindo de um período de adaptação à vida extrauterina, está deixando de ter um interesse nas próprias percepções corporais e no corpo daquele que cuida dele e transitando para um interesse pelo mundo dos objetos. Não obstante, seu interesse pelas expressões da face e da voz humana continua prioritário. Por volta dos seis meses, ele começa a se diferenciar como pessoa separada daqueles que cuidam regularmente dele, bem como distingue seus cuidadores de outras pessoas, estranhando-as. A criança é posta em situação de comunicação, que lhe possibilita começar a falar por meio dos jogos de alternância, expressão aplicada por Wallon (1979) às brincadeiras que ocorrem na fase em que a criança aprende a conhecer os outros como pessoas capazes de se locomover e falar como ela, de se aproximarem e se afastarem.

Do ponto de vista fonético, ou seja, do aspecto sonoro da linguagem, a criança se desenvolve dominando a parte (uma palavra) para alcançar o todo (frases complexas). Já com relação ao aspecto semântico da linguagem, ou seja, dos significados, a criança parte do todo para a parte. Inicialmente uma palavra para a criança significa uma frase completa. Quando diz "água" pode estar querendo dizer: "mamãe, quero água!", quando aponta a mochila na escola e diz "mamãe" pode estar dizendo: "estou com saudades da minha mãe." Cada palavra representa um complexo significativo, marcado por um pensamento mais ou menos indiferenciado, e só mais tarde a criança será capaz de dividir o seu pensamento em unidades separadas de significados – os significados de cada palavra.

Tudo isso só é possível por meio da interação dos bebês com outros sujeitos falantes, em contextos sociais significativos, e isso nos dá a dimensão da importância do desenvolvimento da linguagem oral e de considerarmos que características da comunicação do professor com os bebês facilitam a aquisição e desenvolvimento da linguagem verbal em crianças de 0 a 2 anos.

Falar corretamente e de modo claro, sem infantilizar a linguagem, dirigir-se à criança estabelecendo contato visual e proximidade física (pegando o bebê no colo ou abaixando-se ao seu nível), responder e interpretar as diferentes manifestações do bebê, são algumas características importantes da comunicação dos adultos com as crianças para ajudá-las a avançar na sua competência linguística. Entretanto, é a qualidade da interação adulto-criança, ao longo de todo o dia, o elemento fundamental no processo de desenvolvimento da linguagem oral.

Se o professor compreende como se dá o processo de aquisição e desenvolvimento da linguagem verbal, se considera que esse processo se dá necessariamente na interação pessoal da criança com outros sujeitos falantes, se reconhece os recursos e as intenções comunicativas do bebê mesmo antes de aprender a falar, isso se refletirá na qualidade da interação e da comunicação que irá estabelecer com as crianças ao longo de todo o dia nas instituições de Educação Infantil. Muitas vezes, a linguagem dos educadores consiste basicamente em ordens e proibições, e muitas das respostas dadas às crianças são impessoais, sem conteúdo e com vocabulário pobre, sendo observados muitos e longos momentos de silêncio, o que é acentuado pela grande proporção adulto/criança nas instituições.

A interação do professor com a criança necessita fugir deste modelo e ser dialógica, criativa, acolhedora de afetos, requisitos básicos para a aquisição da linguagem. Esta corresponde a um momento crucial do processo de construção do eu que, de acordo com as teorias psicanalíticas, está subordinada ao processo de construção de identidade. Tal processo envolve um forte vínculo entre o adulto e a criança e também a ruptura de uma relação simbiótica ou de complementaridade, na qual a criança é considerada pelo outro como objeto. A forma como a criança refere-se a si mesma, nesse período em terceira pessoa ("o nenê quer", "dá pra ela"), reflete sua identificação com a posição de objeto em que se encontra na relação com o outro. É necessário, portanto, que a criança possua um vínculo significativo com os adultos responsáveis e seja vista e tratada por eles como sujeito ativo, criativo, desejante, inteligente e capaz, para que passe a se constituir também como sujeito e a falar a partir desse lugar (nesse momento, será capaz de dizer "eu quero", por exemplo).

Embora a imitação seja um importante mecanismo no processo de aprendizagem da fala, o domínio da linguagem verbal vai além da imitação e da articulação correta de sons e pressupõe interesses e motivações singulares e inerentes a cada sujeito. A fala dá forma ao pensamento, é criativa e comunica desejos, necessidades e emoções. Por isso é importante que o professor:

- converse com as crianças utilizando toda a complexidade da língua em contextos sociais e significativos para elas, dê instruções e faça solicitações verbais considerando sua capacidade de compreensão mesmo antes de aprenderem a falar;
- fale o necessário e com propósito comunicativo real, permitindo que o bebê "dirija" a conversa sem sobrecarregá-lo com um falatório excessivo apenas para preencher o silêncio. É preciso dar espaço para as respostas das crianças, mesmo se forem não verbais, e responder a elas;
- reconheça e interprete as ideias, motivações e desejos nas tentativas de comunicação da criança mesmo antes de esta dominar a fala ou falar corretamente, estando atento aos gestos, expressões, e entonações e modulações de voz em sua fala ou em seus balbucios;
- procure estabelecer contato visual e proximidade física com as crianças a quem está se dirigindo, e o faça de modo individualizado e interessado, evitando falas sempre coletivas, mecânicas e impessoais;
- considere os desejos e necessidades da criança, mas dê espaço para que ela se expresse a seu modo, na tentativa de comunicar o que quer, sem se apressar para atender suas necessidades antes mesmo que se manifestem.

Enfim, é importante que o professor se interesse genuinamente pela criança, seu desenvolvimento, sua personalidade, para que se instaure uma relação verdadeira e uma comunicação efetiva entre ambos.

Apresentaremos algumas experiências que são privilegiadas para o trabalho com a linguagem verbal nessa faixa etária, embora a interação verbal deva ser favorecida, constituindo-se num foco de atenção do professor em todos os momentos em que interage com as crianças no seu cotidiano.

a) Conversar nos momentos de banho, troca e alimentação

Conversar com as crianças desde bebês deve acontecer em todos os momentos da rotina nas instituições de Educação Infantil, respeitadas as características apontadas anteriormente. Entretanto, vamos destacar aqui os momentos de troca, alimentação e banho como momentos privilegiados para que o professor estabeleça boas situações de conversa com o bebê e a criança pequena. Essas situações são propícias para que ele converse de fato com o bebê, em lugar de permanecer em silêncio ou falar-lhe mecanicamente. Em especial nos momentos de banho e troca, o professor pode estabelecer uma relação dialógica com o bebê enquanto cuida dele. Nesses momentos, ao informar o bebê sobre suas ações e propósitos, o professor pode buscar a cooperação das crianças, dentro de suas possibilidades. Se a criança percebe o sentido das ações do professor pode acompanhá-las mais ativamente e mesmo realizar ações complementares às do professor, como estender o braço para que o professor coloque sua blusa. "Garantir experiências que possibilitem situações de aprendizagem mediadas para a elaboração da autonomia das crianças nas ações de cuidado pessoal, auto-organização, saúde e bem-estar", tal como propõem as Diretrizes Curriculares Nacionais para a Educação Infantil, deve ser uma preocupação na interação cotidiana do professor com os bebês.

Vale destacar alguns pontos importantes:

- a situação de proximidade, de contato físico, que contribui para o estreitamento de laços de confiança entre adulto e criança e permite que o professor coloque toda a sua atenção em um único bebê, em suas expressões, gestos e vocalizações. Também os gestos, as expressões e o tom de voz do adulto comunicam muito à criança, em especial sobre os sentimentos, negativos ou positivos, envolvidos nesses momentos de cuidado;
- cada professor deve refletir sobre como se sente com relação à troca, ao banho e à alimentação, para que possa elaborar sentimentos de repulsa ou desprazer por vezes associados à sua história pessoal de cuidados. Ao encarar tais momentos com naturalidade, ele pode então, olhando nos olhos do bebê, conversar com ele, interpretar suas manifestações traduzindo-as em palavras, falar com ele, comunicando o que está fazendo e antecipando o que irá acontecer no momento seguinte e fazendo comentários sobre a situação;
- a conversa necessita ter significado dentro do contexto vivenciado pela criança; assim, o próprio banho ou a alimentação podem ser temas da conversa. O professor pode solicitar a colaboração da criança, respeitando e incentivando suas possibilidades de participar ativamente desses momentos naquilo que já é capaz de fazer sozinha;
- o espaço e os materiais necessários à atividade devem estar organizados de modo a facilitar o cumprimento dos protocolos de saúde, de forma que o professor possa focar sua atenção na criança de que está cuidando.

Os momentos de alimentação, assim como acontece entre nós adultos, são ótimas oportunidades para conversas com as crianças. São bons momentos para conhecer e respeitar as preferências alimentares das crianças e de conversar sobre diversos assuntos. As associações com a casa e família costumam ser comuns nos momentos de refeição e, caso a criança manifeste algum sinal de angústia, pode-se falar sobre os seus sentimentos, em especial nos períodos de adaptação.

As situações que envolvem cuidados físicos são frequentes até os 2 anos de idade, e a transição das situações de jogo para essas atividades deve se dar sem rupturas bruscas. Se a criança está envolvida em uma brincadeira e necessita ser trocada, pode-se aguardar um momento de pausa para conversar com ela sobre o que irá acontecer, explicando que poderá retornar ao seu jogo em seguida, para só então encaminhá-la ao espaço de troca. Nos momentos de cuidado, mas também nos demais momentos vividos com a criança na unidade educacional, o professor pode encorajar o diálogo tecendo comentários e fazendo observações sobre o que a criança está fazendo, mostrando que compreende e reconhece suas ações e intenções.

O esforço do professor nas situações de comunicação é tentar se colocar do ponto de vista da criança, se perguntando a todo o momento: o que ela está querendo dizer? O que ela quer e o que a incomoda? O que está sentindo? Dessa forma pode melhor atender suas necessidades e reconhecer verbalmente seus sentimentos e desejos.

b) Conversar em grupo com apoio de objetos e imagens

A vida em grupo em uma instituição de Educação Infantil envolve a organização de uma programação diária, diferente da rotina doméstica, que vai progressivamente aproximando os ritmos individuais. A estabilidade dessa programação é um elemento importante para que o bebê se sinta seguro e tenha uma sensação de controle sobre o tempo e sobre o que irá viver ao longo do dia, o que o auxilia a suportar a separação de sua mãe e de sua casa. Informar ao bebê sobre todas as coisas que o afetam e que afetam a vida do grupo; explicar aquilo que se faz com ele, por que se faz e antecipar as diferentes experiências que irá viver no dia são temas relevantes de conversa mesmo para os bebês.

A ideia aqui é realizar conversas "mais coletivas" com os bebês, comunicando ao longo do dia o que irá ser proposto a eles a cada momento e oferecendo uma escuta atenta às suas tentativas de comunicação verbais ou não verbais. Não é preciso formar uma roda propriamente dita, mas criar um ambiente aconchegante, com tapete e almofadas, por exemplo, para agrupar aqueles que estiverem despertos e dispostos a uma conversa em determinado momento do dia ou antes de iniciar uma nova atividade. A movimentação dos bebês nesse momento é bem-vinda, considerando que o corpo e o movimento são recursos privilegiados de pensamento e comunicação nessa faixa etária.

Para favorecer essa conversa, um recurso interessante nesses momentos é utilizar como apoio um mural com fotos das crianças/bebês em diferentes situações vividas todos os dias: chegada com as famílias, hora da mamadeira, do banho, das refeições, atividades diversas em sala, no solário ou parque etc. As fotos podem ser coladas em papel-cartão e encapadas ou plastificadas. Para possibilitar o seu manuseio pelas crianças, podem ser fixadas em um mural com velcro, ímã ou de outra forma que possibilite retirá-las e rearranjá-las a cada dia, dispondo-as ao longo do dia com participação das crianças no mural. Outros temas podem ser tratados em grupo nessa configuração, também com o apoio de imagens ou objetos.

As situações de exploração de objetos podem ser bons pretextos para conversar com os bebês, descrevendo suas ações, fazendo comentários e perguntas, sem distraí-los de sua atividade exploratória. Antes de uma atividade de determinado tipo, especialmente quando se tratar de uma sequência, pode-se retomar o que as crianças viveram com apoio de fotos produzidas na situação anterior, o que funciona como um apoio à memória e favorecendo a ideia de continuidade das experiências vividas pela criança.

Conversas a partir de objetos ou fotos trazidos de casa também costumam enriquecer as situações de conversa, criando uma ponte entre o que a criança vive em casa e na escola e trazendo novos elementos identitários para a constituição do grupo de crianças provenientes de famílias diferentes, que vive a experiência comum de frequentar a escola.

Todas as práticas apontadas até aqui são interessantes para ampliar a experiência das crianças de 0 a 2 anos. É importante considerar, porém, que tais atividades devem ser propostas em um contexto mais amplo, compreendido como ambiente educativo. No que diz respeito às crianças pequenas, há que se considerar alguns aspectos, como se vê a seguir.

Construção da identidade

Já abordamos no item sobre conversa no cotidiano que o bebê tem que percorrer um longo caminho, imerso na cultura, até que possa perceber-se como sujeito singular separado da mãe e do mundo externo. Trata-se do processo de construção de uma identidade própria, que envolve, ao mesmo tempo, cognição e afetividade na interação com o outro. Tal processo resulta na constituição, dentro de cada um de nós, de um "eu", isto é, de uma parte nossa que vai nos parecer única, e da qual temos consciência. Da constatação de que "eu sou" (realizada no segundo ano de vida), rumo à resposta à questão "quem sou eu?", há um longo percurso que levamos toda a vida percorrendo, num processo contínuo de construção de identidade.

Mas como podemos definir identidade? Um primeiro sentido é o de ser idêntico, ou exatamente igual. Em outro sentido, naquele que empregamos quando dizemos "carteira de identidade", trata-se de um conjunto de sinais que permite a outros nos identificarem, reconhecerem quem somos. Assim, o número da carteira de registro geral (o RG), a filiação e, sobretudo, o nome são sinais presentes no documento de identidade e que definem parte do que somos. Tomando essas duas acepções da palavra "identidade", somos remetidos a sentidos opostos: "separar" e "designar" (diferença) e "tornar igual a" (igualdade). Ou seja, somos definidos por aquilo que somos e pelo que não somos na comparação com o outro.

O sentimento de identidade, a sensação subjetiva de "quem eu sou", está associado à ideia de continuidade (hoje eu sou o mesmo que ontem em muitos aspectos, embora possa estar em outro lugar vivendo coisas diferentes) e à noção de limite. Os limites do meu corpo e da minha pele, por exemplo, me definem como um ser separado do mundo. Os limites, entendidos como proibições ou limitações, também nos definem a partir daquilo que podemos ou não fazer, e do que somos ou não capazes. Essas noções, sensações e sentimentos associados à identidade não estão dadas desde o nascimento. O bebê não se percebe como alguém separado do outro, "inteiro dentro da pele", também não possui noção clara do tempo e não tem consciência da sua permanência nele, vivendo e reagindo, sobretudo, com base nas experiências e sensações vividas no presente.

Para que o "eu" do bebê se constitua e para que avance no processo de identificação, é preciso que haja, por parte da mãe ou das pessoas que cuidam dele, um "investimento" de sentido, ou seja, para que o bebê tenha significado para ele próprio é preciso que antes ele possua um significado para o outro. É a mãe, como porta-voz da sociedade, que inicialmente diz ao bebê quem ele é: "você é meu filho", "você é agitado", "você é lindo", e assim por diante, enunciados que vão apontando para o bebê quem ele é. Tais características atribuídas ao bebê são construídas na interação, em parte com base nas manifestações do bebê, mas principalmente como fruto dos desejos ou percepções da mãe e demais adultos de convívio da criança, sendo internalizadas progressivamente por ela e formatando sua identidade.

Uma parte fundamental desses enunciados concerne ao nome e ao sobrenome a nós atribuídos e que fazem parte de nossa identidade. Eles nos localizam dentro da sociedade, como membros desta ou daquela família. O nome próprio, então, tem muito valor para a criança pequena e é uma palavra com a qual o bebê desde o seu nascimento tem contato cotidianamente. A familiaridade e o valor atribuído pela criança ao próprio nome tornam essa palavra, na sua forma oral ou escrita, um interessante objeto de trabalho mesmo nos berçários.

Mas os enunciados sobre nós são feitos nas diferentes relações que vamos estabelecendo ao longo da vida, são muitas as pessoas (os outros) para quem temos algum significado, e os significados muitas vezes são contraditórios. Uma criança pode ser chamada de bagunceira em sua família, na qual os pais são extremamente organizados. Na escola, a mesma criança pode ser considerada ordeira por seu professor, que possui outros parâmetros de organização. Essas redes de significações nas quais a criança está inserida, com diferentes significados e também contradições, criam um espaço de escolha para ela participar ativamente desse processo e constituir sua subjetividade, uma identidade própria que, embora guarde semelhanças com os membros de sua sociedade ou grupo social, é totalmente singular. De novo a ideia de identidade como portadora de diferenças e semelhanças com o outro.

Ao ingressar numa instituição educacional, a criança passa a integrar outro grupo social, onde fará parte de outra rede de significações. É importante que os adultos nessa instituição realizem um trabalho intencional considerando a importância desse momento da vida para a construção da identidade da criança, favorecendo sua percepção de si no contato com diferentes adultos e crianças com quem possa construir parâmetros de semelhança e diferença. Isso será mediado conforme o professor e demais educadores garantam às crianças "experiências que possibilitem vivências éticas e estéticas com outras crianças e grupos culturais, que alarguem seus padrões de referência e de identidades no diálogo e conhecimento da diversidade" (Diretrizes Curriculares Nacionais para a Educação Infantil).

Conscientes dessa tarefa, os professores devem refletir sobre os enunciados que fazem cotidianamente sobre as crianças, considerando que serão determinantes no conceito que a criança terá de si mesma. Enunciados taxativos, como "essa criança é chorona", restringem o espaço de ação do sujeito na definição de sua subjetividade. Da mesma forma, enunciados que veiculam preconceitos afetam negativamente e deturpam a autoimagem que a criança terá de si. É preciso que o professor esteja atento à individualidade que cada criança vem construindo e que se expressa em cada ato seu, reconhecendo as diferenças entre as crianças como algo bom, evitando tratá-las ou julgá-las com base em um modelo único de desempenho ou valor. Sua sensibilidade é fundamental para ajudar o conjunto das crianças a superar estereótipos e preconceitos, lembrando que ele é um modelo que a criança poderá imitar no modo de tratar a si própria.

A escola é um lugar privilegiado para que as crianças aprendam a construir sua identidade de gênero (como menino ou menina), ou como membro de grupos sociais variados (religiosos, étnicos, raciais, etc.), além de uma autoestima positiva que integre suas experiências. Algumas atividades podem ampliar e facilitar o processo de construção das identidades infantis.

a) O trabalho com painel de fotos diversas (crianças, famílias, situações cotidianas no espaço escolar)

A construção de um painel com fotos para estimular a conversa com bebês e crianças pequenas já foi sugerida anteriormente, no item relativo a conversas em grupo com apoio de objetos e imagens. A ideia é aproveitar o mesmo mural e espaço aconchegante e utilizar fotos cartonadas para conversar com as crianças sobre elas, suas famílias, sobre as experiências vividas na escola e em casa.

Para compor o mural, podem ser selecionadas fotos diversas relacionadas ao cotidiano das crianças, de suas famílias, dos brinquedos preferidos de cada uma, das músicas e livros prediletos, de eventos e passeios em família, situações vividas na escola, entre outras. Como as fotos devem estar cartonadas, elas são resistentes ao manuseio e podem funcionar como um brinquedo para as crianças, que percebem a mobilidade das imagens no mural e se divertem ao colar e descolar, agrupar e apontar para as imagens. Isso possibilita conversar com as crianças sobre as semelhanças e diferenças que marcam suas vivências em casa e na escola, entre cada criança e seus colegas, de modo a ajudá-las a reconhecer a própria imagem em contraste com a dos outros nas fotografias. Não apenas a percepção da criança ao manusear as fotos, mas especialmente a fala do adulto sobre elas, reconhecendo, descrevendo, identificando o que pertence a cada um é o que irá tornar esse recurso um bom instrumento para o trabalho com a identidade nessa faixa etária.

As fotos das experiências vividas em casa e na escola são elementos auxiliares de apoio à memória e por isso mesmo facilitam a construção da ideia de continuidade. Ao mostrar as fotos e retomar, com apoio da fala, experiências já vividas com os sujeitos nelas envolvidos, auxiliamos a criança na construção da ideia de permanência no tempo, ou seja, eu vivi algo nesse espaço ontem, e a foto é um índice que ajuda a recuperar esse evento e estabelecer relações com o que estou vivendo hoje e viverei amanhã.

O mural de fotos significativas da criança que compõe o espaço da sala constitui um elemento importante para que ela reconheça aquele novo espaço como seu e de seu grupo. Outras marcas no espaço podem ser progressivamente construídas com a participação das crianças para torná-lo mais familiar e carregado de sentidos que enunciam para a criança quem ela é e a que grupo pertence. As produções artísticas das crianças são elementos importantes para esse reconhecimento. A presença de produções infantis nas paredes da sala e da escola, ao mesmo tempo em que comunica à criança que esse é o seu espaço, compondo uma estética singular e não massificada do ambiente, é uma forma de valorizar aquilo que a criança é capaz de fazer. Cada objeto, peça de mobiliário, imagens e escritos expostos nas paredes informam sobre quem são as crianças e o que elas fazem e aprendem naquele espaço junto com seus professores.

b) O trabalho com nomes e fotos marcando cabides/objetos/produções

Já vimos como o nome próprio é um enunciado de grande valor para a criança na construção de sua identidade, além de ser uma palavra com a qual ela terá grande familiaridade se for referida por ela cotidianamente. Por isso é importante que o professor chame sempre a criança pelo nome, evitando apelidos, em especial os depreciativos, que podem compor negativamente a autoimagem da criança e a forma como as demais crianças se relacionarão com ela. O apelido usualmente destaca alguma característica do sujeito e a põe em relevo, passando a identificá-lo em detrimento de todos os seus outros atributos.

O bebê, desde cedo, responde com prazer ao chamado do seu nome e aprende muito rapidamente a se referir às crianças de seu grupo também pelo primeiro nome, se assim elas forem tratadas na escola. Uma experiência que envolve o nome próprio e que gera imensa satisfação às crianças pequenas consiste em participar de brincadeiras com canções que incorporam os nomes dos participantes em sua letra.

A familiaridade e o significado que o nome próprio tem para a criança serão de grande valor no trabalho com a escrita. Embora a aprendizagem da escrita não seja uma preocupação nessa faixa etária, é importante que as crianças tenham contato com a forma escrita do nome próprio desde o berçário, assim como seu uso social. Esse contato pode se dar por meio de um uso social comum da escrita do nome, por exemplo, marcar os pertences da criança.

Além de objetos, roupas e mochilas que as crianças trazem de casa, é importante identificar no meio coletivo, suas produções, pois são um registro importante da história de cada criança na instituição. Tal identificação deve ser feita de modo discreto, para não interferir na produção da criança, e realizada na frente dela, com leitura em voz alta, para que ela perceba o que o professor está fazendo e qual sua função.

Para que a criança tenha, então, contato diário com a escrita de seu nome, é importante que sejam confeccionadas fichas com nomes para identificar cabides, pertences, produções etc. Essas filipetas podem ser associadas a fotografias de cada criança para facilitar a identificação pelos não leitores. Além da função de identificação de objetos e produções, várias brincadeiras e conversas podem ser realizadas com apoio das fichas, como as já referidas cantigas com nomes.

Utilizar as fichas para identificar no grupo quem está presente e quem não está será vivido pelas crianças com grande prazer e servirá para que elas ampliem gradualmente a percepção de que pertencem a um grupo. Assim como as fotos e demais imagens, essas filipetas devem ser cartonadas, plastificadas e disponibilizadas em um mural para que as crianças possam manuseá-las ao brincar com elas.

c) O toque e o espelho

Um importante aspecto da construção da identidade pela criança desde o seu nascimento é a percepção que ela tem do próprio corpo. Na escola, as crianças podem participar de um conjunto de situações interessantes envolvendo o corpo e o movimento, que lhes ajudam a conhecer o próprio corpo: construir sua imagem corporal, ampliar sua consciência das características corporais e desenvolver uma imagem positiva de seu corpo.

Os bebês podem ser ajudados a familiarizar-se com a própria imagem corporal, discriminando sensações e percepções ligadas aos diferentes segmentos do corpo, especialmente por meio da interação com os outros parceiros, do toque e do uso do espelho.

Todas as situações em que a criança vivencia as possibilidades de movimento do próprio corpo, ajustando suas habilidades às situações das quais participa, sejam brincadeiras, atividades planejadas e propostas pelo professor, ou atividades cotidianas, são oportunidades para que ela conheça e tome consciência das potencialidades e limites do próprio corpo. Mas a tomada de consciência do próprio corpo pelas crianças, sua capacidade de perceber cada parte, sem perder a noção de unidade, de conhecer e reconhecer o próprio corpo como parte da identidade, requer um trabalho específico. Para isso, as intervenções do professor e as interações com as outras crianças são fundamentais.

O uso do espelho, desde o berçário, é um recurso importante para as crianças se reconhecerem, percebendo e identificando a imagem refletida como sua. Para que isso aconteça, é importante o apoio do professor ao identificar a imagem, nomeando a criança e descrevendo as características corporais e as diferentes partes do corpo refletidas no espelho.

O reconhecimento da própria imagem no espelho é um marco importante do desenvolvimento, revela uma nova posição assumida pelo bebê com relação a si mesmo, sua posição de sujeito. Essa identificação não é um fato dado ao nascimento, é preciso que o bebê percorra um processo paralelo àquele que o leva a constituir a sua própria identidade até que possa reconhecer a imagem projetada no espelho como sua. Esse processo vai da ilusão de realidade, quando o bebê nos seus primeiros meses de vida interpreta sua imagem no espelho como a visão de outro bebê real, passa pelo reconhecimento do outro refletido no espelho, quando a criança vira-se para procurar a pessoa correspondente ao reflexo, até o reconhecimento da imagem de si, ao redor dos 2 anos. Nesse processo, a criança brinca com o espelho mexendo partes do corpo, virando-se, olhando atrás do espelho para checar se há algo lá, apontando e se divertindo sozinha ou com o outro, e nesse jogo vai descobrindo sua imagem, suas características e a si mesma como sujeito.

A análise de imagens, de figuras humanas, sejam fotografias ou representações plásticas, oferece às crianças de um ano ou mais a possibilidade de descrevê-las e imitar com o corpo suas posturas e segmentos, constituindo também um recurso interessante para refletirem acerca da imagem de si. Já as brincadeiras que envolvem o toque entre as crianças, as práticas de massagem, as atividades cotidianas de troca, banho, pegar no colo, são outros momentos privilegiados para a criança ampliar o conhecimento do próprio corpo, percebendo a pele como limite entre o eu e o mundo.

Conviver com os outros

Já vimos como a interação exerce papel preponderante no desenvolvimento da criança. Entretanto, a conquista de formas de se relacionar com os outros também requer aprendizagem. A criança pequena começa a exercitar a convivência em sua família ao nascer e encontra na instituição de Educação Infantil uma nova configuração social, com a presença de muitas outras crianças coetâneas e outras, de idade diversa da sua, com quem passará a conviver diariamente. Isso requer um grande percurso de aprendizagem na convivência com os outros, no qual ela precisará de apoio dos adultos responsáveis para que aprenda e desenvolva recursos para se relacionar, para fazer amigos, para defender uma ideia ou interesse, para concordar ou contrapor-se a outra criança de modo construtivo.

Um desafio que o professor enfrenta como mediador da convivência de crianças diz respeito a como lidar com manifestações agressivas entre as crianças nas diferentes idades.

De acordo com Helen Bee (2003), podemos falar, em termos de desenvolvimento infantil, em três tipos de manifestações agressivas que têm diferentes características quanto à sua finalidade. Algumas dessas manifestações, tais como beliscões, apertões, mordidas, são comuns em crianças pequenas e visam apenas o contato físico com o outro, frequentemente outra criança. Muitas vezes as manifestações de amor e carinho são misturadas com manifestações agressivas, mesmo no caso de adultos. Pode-se notar essa "mistura" mesmo em algumas falas de adultos se referindo a crianças: "Dá uma vontade de morder essa bochecha!" ou "Vou apertar essa barriga!". Falas que são muitas vezes transformadas em ações. O adulto, porém, tem clareza dos limites dessas ações e sabe, por exemplo, até que ponto pode apertar alguém em um abraço sem machucar. Mas quanto menor a criança, mais indiscriminados são seus sentimentos e manifestações de carinho e agressividade. Na busca de contato físico com outra criança, muitas vezes um beijo vira mordida e um abraço vira um apertão. A própria dificuldade motora da criança pequena torna esses contatos mais descontrolados ou desajeitados. Com o avançar da idade, as crianças vão aprendendo a discriminar sentimentos e ações mais adequadas para expressá-los, canalizando de modo socialmente aceito sua necessidade de contato físico. Progressivamente, também vai aumentando a possibilidade de a criança se colocar no lugar do outro, levando em conta não apenas o seu desejo, mas também o limite do outro nas trocas afetivas.

Outro tipo de manifestação agressiva é chamada de instrumental, porque tem como objetivo comunicar algo. Na criança pequena, aparece no lugar da fala para comunicar um desejo, uma frustração, um "não!". A criança não tem intenção de machucar ou atingir o outro, mas de comunicar algo que não consegue através da fala. Mesmo na criança que já domina um pouco a fala, a ação ainda prevalece como forma de expressão, ainda mais quando a comunicação precisa ser rápida. Esse tipo de agressividade vai diminuindo conforme a criança vai progredindo no domínio da língua. Em vez de tomar um brinquedo de outra, ela poderá dizer: "Me empresta?".

O terceiro tipo de agressividade pode ser chamada de hostil e aparece normalmente em resposta a uma frustração, sendo dirigida contra o agente ou suposto agente dessa frustração. Muitas vezes é a única maneira que ela tem de chamar a atenção do adulto. A intensidade da reação vai depender do modo como cada criança lida com as frustrações de uma maneira geral e com a intensidade da frustração. A agressividade hostil tende a aumentar com o avançar da idade, chegando a um pico por volta dos 4 anos, paralelamente ao desenvolvimento da brincadeira, que se torna cada vez mais cooperativa. Progressivamente, a criança vai sendo capaz de interagir e negociar regras com outras crianças na brincadeira, o que aumenta as possibilidades de conflitos. Ao mesmo tempo, nessa idade, a criança ainda não é totalmente capaz de se colocar no lugar do outro e de postergar seus desejos. Aos poucos, pela participação em situações sociais, com apoio do professor, vai aprendendo a partilhar um brinquedo, a agir conforme as regras, a esperar a sua vez, a abdicar da satisfação imediata dos seus desejos, a expressá-los através da linguagem verbal. Da mesma forma que a agressividade instrumental, a agressividade hostil se modifica com o desenvolvimento da linguagem, e a criança pode passar da agressividade física para a comunicação verbal de suas insatisfações.

Para que a criança ultrapasse essas etapas é fundamental que a convivência seja foco da atenção do professor desde o berçário. A participação do professor como mediador de conflitos, oferecendo limites e alternativas de expressão aos sentimentos da criança, é necessária em diversas situações. Algumas ações podem auxiliar o professor a lidar com as manifestações agressivas, levando a criança a elaborar seus sentimentos e a agir de modo a conviver bem no grupo:

- marcar claramente para as crianças as regras e os limites para o contato com o outro. É importante que todos na instituição estejam de acordo sobre aquilo que a criança pode e não pode fazer e lhe sirvam de modelos, conversando sempre e nunca agindo de forma agressiva;
- demarcar com o grupo as consequências reais (que vão de fato acontecer) de seus atos. Não se deve impingir ou fazer ameaças como uma consequência arbitrária aos comportamentos que vão contra as regras de convivência (dizendo, por exemplo, "se você bater nele, vai ficar sem almoço!"). É importante que a criança seja estimulada a compreender por que não deve agir de determinada forma, percebendo as consequências reais do que faz para si, para o outro ou para o grupo;
- evitar situações favorecedoras de conflitos e, especialmente com relação às crianças menores, estar sempre por perto para impedir agressões, segurando cuidadosamente a criança quando um pedido verbal não for suficiente;
- marcar as possibilidades de contato: "pode fazer carinho", "pode beijar e abraçar desde de que o outro queira". Estimular esse tipo de contato e criar situações para que o contato físico se dê de forma controlada. Oferecer brincadeiras em que o contato físico apareça submetido a regras e supervisionado por um adulto;
- trabalhar o desenvolvimento da fala, estimulando a expressão dos sentimentos e desejos através dela. Muitas vezes é preciso traduzir o que a criança está sentindo e mostrar que é capaz de falar em vez de agredir. "Você ficou bravo porque ele pegou seu brinquedo, não é? Fale para ele: 'estou bravo, me dá o meu brinquedo'.";
- proporcionar momentos de atenção individual, na roda,

no banho, em brincadeiras, ou com estratégias como, por exemplo, a eleição do ajudante do dia.

O mais importante é tentar compreender o que motivou a criança a ser agressiva em cada situação, discutir sempre com o coordenador e com os colegas, refletir e então decidir qual a atitude mais adequada a tomar.

A organização do espaço e do tempo na rotina pedagógica

Nessa faixa etária é preciso considerar que a maior parte das atividades não será desenvolvida com o grupo todo de crianças ao mesmo tempo. Os bebês e as crianças pequenas têm ritmos próprios e necessidades de higiene, alimentação e sono que precisam ser atendidas rápida e individualmente. Apenas progressivamente, ao longo de anos, os ritmos individuais irão se ajustando ao ritmo do grupo. Além disso, é preciso pensar em uma rotina diária que ofereça às crianças opções de engajar-se a cada momento em diferentes atividades conforme seu interesse e sem momentos longos de espera.

A organização espacial da sala em cantos com diferentes propostas simultâneas, como já foi apresentado no capítulo sobre ambientes, é uma saída interessante para diversificar as atividades e possibilitar o trabalho e a atenção do professor a pequenos grupos nessa idade. As salas de berçário e os espaços externos, anexos a elas, podem manter, por exemplo, cantos fixos destinados à movimentação ampla, ao desenho, ao manuseio de livros e exploração de objetos diversos. Nesses agrupamentos, é importante que haja ao menos dois professores por ambiente, respeitando-se a proporção adulto/criança recomendada para a faixa etária, de modo que possam se dividir na atenção individualizada, nas ações de cuidado, na orientação mais próxima de determinadas atividades e na observação mais distanciada de crianças que estão no mesmo espaço, porém engajadas de modo mais autônomo em outra atividade. As interações adulto-criança que envolvam proximidade, toque, escuta, podem favorecer o estabelecimento de um vínculo seguro (apego) entre professor e criança, o que irá estimular a exploração do ambiente pela criança pequena. No caso de bebês e crianças pequenas, essa é uma condição necessária para "garantir experiências que ampliem a confiança e a participação das crianças nas atividades individuais e coletivas" (Diretrizes Curriculares Nacionais para a Educação Infantil).

Com relação à organização do tempo no dia a dia das crianças pequenas, é preciso considerar, em primeiro lugar, que uma rotina estável que se constrói pouco a pouco com as crianças, durante e após o período de adaptação, dará parâmetros às crianças pequenas, situando-as no tempo e nos espaços durante as horas que passarão na instituição de Educação Infantil. Essa estabilidade na rotina oferece segurança ao bebê, pois a antecipação do que irá ocorrer ao longo do dia lhe permite aprender melhor como controlar o tempo de permanência na creche e suportar a separação temporária da mãe ou outros familiares.

Além disso, um grande desafio é organizar as diversas experiências de aprendizagem e desenvolvimento na jornada da criança, de forma que façam sentido para ela e possibilitem uma efetiva construção de conhecimento. Muitas vezes a maneira como se propõem atividades exploratórias às crianças deixa muito a desejar. Explorar pode ser, nesses casos, sinônimo de uma experimentação de técnicas e mais técnicas, tarefa febril e sem significado maior para as crianças. Num dia, a proposta plástica é pintura a dedo, no outro, massinha, no outro, construção com sucata, no outro, pintura com rolinho de espuma etc. O fato de o professor oferecer uma grande quantidade de opções, sem uma continuidade, não garante que as crianças realmente explorem o material proposto. Não proporciona a intimidade com o material que propicie um desenvolvimento em seu uso. Muitas vezes, oferecendo uma proposta num dia e retomando-a somente depois de uma semana ou mais, observa-se que o nível de relacionamento da criança com o material não se modifica.

Temos utilizado o termo exploração no sentido de entrar em contato, de aventurar-se (e quem é que não imagina o explorador vestido como o Indiana Jones?) a conhecer o que ainda é incógnito. Uma forma de organizar as experiências exploratórias das crianças é propor o trabalho por módulos em que, durante certo número de dias, o material ou a proposta são mantidos. Isso pode ser observado no relato de duas experiências com crianças dessa faixa etária, baseadas no princípio dos módulos, e que agora apresentamos.

UMA EXPERIÊNCIA COM SUCATA

A atividade que descreverei envolveu uma proposta de construção com sucata, ou melhor, caixas e embalagens de diversos tamanhos, com a particularidade de serem de formato retangular ou quadrado. Essa atividade foi desenvolvida durante alguns dias com crianças de, em média, 2 anos de idade, no primeiro semestre de 1994.

CENA 1.
Uma sala comprida. À tarde, mais ou menos 16h. Um dia de sol. Não há ninguém na sala. Arranjados de maneira esparsa pelo chão, montes de caixas, caixotes e caixinhas: caixas de sabão Omo, de pasta Colgate, de sabonete Dove, de remédio, de creme para o rosto. Grandes e pequenas, de diferentes formatos. Caixas. Apenas caixas.

Nesta cena, o que acho importante ressaltar é o fato de o ambiente estar previamente arrumado, antes da entrada das crianças. As caixas não foram escolhidas a esmo, mas procurei, nesta proposta, privilegiar caixas de superfície lisa, sem tampas. Como observa Vygotsky, o objeto muitas vezes nos "dita" o que fazer com ele, e meu objetivo era que as crianças chegassem a empilhar e enfileirar caixas. Se ali houvesse caixas que pudessem ser abertas e fechadas, com certeza a ação das crianças seria outra.

CENA 2.

A mesma sala. Entram onze crianças acompanhadas de duas professoras. Sua média de idade é de 2 anos. Todas, algumas mais afoitas, outras mais tímidas, aproximam-se dos montes de caixas e começam a se relacionar com elas. Algumas jogam as caixas para cima e para os lados; como são crianças que se conhecem, riem e gritam, muito à vontade, nesse espaço-classe que já é seu conhecido. Logo os montes separados de caixas já não existem, pois as caixas estão espalhadas por todo o chão, por todo o espaço.

Nesta cena, que se inicia quando a porta é aberta e as crianças entram na sala, gostaria de chamar a atenção para a maneira como elas, efetivamente, exploram o material: jogando, espalhando, experimentando, enfim, as possibilidades contidas em cada caixa. A olhos mais desavisados, essa conduta poderia ser tomada por uma grande bagunça, mas se como educadores estamos seguros do nosso objetivo, essa mesma conduta passa a ser entendida, esperada e até mesmo estimulada. Veremos mais adiante como esse relacionamento evolui, não nos esquecendo de que o fato de essas crianças constituírem um grupo – ou seja, se conhecerem e conviverem diariamente – confere uma qualidade especial à atividade, que seria diferente se as crianças não se conhecessem.

CENA 3.

A mesma sala, repleta de caixas espalhadas. Crianças brincam fazendo bastante barulho. Uma delas se senta e amassa uma caixa de bebida. Parece satisfeita ao perceber o que sua ação provocou no objeto. Faz o mesmo com outra e mais outra caixa. Uma segunda criança coloca uma caixa apoiada no chão, observa-a e então coloca mais uma caixa sobre a primeira. Observa. Coloca, então, sucessivamente, caixa sobre caixa, uma em cima da outra, até formar uma pilha quase de sua altura. Chuta, então, a pilha de caixas; isso a interessa muito e interessa também a outras crianças que estão ao redor. Agora, são três crianças que empilham as caixas umas sobre as outras. Juntas constroem uma única pilha. Agem juntas com um único objetivo. Juntas destroem a pilha que acabaram de construir.

Nesta terceira cena, entra em jogo a relação entre as crianças. No caso das crianças que encontram grande prazer no erguer e destruir pilhas, vemos exemplificada outra faceta do jogo do Fort-Da, descrito no segundo capítulo deste trabalho. É possível que estejam elaborando um sentimento experimentado numa outra ocasião; existe aqui também a presença do contágio emocional levando a uma ação conjunta, o que nos aproxima também das ideias de Wallon: a criança que brinca lado a lado não está apenas vendo o outro brincar, mas aprendendo a brincar.

CENA 4.

A mesma sala, um dia depois. As caixas estão espalhadas pela sala, e há uma pilha de caixas já começada. A porta se abre, e entram as crianças. Duas das crianças, que no dia anterior construíam a pilha que logo em seguida destruíam, dirigem-se à pilha começada e a completam, colocando mais caixas. Antes que a chutem, uma das professoras se aproxima e diz:

– Que pilha alta! É quase do seu tamanho…

– É grandona.

– Vamos fazer ficar maior?

Colocam caixas e mais caixas; é quase com suspense que as crianças vão acrescentando uma por uma, até que em certo ponto a pilha não se sustenta mais sozinha. Surpresa e risos.

Com relação a esta cena, penso haver alguns aspectos interessantes a levantar. Em primeiro lugar, ela se passa no dia seguinte. Permanece, portanto, a proposta do dia anterior. Penso que a continuidade que as crianças dão à atividade está muito ligada ao fato de terem se relacionado tão recentemente com o material (caixas). Pela minha observação, parece que se o material tivesse sido oferecido muitos dias depois, as crianças – ou pelo menos muitas delas – repetiriam as etapas iniciais dessa exploração, sem necessariamente avançar nessa pesquisa. Outro aspecto é que há, já montada na sala, uma pilha semelhante à que a criança construíra no dia anterior. De certa forma, isso consiste numa "segurança" para as crianças, que com prazer se dirigem a ela, encontrando ali algo que já conhecem. A exploração continua, e nessa cena se vê, pela primeira vez, a intervenção direta de uma das professoras, propondo que as crianças refreiem seu impulso de chutar e destruir a pilha, pedindo que elas a aumentem. Quando a pilha cai sozinha, as crianças têm um dado a mais sobre esse material que exploram. A professora, portanto, pode, com sua atuação, estender o conhecimento da criança – como no caso da língua, no capítulo 4.

CENA 5.

Dia seguinte. A mesma sala. Muitas caixas. As crianças, ao entrar, já estão familiarizadas com o material. Algumas ainda se divertem chutando ou amassando as caixas, mas o interesse maior parece residir em explorar as possibilidades dos agrupamentos de materiais, em pilhas ou fileiras no chão.

– Eu fiz um trem! – diz uma criança, empurrando a última caixa de uma fileira de seis caixas mais ou menos do mesmo tamanho. O trem anda durante alguns segundos. A criança aumenta a velocidade, mas ele se desconjunta. A professora, então, se aproxima:

– O que aconteceu?

– Não ficou – é a resposta.

O adulto, então, oferece uma possibilidade: fixar uma caixa à outra com fita crepe. A criança ajuda, compreendendo a estratégia. Caixas coladas, trem em movimento. A sucata virou brinquedo.

Aqui, vemos o aparecimento da relação simbólica que a criança construiu com o objeto, transformando-o em outra coisa, com a ajuda do educador. Quando se trata da faixa etária de 1 a 3 anos, me parece que o trabalho que vise uma produção, nesse caso, uma produção plástica com sucata, deve ser necessariamente sistemático e contínuo. A intimidade com os materiais, proporcionada pela sua exploração, é condição preliminar e deve fazer parte do planejamento. Somente entrando em contato com um material, da forma planejada pelo educador, é que as crianças poderão ter a possibilidade de apreendê-lo, compreendê-lo e, dentro do que representa ter 2 anos, ressignificá-lo, passando então para um nível simbólico de relacionamento com ele.

Diários da Professora Maria Paula Zurawski.

A descrição e análise dessas atividades com as caixas pretendeu dar visibilidade à importância da sistematização e da constância quando se propõe algo a essas crianças pequenas. O mesmo princípio se aplica às demais experiências proporcionadas às crianças de 0 a 2 anos.

Ao discutir aspectos a serem considerados pelos professores no planejamento do ambiente de vivência, aprendizagem e desenvolvimento para crianças de até 2 anos, além de formas de trabalho pedagógico apontadas nas Diretrizes Curriculares Nacionais para a Educação Infantil, de 2009, esperamos que os professores se sintam instigados a mergulhar no seu aperfeiçoamento profissional e a construir novos conhecimentos relativos às práticas pedagógicas no cotidiano de suas unidades educacionais.

Ilustração Ana Paula Lescano Scandola

5

PRÁTICAS PEDAGÓGICAS PARA CRIANÇAS DE 3 A 5 ANOS

A passagem da criança de seu núcleo familiar para a escola de Educação Infantil é um marco no seu desenvolvimento. Não apenas porque isso lhe permitirá alargar seus relacionamentos e aprender a viver em grupo, mas principalmente porque entrará em contato com novas situações, será estimulada a pensar e a se posicionar afetivamente em relação a determinados conhecimentos, e isso é condição para uma importante evolução da linguagem e do pensamento. Acompanhar esse processo e alimentá-lo é o principal objetivo do planejamento do professor.

E o que pode esperar um professor com relação ao desenvolvimento das crianças dos 3 aos 5 anos? Que experiências são fundamentais para a criança na sua jornada de aprendizagem e desenvolvimento? Como uma instituição educativa e o próprio professor podem decidir sobre o que apresentar a um grupo de crianças?

A partir dos 3 anos, na experiência social em uma instituição educativa, é esperado que as crianças possam dar passos cada vez mais largos rumo ao desenvolvimento emocional e à autonomia moral e intelectual. Nesse momento da vida, elas deverão construir as noções de responsabilidade, os limites e o funcionamento das regras, o princípio moral e os primeiros desafios da ética e valores como a solidariedade e o respeito à diferença. Desenvolvem-se a partir dessa idade os sentimentos de competência e independência – que tantas vezes assusta os adultos ávidos por controlar as crianças –, os processos de identificação que são a base para a constituição de novos grupos e círculos de amizade e companheirismo, as diferenças de gênero, os diferentes papéis sociais, os respectivos padrões sociais de comportamento, as narrativas, o pensamento mais organizado e lógico e o drama de encontrar seu lugar no mundo, na relação com o outro.

Mas é importante reconhecer que o desenvolvimento não é um processo natural nem é vivido da mesma maneira por todas as crianças. Sabe-se hoje que não se trata de um processo unicamente biológico, mas sim do fruto de interações de fatores orgânicos e, especialmente, sociais. A inserção social de cada criança, as experiências que já teve na família ou em uma instituição educativa influenciam fortemente o seu desenvolvimento e as torna muito diferentes umas das outras. Por isso, não é possível afirmar que todas as crianças tenham vencido igualmente todos os desafios que a primeira infância apresenta, só porque já fizeram 3 anos.

Para planejar o trabalho com a criança de 3 a 5 anos, é importante conhecer profundamente o grupo infantil. Saber seus interesses, seu desenvolvimento, seu grau de autonomia para resolver problemas diversos e as características próprias da faixa etária. Saber mais sobre a experiência construída na sua história fora da instituição educativa e considerar que haverá diferenças importantes entre as que já frequentaram uma instituição anteriormente e as que ingressam pela primeira vez e só então vão experimentar a separação dos pais e a exploração de tempos e espaços tão diferentes do ambiente familiar.

Tudo isso deve ser muito bem cuidado no momento inicial da criança na vida escolar, no acolhimento dos adultos com as boas-vindas à nova fase da vida.

Características do planejamento para crianças de 3 a 5 anos

Até os 2 anos o professor assume um papel preponderante na organização das práticas educativas, oferecendo-se o tempo todo como modelo. A partir dos 3 anos, é esperado que as crianças conquistem graus mais elevados de autonomia, que se sintam cada vez mais seguras para arriscar-se na exploração do mundo e aprender a brincar e trabalhar com seus pares, superando conflitos que, muitas vezes, a vida em grupo coloca. É nesse momento que ganha papel de destaque a experiência com os projetos coletivos.

Nós, adultos, muitas vezes organizamos a vida em função de projetos. Por exemplo, cursar uma boa universidade até obter um diploma; comprar uma casa; casar-se e constituir família. Ou então, viajar para rever parentes, conhecer outras culturas, novas paisagens; participar de uma maratona; rodar o mundo em uma bicicleta etc. Nossos projetos podem permanecer para sempre em nossas vidas como sonhos. Mas, se quisermos que eles se tornem realidade, precisamos organizar os sonhos em projetos que nos ajudem a pensar em um caminho para conquistar tudo isso.

O trabalho por projetos na instituição de Educação Infantil guarda alguma semelhança com esse modo de pensar. Mas diferentemente dos projetos de vida, os da instituição educativa são compartilhados por muita gente, pelas crianças que constituem uma turma e seu professor, aquele que está sempre preocupado em ouvir, apresentar bons problemas, propor ótimos desafios para fazer com que cada um avance em seu processo de aprendizagem e de desenvolvimento pessoal.

Além disso, os projetos na instituição educativa existem para aprimorar as relações em grupo e o trabalho autônomo, não controlado pelo professor, contando com estratégias que as próprias crianças encontram e as sugestões, propostas, diferentes opiniões acerca dos problemas que estão resolvendo. Os projetos podem, portanto, contribuir para o alcance de uma importante expectativa de aprendizagem: "garantir experiências que ampliem a confiança e a participação das crianças nas atividades individuais e coletivas" (Diretrizes Curriculares Nacionais para a Educação Infantil).

a) A experiência coletiva de projetos

Trabalhar por projetos na instituição educativa não é uma novidade. Muitos autores já escreveram a respeito, procurando definir o que seja um projeto. Nosso interesse é discutir esse tópico e refletir sobre a maneira pela qual o projeto pode fazer sentido para as crianças.

De modo geral ele pode ser visto como a projeção de uma sequência de ações em um determinado tempo. Uma projeção que permite às crianças o trabalho de pesquisa, de sistematização e de comunicação do que aprenderam individualmente, e no convívio e nas trocas com um grupo de crianças.

Delia Lerner, investigadora de didática do ensino da língua, entende que os projetos são formas de organizar o tempo, articular propósitos didáticos e comunicativos, de modo que a linguagem escrita, por exemplo, apareça na escola circunscrita por situações sociais de uso real da língua. Essa é uma concepção pensada originalmente para criar contextos ao ensino da língua portuguesa e, nesse caso, são nomeados como "projetos de produção-interpretação". São formas altamente estruturadas e planejadas de propor objetivos compartilhados de uso social da língua escrita. A autora sugere objetivos compartilhados como, por exemplo, gravar o áudio das crianças lendo poemas em voz alta, que podem ser incluídos em um programa de rádio da comunidade, o que possibilitaria importantes aprendizagens ligadas à leitura. Ou, ainda, escrever coletivamente uma carta a uma seção do jornal, posicionando-se sobre a leitura de algum artigo lido em grupo. Isso daria contexto para lidar com os problemas de se fazer claro por escrito, corrigindo a linguagem para que tudo seja compreendido com clareza pelo destinatário.

A proposta de Lerner parece interessante para o trabalho com a linguagem na Educação Infantil, se pensarmos que ela é, de fato, uma prática que só adquire sentido em seu uso social. Tais projetos poderiam trazer a vantagem de articular os objetivos que são do interesse das crianças aos objetivos do professor, para promover avanços na aprendizagem e no desenvolvimento de um grupo de crianças. Desse modo, a intenção do professor se expressa mais no seu compromisso em promover avanços do que no passeio pelos temas. Por exemplo, em um projeto de estudo dos contos de fadas, a ênfase não estaria no tema das princesas ou dos príncipes, mas no ato de ler, apreciar, recontar e reescrever os contos tradicionais, práticas importantes de uso da linguagem escrita.

Os projetos podem construir contextos para experiências de conhecer e explorar práticas sociais diversas, a fim de que crianças de 3 a 5 anos possam pesquisar e comunicar o que aprenderam. O professor pode, junto com as crianças:

1. Selecionar poesias para produzir uma coletânea ilustrada das favoritas do grupo para presentear a biblioteca da escola.
2. Produzir uma gravação de poesias recitadas pelo grupo e preparar um encarte com as letras para quem quiser acompanhar, podendo levar para casa para ouvir nas férias.
3. Aprender um repertório de música popular brasileira, como brincadeiras cantadas, para gravar um CD cantado pelo grupo, com ajuda dos pais, e produzir um livro com as letras de algumas canções para quem quiser aprender a cantar, podendo levar para casa.
4. Produzir uma coleção de livros de histórias recontadas pelas crianças para uma troca de livros entre as salas da escola, para ampliar o repertório da biblioteca.
5. Escrever histórias sobre heróis de histórias infantis e desenhá-los.
6. Comunicar-se com crianças de outras partes do mundo para colecionar cartões-postais.
7. Pesquisar e escrever uma cartilha com as regras de algumas das brincadeiras de rua para distribuir às crianças da comunidade na semana das crianças.
8. Produzir cartões de Natal para montar uma banquinha na escola no mês de dezembro.
9. Preparar um livro instrucional do tipo "faça você mesmo" para ensinar crianças menores a confeccionar alguns brinquedos para levar ao parque.
10. Fazer um livro de receitas (regionais, favoritas do grupo, sucos e vitaminas, sobremesas de chocolate etc.) para levar para casa e pedir ajuda aos pais para preparar algumas em casa.
11. Preparar um livro de adivinhas para dar no dia do campeonato de adivinhas interturmas.
12. Conhecer sobre o mundo animal (ou outro assunto ligado às ciências) para produzir, com ajuda dos pais ou de alunos de uma série mais adiantada do Ensino Funda-

mental, um documentário em vídeo para apresentar no dia da mostra de ciências da escola.

13. Montar um guia turístico para quem quiser passear na cidade ou bairro, ou para distribuir na rodoviária na semana do aniversário da cidade (ou outra data que faça sentido para a turma).
14. Produzir um folder orientando os visitantes a conhecer coisas imperdíveis no zoológico da cidade (ou outro local apreciado pela turma). Os folhetos podem ser distribuídos na entrada do local em um dia combinado.

Cada um desses propósitos compartilhados com as crianças pode criar contextos para diversas aprendizagens de uso e de reflexão sobre a língua. Desenhar esses projetos, propondo atividades desafiadoras e promotoras de avanços deve ser foco do planejamento do professor.

b) Outras apropriações do trabalho por projetos

Todos esses propósitos podem ser bem-articulados em projetos didáticos de produção-interpretação, como propõe Lerner (2002). Mas existem muitas outras possibilidades de trabalho com as crianças que nem sempre enfocam o trabalho com a língua portuguesa e, no entanto, são igualmente importantes para a experiência infantil. Nesses casos, é possível pensar em formas de compartilhar objetivos e desenvolver planejamentos do trabalho com as diferentes linguagens e campos do conhecimento, considerando as orientações didáticas que são mais adequadas, de acordo com a natureza dos diferentes conhecimentos. São exemplos:

1. Organizar uma exposição de arte com produções da turma, podendo abrir para a comunidade toda.
2. Organizar uma festa de aniversário para alguém da turma ou da escola.
3. Empreender mudanças para transformar o jardim da

instituição, colocando outras plantas e decorando os espaços verdes do parque.
4. Construir uma casinha para brincar no parque.
5. Construir objetos para compor o faz de conta da turma.
6. Organizar uma coleção de adesivos ou de outros objetos de agrado do grupo.
7. Conhecer e selecionar filmes e organizar uma mostra de cinema na escola na semana das crianças (ou em outra data em que faça sentido esse evento).

Para que a jornada do desenvolvimento humano dos 3 aos 5 anos se realize em toda a sua potencialidade, é importante que a instituição de Educação Infantil se responsabilize por assegurar algumas experiências. Considerando todos os princípios e referências já apontados no capítulo 2, listamos a seguir algumas práticas norteadoras do trabalho pedagógico na Educação Infantil que podem ser muito enriquecidas pela experiência dos professores, nas diversas regiões do Brasil.

1. BRINCAR

Em qualquer lugar do mundo, todas as crianças brincam de faz de conta, embora não da mesma maneira. A expressividade dessa linguagem não é resultado de um desenvolvimento natural, mas sim fruto do seu desenvolvimento sociocultural. Em outras palavras, brincar é algo que se aprende socialmente, e o contato com a cultura, por meio do professor e dos recursos que ela apresenta, faz avançar significativamente a qualidade da brincadeira.

Há pelo menos duas maneiras possíveis de brincar em grupo no período de 3 a 5 anos: a brincadeira de faz de conta e os jogos de regra. Contrariando autores de sua época, Vygotsky (2002) afirmava que a principal característica do jogo infantil não era o prazer e sim a possibilidade de viver uma situação imaginária. Do ponto de vista da teoria vygotskyana, não existe brincadeira sem regras. Por isso pode-se dizer que, de certa forma, brincar de casinha ou jogar trilha são semelhantes: ambas as vivências envolvem a imersão da criança em uma situação imaginária, uma experiência rara em que ela própria assume para si determinadas regras e escolhe segui-las intencionalmente. Isso diz respeito tanto às regras para movimentar-se no tabuleiro, como às regras de comportamento inferidas dos diferentes papéis sociais assumidos na brincadeira: mamãe, papai, filho etc. A criança imagina, por exemplo, uma corrida em um tabuleiro de trilha, ou a guerra de cavaleiros em um tabuleiro de xadrez, tanto quanto se imagina como mãe, ou pai – e a boneca, como filha.

O que diferencia os jogos de regra do faz de conta é o fato de que as regras dos jogos são estabelecidas na cultura e atravessam gerações sofrendo poucas modificações. Já as regras criadas para brincar de faz de conta são produzidas no instante da brincadeira pelas próprias crianças, e podem ser reconstruídas a todo momento, gerando mudanças significativas nos resultados dessa atividade. De um modo ou de outro, é a imaginação que se impõe como predominante. Esse processo psicológico novo para a criança provoca um salto em seu desenvolvimento mental, e é por isso que é vista como uma das principais atividades da Educação Infantil.

O que a criança pode aprender

Um modo de aprender é imitar. No jogo, as crianças começam por imitar comportamentos que já observaram em seu entorno, mas o fazem à sua maneira, de modo que cada criança, ao imitar, coloca seu toque particular.

Por sua vez, as crianças mantêm diferentes relações com os objetos ao longo da vida. O pensamento simbólico permite à criança se relacionar com o mesmo objeto de outro modo: se, quando bebê, uma colher podia ser usada para alimentar-se ou produzir sons quando batida no prato, pode agora servir para dar comida ao filhinho. Um chocalho que lhe servia para explorar movimentos e sons pode mais tarde ser um microfone para cantar, um martelo para bater etc. Um cabo de vassoura pode virar cavalo. Todos esses sentidos não estão nos objetos, por mais realistas que sejam, mas sim nas relações que as crianças estabelecem entre eles e na sua significação.

A partir dos 3 anos, a brincadeira da criança não é mais a imitação que se via quando bebê. Também não é uma imitação fruto da lembrança de uma cena que foi observada ou vivida, como acontecia até os 2 anos. A brincadeira agora é um pouco mais elaborada porque a criança atua como coautora, usando a imaginação para criar situações nos cenários conhecidos por ela, como casinha, consultório médico, feira etc. Ao fazer isso, ela representa o que observa e trabalha a compreensão do mundo, como as atitudes das pessoas, os modos como resolvem conflitos, como sentem e se expressam, etc.

A criança também interage com outras crianças para inventar enredos que não existem, senão na imaginação: palácios e princesas, casamentos de reis, batalhas de heróis guerreiros, mágicos e outros seres com poderes secretos. Toda essa trajetória da criatividade no faz de conta é fruto de um processo de construção da própria brincadeira, oferecendo oportunidade para a ocorrência de importantes aprendizagens sobre as regras dos jogos e suas estratégias, além de ocasiões para enfrentar e ultrapassar situações conflituosas.

Além da vivência imaginária, as crianças ainda têm muito a aprender do ponto de vista de seu desenvolvimento moral. Seguir uma regra por vontade própria, que é o princípio de qualquer jogo, é um dos fundamentos do comportamento ético. E é na instituição de Educação Infantil que as crianças enfrentarão seus primeiros dilemas de valores e aprenderão a enfrentar as diferenças e as situações de conflito.

O que propor

Para alimentar o faz de conta, o professor pode propor:

- momentos para brincar de faz de conta no espaço externo e também na sala, todos os dias;
- projetos de construção de materiais para brincar de faz

de conta, construindo cenários a partir das pesquisas realizadas pelo grupo (astronautas, princesas e castelos, heróis, etc.).

Para alimentar o trabalho com os jogos, o professor pode propor:

- momentos no parque ou espaço externo para conhecer e jogar diferentes famílias de jogos: de bola, de correr, de pegar etc. Isso também pode ser feito em conjunto com outras turmas de crianças de modo que possam trocar suas experiências e repertórios;
- cantos permanentes na sala com jogos diversos (quebra-cabeças, construções, tabuleiros, dominós, memória, cartas etc.) que vão sendo acrescidos ao longo do ano, de modo que as crianças possam ampliar o repertório de jogos e ensinar umas às outras;
- projetos de construção de tabuleiros a partir de pesquisas de vários tipos de peças, peões, dados e regras. Nesses projetos as crianças podem também criar as situações imaginárias, os temas que dão unidade ao jogo;
- projetos integrados aos conhecimentos matemáticos, criando contextos para as crianças lidarem com conhecimentos que envolvam a sequência numérica, entre outros.

Como propor

Tempo: o tempo de brincar é vivido com intensidade pelas crianças que pensam sobre o que viveram, elaboram ideias que surgiram e as comentam em casa com os pais e os irmãos, recolhem novas informações, refazem os enredos. O desenvolvimento de enredos mais complexos exige tempo das crianças, não apenas no momento em que estão brincando, mas também nos dias subsequentes. Por isso, é importante que a brincadeira tenha um caráter permanente na rotina da criança em uma instituição de

Educação Infantil e dure o tempo necessário para o desenvolvimento de enredos e cenários cada vez mais complexos.

Espaço: todos os espaços da instituição educativa podem ser apropriados pelas crianças em suas brincadeiras, desde que sejam flexíveis às suas intervenções, apropriações. Um espaço muito rígido ou já acabado, completamente estruturado, como é o caso de muitas brinquedotecas ou ambientes construídos com móveis plásticos, acaba por limitar a atividade criadora da criança, que é justamente o propósito mais importante do jogo.

Materiais: o brincar da nossa época é diferente do brincar de outros tempos. A brincadeira e os brinquedos carregam características da cultura da qual fazem parte e dizem muito sobre as crianças que brincam com eles. É fundamental para o professor assumir o critério da diversidade e disponibilizar bonecas negras e indígenas para as crianças usarem nas brincadeiras de casinha, além de diferentes tipos de panelas e cuias fabricadas em diferentes regiões do país. Do mesmo modo, incluir nos baús de fantasias roupas e acessórios de outras culturas, além de pentes e presilhas para enfeitar todos os tipos de cabelo, das crianças brancas e negras, de meninos e meninas. Ao manipular cenários e objetos de sua cultura e de outras, as crianças podem ter "experiências que possibilitem vivências éticas e estéticas com outras crianças e grupos culturais, que alarguem seus padrões de referência e de identidades no diálogo e conhecimento da diversidade", tal como proposto nas Diretrizes Curriculares Nacionais para a Educação Infantil.

Além dos objetos de uso social em determinada cultura, é importante incluir também objetos não estruturados, em quantidade suficiente para que possam ser usados criativamente pelas crianças na elaboração de cenários e fantasias, para organizar enredos complexos.

Para o trabalho com os jogos, é importante oferecer às crianças a maior diversidade possível de materiais, apresentando-os segundo critérios, de modo a potencializar o aprendizado das regras pelas crianças. Os jogos podem, depois, servir como modelo para a produção de novos jogos pelas próprias crianças.

INTERAÇÕES: aprende-se a jogar, jogando. Por isso, a interação das crianças nessas situações é condição para o jogo acontecer. Para os momentos no parque é interessante propiciar interação com crianças de outras idades, favorecendo a troca de repertórios e a aprendizagem das estratégias com os mais experientes. Nos momentos de jogar em sala, o professor pode oferecer jogos diferentes para cada subgrupo, de modo que as crianças possam primeiramente explorar as peças para, então, pensar sobre as regras. Desse modo, em uma próxima ocasião é possível que as próprias crianças ensinem os jogos umas às outras.

Um dos principais critérios para a realização da brincadeira é a liberdade de escolha. A brincadeira reúne uma sucessão de escolhas, de decisões, de negociações. A criança precisa decidir entrar no jogo e seguir por vontade própria as regras propostas. Se em outros jogos a presença do professor é importante para facilitar o aprendizado das regras e os procedimentos para jogar, no faz de conta tal presença é dispensável. A brincadeira é do grupo, e o professor deve evitar conduzir as ações das crianças subvertendo os objetivos da brincadeira em favor de qualquer outro conteúdo pedagógico.

Isso não significa, por outro lado, que o professor não tenha papel algum a desempenhar. Pelo contrário, ele pode ser um parceiro importante para alimentar as iniciativas das crianças e ampliar suas referências culturais. A criança não brinca em um deserto, mas sim interagindo com situações e materiais que ela encontra. O professor pode estimular e ampliar essa brincadeira oferecendo materiais e informações, experiências que sirvam de pontos de apoio para a atividade lúdica.

É importante considerar que o principal conteúdo do jogo de faz de conta é apenas o fazer de conta. Temas, enredos e situações brotam da interação das crianças, e o professor deve apenas observar, como forma de conhecer as representações das crianças, de reconhecer as situações mais conflituosas e as estratégias que as crianças constroem para solucioná-las. Se desejar investir no desenvolvimento da linguagem do faz de conta, o professor deve aproveitar os temas trazidos pelas crianças e os estimular oferecendo objetos, brinquedos e outros materiais que possam compor ambientes, enredos e cenários que serão montados e desmontados pelas próprias crianças.

O que observar

Durante os jogos, o professor pode observar:

- o repertório de jogos do grupo e suas preferências;
- os principais enredos desenvolvidos no faz de conta e as simbolizações das crianças;
- como as crianças constroem estratégias para os jogos de tabuleiro e como trocam informações entre elas;
- como se apropriam e transformam materiais para o jogo;
- como interagem na brincadeira com crianças da mesma idade e de idades diferentes;
- situações conflituosas e o modo como as crianças procuram resolvê-las com ou sem ajuda do professor.

O repertório de enredos possíveis de brincar amplia-se muito com as pesquisas das crianças orientadas pelo professor. Isso aparece no registro de uma professora de uma turma de 5 anos de uma escola particular, apresentado a seguir.

> Trouxemos um filme que mostra muitas cenas bonitas do espaço e da vida dos astronautas, tema de estudo do grupo. O filme se chama *Apollo 13*. As crianças não quiseram que eu lesse nenhuma legenda porque atrapalhava, segundo elas. De fato, estavam acompanhando toda a história. Quando ficavam muito intrigadas, então perguntavam. Ao final, Júlia e Dani vieram me contar:

– Eu fiquei emocionada, me deu uma vontade de chorar – disse *Julia.*

O reconto que as crianças fizeram do filme confirmou a ideia de que quando ainda não leem convencionalmente, dispõem de recursos valiosíssimos para dar conta da curiosidade que, quando muito forte, vira necessidade. A falta de legenda não comprometeu em nada o entendimento das situações, ao contrário, exigiu delas uma atenção ainda maior para significar as imagens.

Agora, as crianças estão entretidas com a construção de uma espaçonave para brincar. Chris já fez um projeto do complexo Saturno 5, o foguete com os cinco estágios, sendo o último a nave que pousou na Lua, cheio de requintes de detalhe. Todos vão estudá-la para saber como devemos construir, mas já deram algumas ideias:

– Vamos usar computadores para fazer o comando na Terra, telefones para comunicar de cima do brinquedão[1] lá no parque – inventaram Caio e Chris.

– Pano preto para fazer o céu porque o céu do espaço é sempre preto – sugeriram Caio e outras crianças.

– Tem que amarrar uns barbantes nos estágios porque tem que puxar quando ele estiver saindo – propôs Larissa.

– Tem que recortar umas janelas senão a gente morre sem ar – lembrou Caio.

– A gente pode pôr uma escada para subir nele – sugeri.

– A gente tem que levar pastilhas Garoto para fazer de conta que é a comida do astronauta, que é igual a uma pastilha – disse Chris.

1 Brinquedão é o nome dado às crianças ao complexo de madeira que reunia um escorregador, escada, trepa-trepa de corda e uma plataforma acima do escorregador, que servia, ora para brincar embaixo, de casinha, ora para brincar em cima, de astronauta e aviador.

E não paravam mais de falar. Arthur ficou tão empolgado que trouxe uma roupa de apicultor e as luvas emprestadas do pai para serem parte da roupa do astronauta. Nina rapidamente lembrou-se do capacete de moto que vira na sala do grupo 2 e o pegou emprestado. O astronauta ficou perfeito! Agora eles querem desenhar a bandeira do Brasil para pôr no braço do viajante.

– É o primeiro foguete brasileiro – brincou Chris, já entrando no faz de conta.

Diários da professora Silvana Augusto, grupo de crianças de 5 anos.

2. EXPERIÊNCIAS COM A LINGUAGEM VERBAL

Sabemos por Vygotsky que o desenvolvimento do pensamento é determinado pela linguagem, ou seja, pelos instrumentos linguísticos construídos na experiência social. É por meio da linguagem que a criança produz cultura, constrói conhecimentos nas trocas com outras crianças e adultos. Na medida em que a Educação Infantil amplia a experiência linguística das crianças, ela cria melhores condições para a ampliação também de seu pensamento. Por isso, a Educação Infantil deve prever um trabalho sistemático de exploração da linguagem verbal, a fim de "garantir experiências de narrativas, de apreciação e interação com a linguagem oral e escrita, e convívio com diferentes suportes e gêneros textuais orais e escritos" (Diretrizes Curriculares Nacionais para a Educação Infantil).

Veja a seguir algumas possibilidades para o trabalho com crianças de 3 a 5 anos.

a) Brincar com parlendas, cantigas e brincadeiras tradicionais

Além da função comunicativa, a língua oferece às crianças experiências nas quais brincar com as palavras é a função prioritária. As palavras e seus diferentes modos de dizer algo são fonte da curiosidade e da produção de significado pelas crianças. Não por acaso, é na Educação Infantil que normalmente as crianças entram em contato com o vasto repertório da tradição oral brasileira.

O povo brasileiro é herdeiro de um enorme acervo popular composto por brincadeiras de rua, versinhos e músicas que embalam as brincadeiras (mando tiro, por exemplo), joguetes usados para decidir quem começa os jogos (lá em cima do piano; uni duni tê, entre outros), ladainhas para pular corda, diversos tipos de brincadeiras cantadas, quadrinhas, parlendas, trava-línguas. Um dos desafios de um trabalho a partir da poesia popular e das brincadeiras cantadas é permitir que a criança brasileira tenha acesso a essa herança.

O que a criança pode aprender

A brincadeira com as palavras abarca diversos aspectos do trabalho com a criança. O primeiro é o aspecto cultural. As brincadeiras cantadas estão em todas as partes do mundo. No Brasil, o repertório é bastante variado e ganhou um colorido diferente em cada região, nas novas versões. Corre cotia, por exemplo, tem até nove versões, mas pode ter ainda mais[2]. Outra diferença é o nome das brincadeiras e, muitas vezes, as regras. Por exemplo, a tradicional brincadeira de pular as casas riscadas no chão, de 1 a 10, partindo do "céu" e chegando ao "inferno" é conhecida no Sudeste como amarelinha, caracol, ou maré. Na região Norte é conhecida como macaca. No Centro-Oeste é fruta-fruta-fora e no Nordeste, academia. No Sul, além de amarelinha, pode também ser conhecida como amarelão. O mesmo ocorre com as danças

2 Fonte: mapadobrincar.folha.com.br, acesso em 17/02/2012.

da festa junina, por exemplo, tão diferentes em cada estado: em algumas regiões se dança forró, em outras, catira. Em alguns estados a viola tem seu lugar garantido nas rodas de música, dança e cantoria; em outros, são o zabumba e a sanfona.

Ter a oportunidade de se apropriar desse repertório popular que só se transmite de boca a boca, de geração para geração, é algo que se pode viver na Educação Infantil. Um trabalho intencional pode "garantir experiências que propiciem a interação e o conhecimento pelas crianças das manifestações e tradições culturais brasileiras" (Diretrizes Curriculares Nacionais para a Educação Infantil).

As brincadeiras tradicionais também têm a vantagem de ampliar as possibilidades de interação, pois todas elas pressupõem o papel do outro complementando as ações das crianças com um gesto, uma fala, um movimento. Por isso são tão bem-aceitas nos primeiros dias das crianças na unidade educacional, ocasião em que elas precisam se misturar, conhecer os colegas novos e ter uma boa experiência de socialização. Além disso, muitas das brincadeiras tradicionais, além das festas, autos e danças populares, permitem às crianças desenvolver personagens e enredos e viver situações imaginárias.

Outro aspecto diz respeito à expressividade infantil. Crianças pequenas gostam de brincar com as palavras e de repetir palavras que não conhecem só porque lhes soam engraçadas. Regidas pelo pensamento sincrético, buscam no efeito sonoro da rima e na repetição dos sons uma inspiração para brincar, um modo de expressão que é muito próximo do pensamento típico dessa idade. Um trabalho a partir de quadrinhas populares, parlendas e trava-línguas oferece uma ótima oportunidade de imersão da criança na expressividade da sua língua. Ao memorizar esses textos que se precisa saber de cor para brincar, as crianças ganham um repertório para as primeiras experiências de leitura.

O repertório dos textos das brincadeiras tradicionais constitui conhecimento fundamental para a criança que busca compreender as relações entre a fala e a escrita, principal questão a ser resolvida por aqueles que iniciam seu processo de apropriação das bases de nosso sistema de escrita e começam a ler por conta própria.

O que propor

Para criar contextos interessantes para o trabalho com o repertório de brincadeiras e folguedos da tradição oral brasileira, o professor pode propor:

- momentos de aprender novas brincadeiras no parque todos os dias. A princípio, ele pode ensinar as brincadeiras que conhece, compartilhando com o grupo o seu próprio repertório, parte de sua história de criança. Com o passar do tempo e a crescente familiaridade das crianças com essa situação, é possível convidar pais, irmãos mais velhos e outros funcionários da instituição para ensinarem brincadeiras novas às crianças na hora de brincar no parque;
- contexto para que as crianças coletivamente possam escrever (ou ditar os textos ao professor) e desenhar as brincadeiras novas que estão procurando aprender em casa;
- um projeto de pesquisa do repertório de um determinado tipo de brincadeiras (de roda, de corda etc.) e de suas variações, procurando o conhecimento popular na própria comunidade, comparando as brincadeiras com as brincadeiras típicas de outros países. Esse contexto permite que sejam trabalhadas ao mesmo tempo questões da linguagem escrita a partir dos textos que serão pesquisados pelas crianças, como também a ampliação do conhecimento oral, cuja fonte principal é a memória da própria comunidade, acessada por meio de entrevistas ou conversas. Pode envolver ainda a produção de livros, coletâneas escritas e ilustradas pelas próprias crianças, ou mesmo CDs com reproduções orais do grupo. Tudo isso pode ser divulgado nas demais turmas da instituição ou até mesmo em outras escolas;

- pesquisa sobre as danças e os enredos dos autos populares para compor livros ilustrados, painéis informativos para a comunidade, produção de bonecos e outros materiais típicos dessas manifestações culturais;
- criação de cenários e adereços para brincar com as letras e as danças das tradições populares como bumba meu boi, cavalo-marinho, catiras etc.;
- organização de eventos culturais em que as crianças brinquem com os adultos.

Todas essas propostas podem contribuir para "garantir experiências que possibilitem às crianças experiências (...) de apreciação e interação com a linguagem oral e escrita, e convívio com diferentes suportes e gêneros textuais orais e escritos" (Diretrizes Curriculares Nacionais para a Educação Infantil).

Como propor

TEMPO: o tempo para brincar deve ser estabelecido com regularidade diária por vários motivos: as crianças precisam brincar bastante para ampliar suas relações sociais; a brincadeira é uma das atividades mais ricas e promotoras do desenvolvimento infantil; é preciso brincar muitas vezes para aprender as regras e ganhar a habilidade necessária para que o jogo progrida. Do ponto de vista da rotina, o melhor momento é no início da manhã ou no final da tarde, horários em que o sol não é muito forte, portanto, melhor para a saúde das crianças. O tempo de duração depende de cada rotina e das demais propostas que costumam ocorrer na hora de brincar no parque: as brincadeiras espontâneas das crianças; o faz de conta alimentado; balanço e trepa-trepa ou outros mais comuns em cada região.

ESPAÇO: para brincar, o melhor espaço são os ambientes externos onde as crianças podem estar por alguns momentos ao ar livre e receber um pouco de sol, fundamental para a saúde. Não apenas o parque da escola: a rua, a praça ou outros espaços do entorno podem ser interessantes para que as crianças fiquem mais próximas de outros adultos que também podem ensinar suas brincadeiras antigas, embora sempre novas para as crianças. Muitas das brincadeiras também podem transcorrer nos espaços internos da unidade educacional, constituindo-se assim em uma alternativa para os dias de chuva em que não se pode brincar fora. Para a pesquisa sobre as brincadeiras, muitos espaços podem ser organizados: a própria sala com mesas e materiais diversos pré-selecionados pelo professor; a biblioteca, local onde as crianças podem aprender a pesquisar; a sala de crianças mais velhas, onde se pode pesquisar novas brincadeiras com as próprias crianças e – por que não? – a própria casa das crianças. Uma excursão a diferentes locais da comunidade para a coleta de informações pode ser uma etapa divertida e bastante produtiva de um projeto de pesquisa.

MATERIAIS: atualmente existem muitos CDs de parlendas e músicas que podem ser adquiridos para o acervo da escola. Além disso, há sites especializados que disponibilizam gratuitamente informações sobre as brincadeiras. Mas nada substitui o acervo da memória local, fonte de informação permanente para as crianças.

Nos projetos de pesquisa, é interessante refletir sobre a escolha do suporte para os registros das crianças, a depender da intencionalidade educativa. Se o propósito do professor é criar um contexto para a exploração da expressão oral, o melhor suporte para os resultados da pesquisa são os arquivos digitais, que guardam bem as vozes das crianças; se o professor intenciona assegurar que as crianças tenham em mãos os textos, base para suas iniciativas de leitura, o melhor método é a reprodução individual das letras das músicas, quadrinhas, etc.; se a ideia é criar oportunidades para que as crianças pensem sobre a linguagem escrita, uma boa alternativa é um caderno ou bloco de cartolinas, onde podem ser registrados os textos ditados pelas crianças e as ilustrações de toda a turma.

Interações: pesquisar o repertório de tradição oral cria um excelente contexto para que as crianças possam interagir com colegas de outras idades que já aprenderam muitas brincadeiras. Além disso, dá significado ao sempre bem-vindo encontro das crianças com os mais velhos, que carregam na memória aquilo que as crianças estão ávidas por aprender: brincadeiras!

O que observar

Na observação os professores podem estar atentos:

- ao repertório do grupo, tanto do ponto de vista do tamanho quanto da diversidade;
- à maneira como as crianças interagem;
- às preferências por determinadas brincadeiras;
- às estratégias que elas usam para ensinar brincadeiras a outras crianças;
- às diferentes apropriações pelas crianças das regras das brincadeiras;
- à ocorrência de novas variações, de invenções, adaptações e outras mudanças que as crianças porventura se aventurem a fazer;
- à qualidade e à quantidade de materiais para cenários e adereços típicos das danças e brincadeiras populares e o modo como as crianças os utilizam, dando a eles novos significados;
- à qualidade da escuta das crianças e ao respeito que desenvolvem aos mais velhos que lhes ensinam brincadeiras.

SEQUÊNCIA DIDÁTICA: POESIA PARA CASA

Tempo previsto: 3 meses

Objetivos didáticos:

- apresentar mais um tipo de texto, a poesia, para ampliar o repertório do grupo;
- propiciar momentos de brincar com as palavras, recitar.

Conteúdo:

- apreciação e recital de poesias.

Orientações didáticas para o projeto:

- garantir que todas as crianças tenham os livros de poesias completos e que realmente sejam usados na instituição de Educação Infantil. É importante que eles venham e voltem na mochila todos os dias;
- é importante copiar as poesias para todo mundo, mas não esquecer de dar as referências: título, autor, livro de onde foi retirado;
- a roda de leitura de poesia deve ser diária, mesmo que as crianças fiquem pouco tempo.

Sequência possível de propostas:

1. Ler poesias na roda; marcar o canto desses livros com varal de poesias, disponibilizando os livros de poesias para o grupo recitar quando quiser.
2. Ler poesias na roda duas vezes por semana, trazendo sempre a referência da fonte e dos autores. Pedir que as crianças tragam livros de poesias para a escola. Para isso, será preciso escrever um bilhete aos pais pedindo que ajudem as crianças na procura de novas poesias.

3. Montar uma prateleira na sala com a coleção de livros de poesias da turma e organizar momentos para leitura e brincadeira com as poesias do grupo.
4. Organizar um rodízio para que as crianças possam levar livros para casa toda sexta-feira.
5. Tirar cópias das poesias favoritas do grupo e pedir que as ilustrem, à medida que vão sendo apresentadas, para compor uma coletânea.
6. Ler e cantar poesias do Vinícius de Morais – *A Arca de Noé*. Combinar com antecedência a visita de um pai que possa tocar no violão (ou outro instrumento) uma dessas músicas.
7. Conversar sobre poesia pesquisando as palavras que combinam, onde estão as rimas, etc.
8. Brincar com as crianças pesquisando outras palavras que não estão na poesia mas que rimam com algumas delas.
9. Gravar diferentes poesias para que possam conhecer diferentes ritmos e formas de recitar. Disponibilizar a gravação para que se escute na instituição e em casa.
10. Combinar com o grupo pequenos saraus para poucos convidados por vez; a turma pode fazer receitas de suco, bolinhos, biscoitos para receber os pais que vão ler e gravar poesias para o grupo todo ouvir na instituição.

Bibliografia:
- acervo de poesias para crianças (da escola ou da biblioteca pública da comunidade).

Materiais:
- um CD virgem;
- cartolina (½ folha para cada criança);

- papel sulfite, de preferência colorido (6 folhas para cada criança);
- canetas de feltro coloridas grossas.

b) Conversar

Muitas experiências sociais contribuem para o desenvolvimento da linguagem, entre elas, a conversa. Para compreender a conversa da criança de 3 a 5 anos é importante reconhecer como ela se constituiu como falante em sua cultura. Os bebês nascem com capacidade para falar em qualquer língua e atribuem significado de um modo próprio ao que se passa a seu redor. Por isso não é preciso esperar até que eles cresçam para conversar com eles: quando o adulto fala com o bebê, cria para ele oportunidades de aprender os usos da linguagem. Os bebês observam as expressões e gestos dos adultos quando estão bravos ou felizes, oferecendo algo ou pedindo, perguntando ou respondendo, e procuram imitá-las. Esse gesto do bebê é logo respondido pelo adulto, que cria nessa interação os primeiros eventos de comunicação. Essa comunicação que ainda não é estabelecida por meio de palavras exige do adulto o empenho de decodificar outros sinais: balbucios, gestos, expressões faciais, entonação e modulação da voz. De todo modo, ainda que não possamos reconhecer uma só palavra do que ele diz, já podemos aceitá-lo como falante.

O reconhecimento da criança como sujeito falante e merecedor de ouvidos desde muito cedo nos leva a defender a expressão oral como conteúdo fundamental na educação de crianças, desde os berçários. As crianças que assumiram um lugar na cultura como falantes desde cedo, aos 4 ou 5 anos já devem ter uma expressão comunicativa bastante sofisticada. O trabalho nessa faixa etária deve, então, ajudar as crianças a avançar não apenas nas suas competências comunicativas, mas, principalmente, na elaboração do pensamento.

O que a criança pode aprender

Embora o desenvolvimento da linguagem oral e da expressão comunicativa seja uma preocupação da escola, de maneira geral, nem sempre há um trabalho sistemático e intencional com a prática de conversar no cotidiano das instituições de Educação Infantil. É comum encontrarmos salas em que o silêncio impera. Muitas vezes, a comunicação dirigida a elas é estereotipada e infantilizada, o que acaba por afastá-las do contato com a língua na sua complexidade, tal como se apresenta na vida. No entanto, quando as crianças estão inseridas em contextos reais de conversa, nota-se que elas respondem de um jeito muito diferente.

Quem nunca observou como as crianças ficam atentas aos adultos quando estes conversam entre si? E como reagem quando alguém conquista sua confiança e puxa um assunto que lhes permita falar? Conversar, em si, costuma ser muito interessante para a criança de 3 a 5 anos porque é nessa prática social que elas encontram oportunidade para a exploração e a elaboração do pensamento e da linguagem. Além do mais, é uma das atividades mais importantes para favorecer a inserção da criança em seu grupo social por meio das trocas de ideias, opiniões, gostos e experiências. É também na conversa que o professor se aproxima das crianças para conhecê-las melhor.

Criança precisa conversar com adultos de seu convívio na instituição de Educação Infantil, com outros adultos da comunidade e, especialmente, entre elas mesmas. A dificuldade que os professores têm em ajudar as crianças nessa situação se explica, em parte, pelo desconhecimento do modo próprio de pensar da criança.

Uma criança olha o mundo do seu lugar, segundo seu modo próprio de pensar, de se expressar, de compreender os fatos que observa, nem sempre logicamente como os adultos. Além do olhar infantil, a criança também olha o mundo com a sua experiência singular: a de João, Maria, Gilmar, Benedita e tantas crianças que convivem no cotidiano da Educação Infantil. E o mundo que essas crianças enxergam não é o mesmo que o adulto vê.

Nessa diversidade de olhares, surge a oportunidade de aprender com a experiência do outro: crianças aprendendo com os adultos e adultos aprendendo com as crianças.

Para que se possa adotar uma perspectiva interessada e investigativa das respostas das crianças é preciso aceitar o fato de que tudo o que as crianças dizem e fazem tem um sentido para elas. É preciso recuperar a curiosidade frente ao desconhecido, o desejo de compartilhar uma forma própria de raciocinar e tomar as crianças como interlocutoras de fato. Assim, o professor que acompanha a criança no seu processo de aprendizagem e desenvolvimento, além de olhar para a criança, precisa também ouvir o que ela tem a dizer. Reconhecer no "delírio do seu verbo", como diria o poeta Manoel de Barros (1998), quando ela diz coisas que nós, adultos, não compreendemos, o sincretismo que matiza suas ideias e pensamentos.

Frequentemente a criança faz associações com suas lembranças, imagens afetivas que carrega na memória. Utiliza gestos para se comunicar, agregando a expressão corporal ao sentido que deseja dar à palavra. Usa recursos sonoros para dar a entender uma ideia (por exemplo, quando fala sobre o rabo da cascavel, sonoriza "tsi tsi tsi", ou se refere à chuva no telhado pronunciando "plic plic plic"). Ela atribui vida e personifica o inanimado, como quando diz que "as nuvens choram" ou que "o trovão está bravo". Todas essas formas de expressão podem ser entendidas como sincréticas.

Sincretismo é o nome atribuído por Wallon a um dos modos do pensamento infantil. Trata-se de um modo de operar que não diferencia claramente os elementos envolvidos. Uma criança pode perceber e representar a realidade, por exemplo, misturando a percepção do sujeito, do objeto, de outros conhecimentos. Tudo pode estar ligado a tudo, num intenso processo de associação livremente executado pela mente infantil. Os assuntos narrados nem sempre apresentam uma linearidade lógica, muitas vezes parecem pular de um tema a outro. O sentido que liga um pensamento a outro não é lógico, mas afetivo.

O pensamento sincrético, que tanto se diferencia do pensamento lógico-formal, nem sempre está relacionado apenas à faixa etária, mas é socialmente aceito em outras manifestações da cultura, como nas tradições populares e na arte. A literatura e, em especial, a poesia, frequentemente usam de recursos como a fabulação, a contradição, a tautologia e a elisão, que são características do pensamento sincrético predominante na criança de 3 a 5 anos.

Além de compreender a natureza do pensamento infantil, o professor precisa reconhecer a conversa como algo a ser aprendido na cultura, já que ninguém nasce sabendo conversar. Assim, de certa forma, a criança reflete sua cultura no modo como conversa, ao mesmo tempo em que recria, à sua moda, as tantas conversas de que participa em seu meio, incluindo a instituição de Educação Infantil, alimentando os assuntos com ideias originais e explicações singulares sobre os eventos deste misterioso mundo.

O que propor

Na Educação Infantil, a roda de conversa tem sido usada para muitas finalidades: fazer o levantamento dos alunos presentes e ausentes; observar o tempo dia a dia; escolher o ajudante do professor; apontar no calendário os aniversariantes; informar sobre as atividades previstas para o dia; orientar uma ou outra atividade específica etc. Outras vezes, é na roda que o professor traz os temas que serão desenvolvidos nos projetos, quase sempre organizados por ele mesmo. Todas essas ações são importantes para organizar o dia e as atividades infantis; no entanto, pouco tempo sobra para a atividade mais importante para a criança, que é justamente bater papo. Por isso, defende-se a roda como espaço privilegiado para a conversa, já que o principal objetivo de aprendizagem é aprender a conversar em grupo. Uma roda é vista como uma situação de comunicação vivenciada num coletivo e, portanto, oportunidade para a interlocução entre vários sujeitos.

Na Educação Infantil é possível às crianças a vivência de situações comunicativas diversas: a conversa espontânea entre crianças no parque, durante as refeições e nos demais momentos de encontro, além do bate-papo informal em grupo.

A conversa em grupo é uma ótima ocasião para a criança:

- apresentar-se aos colegas e falar sobre o que tem ocorrido a ela;
- compartilhar notícias do jornal, informações que circulam em um dado meio social como o bairro, a escola, e discutir pontos de vista, dando às crianças a oportunidade de pensar sobre o assunto, formular e expressar suas opiniões;
- dar destaque e trazer ao grupo todo os assuntos que atendem seus interesses e curiosidades, a fim de alimentar-se com mais informações e ampliar sua capacidade de argumentar;
- comentar, indicar, sugerir programas de lazer que possam ser hábito das crianças, como brincar na rua, passear no lago público, visitar parentes, ouvir rádio ou ver televisão com os pais;
- trocar ideias a respeito dos estudos que são empreendidos em grupo, dos projetos sobre as histórias, a natureza, as artes, etc.;
- instruir e trocar sugestões sobre os melhores procedimentos para realizar atividades diversas – como produzir determinado efeito com o lápis de cor, pular corda mais rápido, carregar areia ou construir castelos, balançar na árvore etc.;
- discutir e organizar a vida em grupo, a agenda do dia, a divisão de tarefas etc.

O professor tem um papel fundamental ao propor e participar das conversas entre crianças, e é importante que ao longo do bate-papo ele esteja atento para:

- antever as inúmeras possibilidades comunicativas que a criança ainda poderá conhecer por meio da sua mediação;

- socializar as vozes das crianças favorecendo que todas possam falar e escutar;
- dar visibilidade aos tantos modos de se comunicar que surgem em um grupo;
- criar contextos para que as conversas sejam interessantes e enriquecedoras para as crianças, oportunidade para a construção de significados;
- levar assuntos sobre os quais se possa falar, ideias para se pensar, perguntas para as quais as crianças não têm respostas, mas têm toda a condição de inventar.

Ao alimentar as conversas infantis, o professor contribui para que as crianças desenvolvam outras formas de pensar o mundo. Vejamos como isso acontece no relato de uma professora apresentado a seguir.

Um grupo de crianças em roda conversava sobre o que é o museu. Esse era um assunto interessante para o grupo porque as crianças tinham conhecimentos e experiências diferentes sobre o que era museu. Ao longo da conversa, as crianças se ouviram muito e trocaram ideias entre elas, não conduzidas pelo professor que, além de propor um assunto, se pôs a ouvir o que as crianças tinham a dizer. No registro a seguir, vemos como as crianças compartilham seus saberes no grupo e ao mesmo tempo interagem com a fala dos colegas, pensando e lembrando de experiências semelhantes, argumentando ideias.

PROFESSORA: *Quem já foi ao museu?*
VÁRIOS: *Eu! Eu! Eu!*
PROFESSORA: *O que tem lá?*
CRIANÇA 1: *É pintura de museu!*
PROFESSORA: *O que é pintura de museu?*
CRIANÇA 2: *É que explica sobre tiranossauro.*

CRIANÇA 3: *Não explica nada, museu só mostra os quadros.*

CRIANÇA 5: *Não explica nada, tem obras.*

CRIANÇA 1: *É uma pintura muito famosa.*

CRIANÇA 4: *É sobre pessoas também.*

PROFESSORA: *Que pessoas?*

CRIANÇA 4: *Não sei.*

PROFESSORA: *O que tem que ter para ser pintura de museu?*

CRIANÇA 3: *Tem que pendurar na parede.*

CRIANÇA 1: *Eu já fui no museu de cobra.*

CRIANÇA 6: *Minha tia trabalha num museu de cobra, no Butantã.*

CRIANÇA 1: *É lá que eu fui.*

CRIANÇA 7: *Passou na TV quando eles caçam e prendem a cobra.*

CRIANÇA 8: *Pela cabeça, né?*

CRIANÇA 1: *Mas eu já falei cascavel... ela tem um rabo que faz assim, "tsi, tsi,tsi"...*

CRIANÇA 6: *Eles põem um aparelho, eles têm um aparelho no Butantã.*

(Nesse momento, a professora mostra para as crianças um pôster da obra A Negra*, de Tarsila do Amaral)*

CRIANÇA 1: *Quadro de pessoa famosa!*

PROFESSORA: *Esse quadro pode ser de museu?*

CRIANÇA 5: *Pode, porque, é claro, no museu tudo é maluco.*

PROFESSSORA: *E aqueles (aponta para o painel dos trabalhos das crianças)?*

CRIANÇA 3: *Não, porque foi a gente que fez.*

CRIANÇA 5: *Pode sim, sabe por quê? Lá só pode pintura de tinta!*

CRIANÇA 1: *A moça pelada (aponta para o pôster).*

CRIANÇA 5: *Ela tá com uma teta pendurada.*

CRIANÇA 4: *É um homem, ele tá com a boca fechada.*

CRIANÇA 2: *Eu não sei.*

CRIANÇA 4: É um homem porque tá careca.

CRIANÇA 8: Mulher também é careca.

CRIANÇA 3: É, mulher também é careca.

CRIANÇA 6: Quero falar. Ontem eu tava no parquinho com meu pai e vi uma mulher careca e era pequena, e era uma filha.

CRIANÇA 3: Viu como tem mulher careca?

CRIANÇA 8: Sabe que minha avó é careca?

Ao final pudemos notar que todo mundo saiu da roda modificado, sabendo coisas que antes não sabia. Coisas a respeito do que possa ser um museu e também como é a atitude de quem conversa em grupo.

Diários da professora Silvana Augusto,
grupo de crianças de 4 anos.

Uma análise desse relato mostra como é importante que o professor possa ampliar o universo discursivo do grupo de crianças trazendo para a roda diferentes falantes com suas narrativas, seu imaginário singular, seu vocabulário particular e seu sotaque próprio. As escolas de Educação Infantil situadas em regiões onde há escolas indígenas ou quilombolas, por exemplo, podem favorecer o encontro entre as turmas de crianças ou podem convidar pessoas da comunidade que são provenientes de outras regiões ou têm ascendência estrangeira. Trazendo tantos novos falantes para a roda, o professor pode colorir ainda mais a profusão de sentidos que a nossa língua permite e "garantir experiências que possibilitem vivências éticas e estéticas com outras crianças e grupos culturais, que alarguem seus padrões de referência e de identidades no diálogo e conhecimento da diversidade" (Diretrizes Curriculares Nacionais para a Educação Infantil).

Como propor

Tempo: como a conversa é uma atividade que exige grande familiaridade das crianças com seus pares e supõe o desenvolvimento de intimidade e de hábito de comunicar-se em grupo, é importante que seja vista como atividade permanente na rotina escolar. Deve durar o tempo necessário para que se desenvolva um assunto pelo grupo. Vale a pena lembrar que toda hora pode ser uma boa hora para conversar – logo no início do período para receber as crianças e organizar o dia; depois do parque, para trocar experiências a respeito das brincadeiras vividas; no final do período, avaliando mais um dia na instituição de Educação Infantil. Isso significa que tal atividade pode constituir um momento ritualístico na rotina diária, mas também pode ocorrer em vários outros momentos que não estavam previstos na programação das atividades do dia. O professor deve ter sensibilidade para usar a rotina diária de modo flexível, favorecendo as experiências das crianças.

Espaço: é importante assegurar o conforto. Todas as crianças devem estar acomodadas de modo a poder sentar-se por algum tempo sem prejuízo de sua postura física. Além disso, elas devem sentar-se em roda, um círculo largo, de modo que todos vejam e observem as expressões e gestos dos colegas que falam, o que é também um elemento importante na comunicação, porque dá às crianças novas pistas sobre o que está sendo dito. É olhando o outro que cada um pode melhor regular o momento em que pode falar ou deve escutar.

Materiais: nem sempre as rodas de conversa necessitam de materiais de apoio, embora livros, revistas e jornais costumem funcionar como apoios oportunos para introduzir assuntos. Vale a pena observar e confiar também nas crianças, pois muitas vezes elas mesmas trazem fotografias, brinquedos ou objetos que querem mostrar aos amigos.

Interações: um professor que confia no potencial das interações das crianças não precisa se preocupar sempre com o controle. Ao contrário, ele aposta na crescente capacidade das crianças de se auto-organizar, incentiva e promove, por meio de suas intervenções, as melhores condições para que todos possam se ouvir e assumir os turnos de fala quando necessário, seguindo o fluxo próprio da conversa, sem impor regras externas como, por exemplo: levantar a mão para falar, aguardar a vez no rodízio da roda, esperar a autorização do professor etc.

O que observar

O registro da roda de conversa, em geral transcrições das falas das crianças, é um ótimo instrumento para apoiar a investigação do professor sobre como as crianças pensam e se expressam e sobre como ele mesmo interage nessa situação. Entre tantas coisas, o professor pode observar:

- a sua própria fala e intervenção, tendo o cuidado de não conduzir excessivamente a conversa, dando pouco espaço para o desenvolvimento da expressão das crianças;
- a frequência e regularidade com que cada criança se insere em uma conversa;
- os dispositivos que ele utiliza para organizar a conversa;
- as estratégias que cada criança, mais falante ou mais tímida, utiliza para participar da roda;
- os assuntos mais frequentes e que melhor representam os interesses e gostos das crianças para que possa oferecer mais informações e alimentar essas conversas quando necessário;
- a qualidade das discussões e o tipo de discurso que as crianças mais desenvolvem.

c) Ouvir e recontar histórias

O pensamento e a linguagem infantis bebem de uma fonte caudalosa: as histórias! É no repertório dos contos já conhecidos que a criança busca alimento para a construção de suas narrativas. As histórias sempre aparecem ligadas à infância como algo prazeroso e saudoso que se desfruta apenas nessa época da vida e de que nos recordamos anos mais tarde. De fato, não é à toa: as histórias estão ligadas às crianças há muito tempo. O ato de ouvir histórias é, em si, carregado de antigos significados.

O hábito de contar histórias às crianças existe não apenas na escola, mas também na tradição de muitos povos. Mitos e lendas contados pelos mais velhos explicam os mistérios da natureza e do homem, a origem do mundo, e cumprem um papel importante na educação das gerações mais novas. Os negros que chegaram ao Brasil na condição de escravos trouxeram um repertório novo de histórias que se misturaram ao nosso imaginário, usando como veículo as negras que andavam de engenho em engenho cuidando dos meninos brancos da casa-grande. A transmissão das narrativas, histórias de antepassados e novas elaborações a partir do vivido estavam entre os cuidados que as crianças recebiam. Tais histórias hoje também são nossas, porque nos foram contadas, porque estão registradas nos livros, como um patrimônio para as futuras gerações que crescem e que esperam receber de nós, como se fez no passado, a herança das narrativas. Essa herança que se multiplica de boca em boca, de geração em geração de índios, negros e estrangeiros que vivem aqui, além de brasileiros de todas as procedências, pode estar cada vez mais presente no cotidiano da instituição de Educação Infantil para afagar, surpreender, emocionar e constituir o imaginário de nossas crianças.

O que a criança pode aprender

Além da riquíssima herança deixada por sua cultura, a criança que escuta histórias também ganha um colo simbólico. Quando organizamos uma roda, nos sentamos com as crianças ou as ninamos ao som do "era uma vez", estamos ajudando-as a constituir o sentido de ouvir histórias pelas palavras de um adulto afetivo, além do enriquecimento de seu próprio repertório. Ainda que se sinta triste, com medo ou saudade de casa, perdida no meio de estranhos, poderá encontrar um aconchego, uma força, ao ouvir uma história bem contada. Ao se identificar com o seu herói – príncipes, princesas, rainhas, cavaleiros destemidos, meninos valentes – a criança vive aventuras, ri, chora, tem medo e vence, sente raiva e consegue lidar com ela, se enche de esperança na busca de reconhecimento e aceitação, certa de que ao final sairá vitoriosa e será recompensada pela jornada, como sempre acontece nas histórias.

Além da cultura oral que recupera nas rodas de história, o professor também é responsável por inserir as crianças na cultura letrada. As palavras lidas não são mais importantes do que as ditas oralmente, de memória. São, apenas, diferentes e, certamente, insubstituíveis.

Emília Ferreiro (2006), uma estudiosa interessada em saber como as crianças pensam a linguagem escrita, diz que a leitura pode ser entendida como um grande palco, onde é preciso descobrir os atores e os autores. Segundo ela, as crianças veem a leitura como algo mágico, mas o que confere essa magia não são somente os personagens ou qualquer acessório a que os contadores de histórias possam recorrer. Para ela, parte dessa magia está na descoberta da estabilidade da escrita e da capacidade de representação. Ao ouvir sempre os mesmos textos, as crianças se intrigam e querem saber como as mesmas palavras na mesma ordem podem ser ditas tantas vezes naquelas mesmas marcas. Qual é o mistério que essas marcas possuem? Que segredos os adultos dominam que lhes permite fazer essa mágica que é reapresentar as mesmas histórias tantas vezes, exatamente do mesmo jeito, com as mesmas palavras?

As crianças que não conseguem ler sozinhas podem, ainda assim, conhecer a beleza e a magia das palavras por meio dos adultos que leem para elas, que lhes emprestam voz. Ao ler para as crianças, o professor lhes garante o acesso a uma cultura que seria inacessível nessa época da vida, reservada apenas aos que devem aprender a ler e a escrever, na escola. Atuando como um interpretador para a criança, o professor mais uma vez exerce o papel de mediação entre a cultura escrita e as crianças, acolhendo-as nesse período da vida.

Além de ouvir atentamente as histórias lidas, as crianças também podem recontar as narrativas tradicionais e, ainda, surpreender o professor dando novos rumos ao enredo, interpretando os acontecimentos de um modo próprio, revivendo as histórias e seus personagens tão frequentes nas tramas do faz de conta infantil.

Um bom trabalho com as histórias pode ajudar as crianças a:

- ampliar as oportunidades de expressão oral por meio de escuta e recontos de histórias;
- aumentar seu repertório de narrativas;
- aprender a escutar atentamente as histórias;
- desenvolver uma relação prazerosa com a leitura e o texto;
- trocar opiniões sobre a história contada;
- mostrar seu entendimento ou gosto por determinadas histórias;
- diferenciar o que é ler do que é contar histórias;
- enriquecer seu vocabulário a partir do contato com bons textos;
- memorizar histórias para recontá-las;
- brincar com as histórias e seus personagens.

O que propor

Para desenvolver um bom trabalho com as narrativas infantis e o desenvolvimento dessa linguagem, é importante que o professor possa articular quatro ações:

1. Ampliar o repertório de histórias do grupo, selecionando bons livros, disponibilizando-os em espaços adequa-

dos à altura das crianças e, sempre que possível, lendo bons textos para elas.

2. Propor rodas diárias de leitura de bons textos, em voz alta, para dar às crianças referências de narrativas e de expressão escrita da língua.
3. Organizar de modo sistemático oportunidades para que as crianças aprendam a recontar histórias.
4. Manter com regularidade momentos de trocas entre as crianças para informá-las sobre a diversidade da nossa língua nas suas diferentes formas de expressão, minimizando possíveis preconceitos com relação a modos típicos de expressão regionais, e incentivá-las a ter uma relação prazerosa e criativa com as histórias lidas e contadas.

Como propor

Tempo: como o gosto pela leitura e os comportamentos de ler e de ouvir histórias necessitam de hábito, é recomendável que a roda de leitura seja assumida no cotidiano da Educação Infantil como uma atividade diária. O professor pode organizar uma programação permanente de leituras e, ainda, eleger dias e momentos para contar novamente as histórias prediletas do grupo, pois é sabido que as crianças gostam de algumas histórias mais do que de outras e pedem o reconto da mesma história várias vezes.

Também é interessante enriquecer a experiência das crianças propondo sequências didáticas que visem aprofundar o conhecimento sobre algum aspecto específico das narrativas como, por exemplo, os tipos de bruxas que existem nas histórias clássicas e como elas são descritas, os estilos de princesas e seus encantos mais marcantes, o modo como são narrados os desfechos das grandes aventuras etc.

Por fim, recomenda-se também o desenvolvimento de projetos coletivos que envolvam o grupo na produção de coletâneas de histórias, de eventos com contadores de histórias em sua comunidade, entre outros. Tal experiência dá à criança a oportunidade não apenas de aprender, mas também de transmitir os conhecimentos construídos por ela em sua comunidade. A duração das sequências didáticas e dos projetos é definida pelos objetivos, ajustando-se ao tempo necessário às apropriações por parte das crianças.

Espaço: é interessante que o espaço da leitura seja confortável, permitindo que todos possam sentar-se em círculo, melhor posição para terem uma boa visão do livro e dos gestos e atitudes do leitor. É possível organizar as crianças em círculo delimitando o espaço com um pano, colchonetes, giz ou almofada etc., algo que configure o espaço e lembre a criança que aquele é um momento especial. Os locais podem ser variados: a sala de aula, o pátio externo, o jardim, sob as árvores do parque etc.

Materiais: nos momentos de contar histórias, o professor pode recorrer a apoios como CDs para ouvir histórias narradas, objetos do cotidiano transformados em personagens ou fantoches e cenários de teatro, caixas ou aventais, entre outros objetos para estimular a imaginação e o reconto das crianças. Ele pode, ainda, criar ambientes e atmosferas diferenciadas como, por exemplo, escurecer o ambiente, contar à luz de velas, levar as crianças para o parque etc. Tudo isso pode surgir como bons mecanismos de mediação para as crianças, chamando a atenção para as histórias. No entanto, nada substitui o texto de boa qualidade.

É sabido que contar histórias é diferente de ler histórias. Quando o professor lê histórias, tal como foram escritas por seus autores nos diferentes gêneros e estilos, ele dá às crianças o acesso a outra linguagem. Somente a leitura dos textos lhes permite conhecer as características próprias da linguagem que se escreve, tão diferentes da linguagem que elas empregam para conversar, por exemplo. Por esse motivo, escolher um repertório de histórias adequado para a idade e para o grupo é fundamental.

O professor deve preocupar-se em ampliar o repertório literário das crianças escolhendo gêneros e tipos de textos que elas não conhecem e deixando-os em local acessível como uma estante baixa, em um canto da sala especialmente preparado para que, após a leitura e em outros momentos do dia, as crianças possam folheá-los e brincar de ler por conta própria, mesmo sem saber ler convencionalmente.

INTERAÇÕES: a base de todo esse trabalho é a organização da roda de histórias, um espaço circular que favorece a interação das crianças entre si e com o leitor que assume o lugar de destaque. Esse lugar pode ser ocupado pelas próprias crianças, que aproveitam a oportunidade de interagir com os colegas, mediadas pelo livro que elas tentam ler, por alguém da comunidade convidado especialmente para ler ou contar uma história ao grupo e, sobretudo, pelo professor que, ao ler para as crianças, contribui para lhes oferecer bons modelos. É esse leitor experiente que vai, por exemplo:

1. Informar sobre o livro: quem escreveu, quem ilustrou etc.
2. Ler e contar histórias, diferenciando as duas formas de modo que as crianças possam apropriar-se das características da linguagem que se escreve.
3. Garantir momentos para repetir as histórias de que as crianças mais gostam e pedem.
4. Trocar opiniões sobre a história com o grupo, para que possam mostrar seu interesse, entendimento e gosto pela leitura, colocando as crianças no lugar de leitores, ainda que não o façam por conta própria.
5. Demonstrar seu próprio interesse e gosto pela leitura.

É possível, ainda, potencializar as interações das crianças organizando rodas de leitura ou contação de histórias com outras turmas, que podem ser também ouvintes ou contadores.

PROJETO COLEÇÃO DE HISTÓRIAS

Tempo previsto: 3 meses

Objetivo compartilhado com as crianças:

- criar um acervo de áudios de histórias para presentear uma outra turma no dia das crianças.

Objetivos didáticos:

- inserir as famílias no contexto da instituição de Educação Infantil, incluindo-as no período de adaptação por meio da proposta educativa: fazer a cultura, o conhecimento produzido na instituição, chegar até as famílias por intermédio das crianças;
- apresentar um bom repertório de histórias e apresentar a tradição dos contadores de histórias e seus modos de narrar;
- apoiar as crianças no reconto de histórias, aproveitando os recursos da linguagem oral.

O professor quer que as crianças aprendam a:

- conhecer contadores de histórias, seu papel na comunidade e seu fazer;
- conhecer novas histórias;
- recontar histórias com fluência, continuidade e prazer;
- conhecer e valorizar o repertório de histórias de sua família e comunidade.

Conteúdo:

- reconto de histórias.

Orientações didáticas para o projeto:

- as histórias contadas na sala ou gravadas devem

trazer referências: se foi lida, é importante saber quem é o autor. Se for um caso, uma história popular, é importante saber quem contou, quando, etc.;

- marcar momentos para contar e para ler histórias de modo que as crianças possam estabelecer relações entre linguagem que se fala e linguagem que se escreve;
- a roda de histórias deve ser diária, ainda que as crianças fiquem pouco tempo. Garantir sistematização e constância para que o grupo possa se apropriar tanto da estrutura do texto oral quanto da própria organização da atividade na instituição de Educação Infantil.

Sequência didática:

I – Proposta ao grupo

1. Contar uma história que as crianças ainda não conhecem. Depois, investigar com elas a origem da história: onde estão as histórias? Como as conhecemos? Quem contou a primeira história no mundo? Levantar as hipóteses das crianças, socializar as discussões e marcar as questões que não foram respondidas para continuar a investigação em outros dias.
2. Levar áudio de histórias, mostrar para o grupo, decidir com as crianças as histórias que vão escutar. Investigar com as crianças como se produz uma gravação de histórias. Propor a gravação de um áudio de histórias com os contadores do grupo. Anotar as etapas ditadas pelas crianças para ajudar a organizar o trabalho do grupo, de modo que possam acompanhar nesse registro o que já fizeram e o que falta fazer.

II – Organização do espaço e do cotidiano dos contadores

3. Organizar o espaço da roda de história, ponto de encontro dos contadores. Pedir para as mães trazerem tecidos para confeccionar algumas almofadas para a roda. Convidar uma ou duas mães para irem à instituição de Educação Infantil ajudar a costurar as almofadas com as crianças. Marcar essas visitas no calendário.
4. Com o restante do pano, confeccionar uma colcha de retalhos para demarcar o canto da história. Ver com as crianças que mãe poderia fazer isso.
5. Pesquisar com as famílias quem tem o hábito de contar histórias ou ler algo para os filhos. Marcar um horário na saída para que mães ou pais possam vir à instituição contar para as outras crianças.
6. Confeccionar para esse canto alguns fantoches, cenários de histórias, cortinas de teatro e outros recursos para que as crianças possam vivenciar o ato de contar histórias de diferentes formas. Essa primeira organização deve sofrer, ao longo dos meses, novas mudanças em função dos rumos do trabalho e das decisões e encaminhamentos das crianças.
7. Organizar a estante de livros da turma.

III – Ampliação de repertório

8. Ler histórias na roda. Disponibilizar os livros na sala. Confeccionar com as crianças uma lista das histórias já conhecidas pelo grupo; a cada nova história as crianças escrevem (com ou sem ajuda) mais um item na lista.

9. Gravar histórias com as crianças, como proposta de aproximação das crianças a essa prática. As crianças devem ter a oportunidade de ouvir a gravação durante a semana e fazer outras gravações, ensaiando. Será preciso marcar momentos para isso. É possível convidar algumas mães para vir, na saída, gravar com os filhos. As próprias crianças podem gerenciar esses momentos.
10. Combinar histórias-surpresa: a instituição empresta livros para as famílias e os pais deverão ler e contar para o filho algumas vezes para que depois ele possa, ao devolver o livro, contar a mesma história para os amigos.
11. Pesquisar o repertório das outras pessoas da instituição: pessoal da cozinha, limpeza, saúde, direção, outras educadoras, crianças maiores, e convidá-las para contar nas rodas de contos alguma coisa especial que tenha escolhido – uma história de infância, um caso de família, etc.
12. Combinar com o grupo pequenos saraus para poucos convidados por vez; a turma pode fazer receitas de suco, bolinhos, biscoitos para receber os pais que vão ler ou contar e gravar. Outras vezes, as mães podem escolher com os filhos uma receita gostosa de que gostem e queiram dividir com os amigos da sala, para levar no dia de sua visita.

IV– Reconto pelas crianças

13. Discutir com o grupo as características de um contador de histórias. O professor pode levar para a sala multimídia vídeos ou os próprios contadores, incluindo os da comunidade, para analisar com as crianças o que faz de alguém um bom contador de

histórias. Organizar a lista que poderá orientar as crianças nos dias de ensaio para a gravação.

14. Agendar com as crianças dias em que elas contarão suas histórias, ocupando o centro das atenções da roda de história.

V – Produção e lançamento do áudio de histórias

15. Voltar à lista das histórias do grupo para avaliar o quanto estudaram sobre o assunto e o repertório que o grupo tem agora. Discutir, a partir daí, formas de gravar o áudio. Discutir as propostas das crianças – todos ajudarão a contar a mesma história? Vão contar em duplas? Cada criança vai escolher seu livro? Discutir vantagens e desvantagens e encaminhar a finalização a partir da decisão das crianças.
16. Organizar no calendário e agenda da turma os dias de ensaios e de gravação das histórias.
17. A partir da lista de critérios de uma boa contação de histórias, as crianças vão ouvir atentamente a história contada pelo amigo com a intenção de avaliar e ajudá-lo a melhorar seu reconto. Para isso a criança pode buscar apoio nos livros ou em outros objetos.
18. Confeccionar convites e chamar as outras crianças da instituição para um lanche especial na sala – uma tarde de histórias. Nesse dia as crianças farão o lançamento da gravação, contando histórias para o grupo e dando uma cópia do áudio para a instituição (organizar rodízio para todas as crianças poderem escutá-lo).

Bibliografia:

- histórias dos pais, fonte oral (os próprios pais contam como sabem);

- seleção de livros do acervo da escola.

Materiais:

- equipamento para gravação de áudio; material para costura da colcha; estantes ou caixotes para fazer estante na sala; caixas de papelão para fazer o cenário do teatro; cartolina, cola e palitos para fazer os fantoches; livros diversificados para a estante da sala.

O que observar

Nos momentos de leitura pelo professor é importante observar:

- como as crianças constroem progressivamente a escuta atenta e de que condições precisam para isso;
- os contos que as crianças pedem mais para ler e que são, portanto, os favoritos;
- o que faz um conto ser favorito de grande parte da turma, que características ele tem;
- como as crianças argumentam em favor de suas escolhas literárias; como constroem comentários sobre os livros lidos, que aspectos lhes chamam mais a atenção e que livros gostam de recomendar;
- o conhecimento que possuem sobre os autores;
- que conhecimentos têm sobre os tipos de texto;
- que critérios qualitativos evocam para orientar a seleção dos livros que querem que o professor leia em roda;
- se o grupo se mantém curioso e deseja conversar sobre a história lida pelo professor e se pede para levar o livro para casa;
- se as crianças pedem para ouvir de novo uma história que já conhecem;
- se desenvolveram procedimentos de leitura como, por

exemplo, manuseio do livro, posicionando-o entre as mãos, folheando-o cuidadosamente, consultando índices etc.

Nos momentos em que as crianças recontam histórias, é importante que o professor observe:

- como as crianças constroem progressivamente a escuta atenta para ouvir histórias recontadas por outras crianças e de que condições precisam para isso;
- se as crianças recuperam trechos de histórias de memória;
- se gostam de compartilhar uma mesma história com os colegas;
- se conversam espontaneamente sobre as histórias que já sabem de memória, se têm vontade de recontar os trechos que conhecem bem;
- se reapresentam, espontaneamente, enredos e narrativas tradicionais nos contextos de faz de conta, das brincadeiras etc.;
- se utilizam expressões próprias da linguagem escrita em seu discurso oral.

Além das propostas aqui apresentadas, é interessante que as crianças possam vivenciar práticas que integrem conhecimentos construídos por elas no âmbito da oralidade e da escrita. Isso pode ser vivido em projetos que convidem as crianças a organizar saraus literários, entrevistas e atividades orais. Todas essas formas de comunicação são produzidas oralmente e contam com algo de imprevisto e de improviso. No entanto, elas são também atravessadas por textos escritos: os saraus apresentam poesias que são recitadas respeitando-se o ritmo dos versos; as entrevistas são tecidas a partir de roteiros previamente pensados e escritos; e os seminários ou atividades orais são baseados em anotações prévias ou outros suportes como cartazes, por exemplo. Como se vê, não são produções completamente espontâneas, como costumam ser, no âmbito oral, as conversas, por exemplo. Em todos esses casos vemos as marcas da expressão oral das crianças e, ao mesmo tempo, as marcas da linguagem escrita. Tais projetos são propostas interessantes para integrar os conhecimentos e ampliar a consciência das crianças sobre os diferentes contextos comunicativos e as diferentes maneiras de se expressar socialmente.

d) Ler e escrever

Durante muito tempo a Educação Infantil restringiu o contato das crianças com a escrita, acreditando que se tratava de uma atividade escolarizada, mais pertinente às crianças maiores e não às pequenas que ainda precisavam brincar. Hoje, já se reconhece que, assim como tudo que está em seu entorno, as crianças notam a presença da escrita e se interessam por desvendá-la. Cabe aos professores cuidar para que o contato com a escrita seja prazeroso, desafiador, encantador, mantendo aceso o desejo da criança de aprender a escrever.

Até pouco tempo atrás, essa era uma tarefa difícil de realizar. Os antigos métodos de alfabetização, baseados em práticas de prontidão, em exercícios repetitivos de coordenação motora, estavam muito presentes nas representações dos professores e, em muitos casos, eram os únicos recursos conhecidos. Ainda hoje essa é uma realidade em muitas regiões do país. Tais métodos, apesar de populares, são inconvenientes porque afastam as crianças de um contato significativo com as manifestações socialmente aceitas da escrita, e enfatizam a decodificação do escrito, mas não a significação, a compreensão e fruição da linguagem que se usa para escrever.

Hoje, apesar das divergências metodológicas dos teóricos da área, existe certo consenso sobre o fato de que a aprendizagem da linguagem escrita não depende de um amadurecimento psicológico ou biológico, mas sim de complexos processos de construção de conhecimentos ancorados nas oportunidades sociais que as crianças possam ter com a escrita.

Refletir sobre a possibilidade de uma iniciação à língua escrita adequada às características da Educação Infantil implica garantir às crianças o acesso à herança cultural da escrita, responsável por mudanças fundamentais na história dos homens e no próprio modo de pensar. Implica ainda incluir todas as crianças no contexto da cultura escrita, acolher suas diferentes práticas sociais e o sentido que elas podem construir.

Atualmente, não se defende qualquer método de alfabetização, mas sim uma abordagem que trabalhe diversas práticas sociais de leitura e de escrita, que trate as manifestações de nossa língua em sua complexidade e não da decodificação de sinais simples.

Não há um modo de aprender a ler, senão lendo. E nem se pode aprender a escrever, senão escrevendo. Portanto, as práticas da leitura e da escrita são a base de qualquer processo de ensino-aprendizagem da linguagem escrita. Não é possível pensar sobre a escrita sem praticá-la. Não trabalhar essas práticas na Educação Infantil significa ocultar esse assunto das crianças, já que é impossível obter informações sobre a escrita fora dos atos sociais em que se manifesta.

É, portanto, desafio da Educação Infantil democratizar o acesso às práticas sociais da leitura e da escrita presentes na cultura letrada, disponibilizando às crianças os conhecimentos e as experiências necessárias para pensar sobre sua própria língua. No Brasil, em especial, essa defesa é ainda mais necessária, dado que, para a grande maioria das crianças, é na escola que se encontra a única oportunidade de obter informações que desde sempre circulam entre as famílias mais escolarizadas.

O contato com a leitura e a escrita, entretanto, não garante que todas as crianças leiam e escrevam autonomamente aos cinco anos. Tampouco isso é objetivo desse segmento, o que, muitas vezes, não impede que isso ocorra. O que importa é garantir à criança a oportunidade de pensar sobre o assunto, de ter ideias próprias sobre como se lê e como se escreve e testar suas hipóteses. Assim recolocada, pode-se tomar como legítima a alfabetização como tema da Educação Infantil.

O que a criança pode aprender

Pode-se dizer que há duas esferas de conhecimento em jogo na aprendizagem da escrita. A primeira delas e a mais importante é o funcionamento da linguagem escrita. Saber como se expressa por escrito, transitando com propriedade nos diferentes contextos de comunicação, do oral para o escrito, e do informal para o formal, é um conhecimento fundamental que pode ser construído desde a Educação Infantil. Além disso, as crianças também podem pensar sobre como se escreve, quais são as regras que regem o funcionamento desse sistema e que permite a elas desvendar o mistério, a magia da escrita, a razão pela qual qualquer pessoa pode pronunciar as mesmas palavras por meio do mesmo conjunto de letras, como enfatizou Emília Ferreiro (2006).

Ao ler e escrever por conta própria em contextos socialmente reais de escrita, as crianças podem aprender as diferentes funções que a escrita assume no mundo: informar, educar, divertir etc. Reconhecer o papel simbólico da escrita na cultura, suas funções e os valores que os adultos atribuem a ela são algumas das aprendizagens possíveis. Além disso, sabe-se que em situações propostas pelo professor, na interação com seus pares, as crianças podem aprender muito, por exemplo:

- ao ditar um texto ao professor, pode-se dizer que a criança está produzindo um texto, mesmo sem fazê-lo de próprio punho. Isso ocorre porque o conhecimento que ela aciona se refere ao universo da escrita. Ao procurar se expressar como os autores fazem por escrito, usando vocabulário próprio e expressões típicas do texto escrito, a criança está desenvolvendo importantes conhecimentos sobre este tipo de linguagem;
- ao escrever por conta própria, segundo suas ideias, a criança pode, com a intervenção do professor e a interação com os colegas, pensar sobre a escrita e tornar conscientes suas ideias sobre como funciona esse sistema. Esse, aliás, é o objetivo mais importante do trabalho

com a escrita autônoma da criança[3]. Não se pretende que as crianças na Educação Infantil cheguem a uma escrita convencional e sim que possam aprender a pensar sobre a escrita, trocar ideias com seus pares e reformular suas hipóteses;

- ao ler trechos de revistas, jornais e livros em seus suportes próprios, recorrendo às marcas que são características desses textos, as crianças podem antecipar significados, contribuindo para dar definições ao que está escrito;
- ao ler listas como as de nomes, de ingredientes de uma receita, de brincadeiras em um índice do livro de jogos, os personagens de uma história, os nomes dos colegas da sala, as crianças podem pensar sobre como se escreve e desenvolver estratégias para descobrir o que está escrito. O desafio para elas é buscar onde está escrita uma dada palavra. Isso só é possível porque ela sabe do que trata a lista e quais seriam as palavras possíveis. É uma situação didática ótima para refletir sobre as regras de funcionamento da escrita (Lerner, 2001);
- ao ler textos que sabem de cor, as crianças podem fazer o ajuste da fala ao escrito. Isso é possível justamente porque ela já sabe o que está escrito, restando-lhe apenas descobrir onde está escrito (Weisz, 2002). Uma excelente oportunidade para, uma vez mais, colocar em ação suas ideias sobre a construção do sistema de escrita e testá-las.

3 Chamamos de escrita autônoma a escrita de próprio punho, sem a intervenção do adulto. Outros autores se referem a essa situação como escrita espontânea, que aqui pretendemos evitar por reconhecermos que a escrita na escola tem um contorno social que a torna uma atividade cultural, e não natural e espontânea.

O que propor

No planejamento do trabalho da escrita é importante que o professor pense em contextos de escrita que integrem os dois conhecimentos que estão sendo construídos pela criança: o que se escreve e como se escreve, ou seja, a linguagem escrita e o sistema de escrita. Projetos de produção e comunicação podem ser boas alternativas na medida em que criam as situações didáticas ideais para as crianças pensarem sobre a escrita e promoverem o uso social real das suas produções.

Quando um livro de contos produzido pelas crianças vai para a biblioteca da escola, quando um livro de receitas circula em casa, quando uma coletânea de parlendas é compartilhada com colegas de outras salas, as crianças sentem-se competentes e se reconhecem como produtoras de cultura naquela comunidade. São também exemplos disso os eventos culturais promovidos pela instituição como feiras e exposições em que se dá destaque ao papel das crianças.

Para garantir que as crianças vivam "experiências (...) de interação com a linguagem oral e escrita, e convívio com diferentes suportes e gêneros textuais orais e escritos" (Diretrizes Curriculares Nacionais para a Educação Infantil), o professor pode propor:

- atividades diárias de leitura da lista de nomes da sala para observar os presentes e os ausentes, os aniversariantes da semana, os ajudantes do dia etc. Por ser diária, essa é uma ótima situação didática para favorecer a apropriação das escritas dos nomes pelas crianças e o papel dessa escrita no cotidiano do grupo;
- sequências didáticas de exploração de diversas situações de escrita dos nomes das crianças, permitindo a apropriação da escrita de seu nome bem como as escritas dos nomes dos colegas. Por exemplo: organizar nomes em uma lista a partir de filipetas móveis em um cartaz de pregas; separar nomes de meninos e meninas para uma determinada atividade; escrever nomes dos

ajudantes do dia; organizar listas de ajudantes ao longo do mês; nomear os próprios pertences; nomear os lugares de cada um no mural de exposição etc;

- projetos de pesquisa e de votação em que as crianças tenham que lidar com o desafio de assinalar uma alternativa em uma lista. Ou então projetos de produção de livros de receitas ou jogos, contexto também interessante para o trabalho com as listas, para a criança colocar em jogo suas ideias sobre o que está escrito;
- sequências didáticas que promovam o crescente aprendizado das funções sociais da escrita e suas práticas. Por exemplo: uma sequência de estudo sobre animais de um determinado ambiente natural (Cerrado, Pantanal, Sertão, Mata Atlântica) a partir da exploração de livros e revistas especializadas, pode ser um contexto para o planejamento de atividades nas quais as crianças possam aprender procedimentos e estratégias de ler para estudar. Da mesma forma, uma sequência de estudos sobre as regras de uma família de jogos pode criar situações ótimas para a criança aprender estratégias de leitura de um texto instrucional;
- projetos de pesquisa e produção de coletâneas de parlendas, quadrinhas, trava-línguas, brincadeiras cantadas e outros textos que podem ser decorados;
- projetos de reescrita de contos de fadas clássicos, situação didática ótima para focar a atenção das crianças no uso da linguagem escrita, já que elas sabem a sequência dos fatos e a narrativa da história;
- projetos de produção de outros textos coletivos nos quais as crianças tenham que colocar em jogo seus conhecimentos sobre os tipos de textos, seus gêneros e os modos próprios de expressão. Por exemplo, um livro de receitas, uma coletânea das músicas que serão cantadas no coral ou na apresentação à comunidade, uma revista especializada em um tipo de ambiente natural pesquisado pelas crianças, um fichário com todos os tipos de jogos conhecidos de um grupo etc.

Como propor

TEMPO: toda hora pode ser uma boa hora para a criança aproximar-se da escrita. O professor pode propor situações diárias de uso da leitura e da escrita:

- na hora da entrada, lendo com o grupo a lista dos alunos presentes e dos ausentes;
- no final da primeira roda de conversa, para ler com o grupo a agenda de atividades previstas para o dia;
- em algum momento específico e regular da rotina para a leitura das listas de histórias favoritas do grupo.

Mas, além disso, ele deve também contar com o tempo de desenvolvimento dos diversos projetos de produção-comunicação.

ESPAÇO: além dos cuidados com o espaço físico – a organização dos suportes de textos, dos murais etc. – é importante que todo o ambiente seja mediado por práticas de leitura e de escrita, que possua materiais portadores de escrita dos mais diversos gêneros disponíveis para as crianças.

MATERIAIS: alguns materiais são básicos para o trabalho com a escrita e devem estar sempre organizados e à disposição das crianças para sua atividade escritora:

- um cartaz de pregas com filipetas móveis com os nomes das crianças de toda a turma, escritos preferencialmente em letras caixa-alta, facilitando assim o reconhecimento das letras pelas crianças. Nomes de meninos e de meninas não devem ter outras diferenciações como, por exemplo, letras coloridas ou símbolos, fotografias ou qualquer outro recurso que facilite a identificação e, consequentemente, impeça o esforço da criança para ler o que está escrito, mesmo que ainda não saiba;
- o abecedário, também em caixa-alta, colocado em algum

lugar visível, que possa ser rapidamente consultado pelas crianças quando necessitarem pesquisar alguma letra. Para que isso seja possível, é necessário que elas tenham memorizado a ordem do alfabeto, do contrário não conseguirão encontrar a letra que procuram;

- textos conhecidos pelo grupo e que sirvam de referência para suas consultas como, por exemplo, os livros do canto de leitura da sala, as listas de brinquedos de cada prateleira, a rotina diária, cartazes com as parlendas ou outros textos que estão sendo estudados pelo grupo etc.;
- letras móveis para a escrita pela própria criança. Elas podem ser confeccionadas com papelão e guardadas numa caixa em ordem alfabética, para facilitar a procura pelas crianças. Esse é um recurso fundamental porque permite que a criança "erre" quantas vezes for necessário, podendo simplesmente trocar as letras de lugar. Trata-se de um recurso simples que estimula o debate das duplas sobre como se escreve determinada palavra;
- no caso das produções de textos coletivos, é importante ter em mãos bons exemplos do texto-fonte que será escrito pelo grupo, para que as crianças possam solicitar a leitura ao professor, pesquisar as características desse tipo de texto e alimentar-se de bons modelos para ditar seu próprio texto.

O professor pode incluir entre os materiais utilizados pelas crianças para a brincadeira de faz de conta alguns suportes de escritos apropriados a cada cenário construído pelas crianças. Por exemplo, revistas para a sala de espera na brincadeira de médico, cartazes para o cenário do posto de saúde, cadernos de receita e livros para a casinha etc. Desse modo, as crianças podem explorar os usos da leitura e da escrita a partir de suas representações.

Interações: as crianças se beneficiam da interação com diferentes pares nas atividades de escrita: ora pode ser o parceiro mais experiente de um colega, ora pode inverter posições. Para tirar o máximo proveito dessa situação de escrever em duplas, é importante que o professor:

- conheça bem as ideias das crianças sobre a escrita para que possa pensar em parcerias mais desafiadoras, propondo que debatam, em duplas, ideias discordantes ou que se complementem em alguma atividade;
- amplie as interações das crianças por meio de suas produções: os livros produzidos em um projeto, por exemplo, podem circular entre crianças de outras salas, e todos podem se encontrar em momentos previstos para as trocas. O mesmo pode ainda ocorrer com a comunidade externa à escola, quando possível, incluindo as famílias.

O que observar

Os registros de escrita das crianças são excelentes fontes para a avaliação e o estudo do professor. Mas de pouco adiantam se as crianças não puderem ler o que escreveram, revelando ao professor suas hipóteses sobre a escrita. Por isso, além das escritas infantis, é importante que o professor as complemente com informações recolhidas em suas observações e conversas com as crianças.

No trabalho sistemático com a escrita o professor pode observar como as crianças:

- diferenciam textos orais e escritos, e como fazem uso de aspectos da linguagem escrita nos textos por elas ditados ao professor;
- pensam a escrita, as hipóteses que elas formulam ao longo de uma trajetória de aprendizagem;
- checam suas hipóteses e como reagem diante da comparação de sua própria escrita à escrita convencional;
- cooperam nas atividades de escrita, nas situações em que precisam trabalhar em subgrupos;
- reagem diante da comparação de sua própria escrita às

escritas produzidas por outros colegas e como argumentam em favor de suas ideias;

- sabem sobre o que se pode ler e como se lê;
- usam estratégias para ler.

3. EXPERIÊNCIAS COM AS LINGUAGENS ARTÍSTICAS E A FRUIÇÃO DE ARTE

Existem muitas ideias e concepções sobre a importância da arte para a formação humana e o que justifica sua presença nos currículos de Educação Infantil. Há quem pense, por exemplo, que a imaginação é um dom, e a criatividade, um traço natural. Se fosse assim, a escola pouco teria a contribuir para o desenvolvimento das crianças. No entanto, a imaginação é uma construção social (Vygotsky, 2009) que está presente no desenvolvimento, à medida em que elas se dedicam a atividades criativas desde cedo.

Há os que entendem que a arte deve estar presente entre os homens porque ela permite expressar emoções. É certo que nos emocionamos diante de um quadro ou de um ator em cena, ouvindo a execução de uma música, etc. Mas a arte cumpre um papel muito mais importante do que nos contagiar emocionalmente. Para Vygotsky (2001), o milagre da arte se assemelha à transmutação da água em vinho, episódio narrado no Evangelho: o artista recolhe da vida o seu material, mas o que ele devolve em sua produção está acima de qualquer propriedade desse material. Segundo aquele autor, a arte, tal como a ciência e a tecnologia, é expressão da atividade criativa.

Imaginação e criação não se restringem, portanto, às atividades de educação artística propriamente dita, mas se expandem para o trabalho e para outras atividades humanas ao longo de toda a vida. Para compreender como a imaginação é a base da atividade de criação e se manifesta em todos os aspectos da vida cultural, resultando tanto na criação artística quanto na científica e técnica, basta olhar para o entorno e notar que tudo o que está à nossa volta hoje foi criado pelo homem: a mesa onde trabalhamos, os livros que consultamos, o computador em que digitamos as palavras que já aprendemos nesta ou em outras línguas. Tudo isso, que é real nessa situação, foi um dia fantasia, algo projetado pela imaginação. A atividade criativa é, então, toda ação humana criadora de algo novo.

Processos de criação estão presentes entre as crianças desde muito cedo, nas suas brincadeiras. Mesmo nas situações em que as crianças imitam no faz de conta comportamentos que observam no mundo adulto, elas estão sendo criativas, porque aí não está presente apenas a capacidade de reproduzir, mas sim de elaborar criativamente as situações imaginárias, combinando gestos, padrões de comportamento, enredos etc.

Mas se os desenvolvimentos da imaginação e da criação vão muito além, manifestando-se em outras atividades humanas, vale a pena refletir sobre o trabalho da instituição de Educação Infantil nos dias de hoje.

A Educação Infantil deve avançar muito e ir além dos desenhos para colorir e de atividades simples de artesanato nas quais as crianças se limitam a copiar modelos prontos. É preciso ir além da reprodução empobrecida dos gestos que acompanham músicas que só se cantam na escola, pois essas práticas são herdeiras de uma tradição pedagógica equivocada.

Diferentemente disso, as crianças devem ser envolvidas em processos de criação nas diferentes linguagens, a fim de que possam não só reproduzir, mas inventar. Daí a importância fundamental de uma renovação do trabalho com as linguagens artísticas na Educação Infantil, se quisermos, tal como propõem as Diretrizes Curriculares Nacionais para a Educação Infantil, "garantir experiências que promovam o relacionamento e a interação das crianças com diversificadas manifestações de música, artes plásticas e gráficas, cinema, fotografia, dança, teatro, poesia e literatura".

Por esse motivo busca-se, na Educação Infantil, apresentar às crianças os elementos básicos das linguagens artísticas – para que possam criar neles, não se encerrando apenas nas possibilidades limitadas da livre criação ou nos conhecimentos sobre a vida dos artistas, que pouco contribuem para uma mudança determinante no fazer propriamente dito da criança.

A seguir, algumas sugestões de trabalho nas diferentes linguagens. Não se pretende aqui detalhar todas as possibilidades de imaginação criadora, nem expor uma metodologia de trabalho com as crianças em cada tipo de criação, mas sim sugerir algumas práticas que, em conjunto com a experiência total da criança na Educação Infantil, podem fazer avançar o desenvolvimento da imaginação e da criação dos 3 aos 5 anos.

O que a criança pode aprender

Na interação das crianças com as manifestações de música, artes plásticas e gráficas, cinema, fotografia, dança, teatro, poesia e literatura, as crianças podem alimentar experiências de apropriação dessas diferentes linguagens artísticas. O que a criança produz não é arte, propriamente falando, no sentido de que chamamos arte o que hoje os artistas produzem, mas certamente é uma atividade criativa da mais alta relevância para a sua formação. Tais atividades trazem um elemento sensível fundamental ao desenvolvimento da imaginação e da criação.

A criação necessita de uma condição indispensável: liberdade. As atividades não podem ser obrigatórias, mas apenas resultado dos interesses infantis. Isso não significa que o professor não possa propor algo, pelo contrário, suas intervenções cumprem um importante papel na criação, pelas crianças, de desafios para lidar com a linguagem artística.

O mais importante para a criança não é o produto acabado, mas sim seu envolvimento no processo de criar, de inventar. Na experiência com as linguagens artísticas, as crianças devem construir conhecimentos necessários para o desenvolvimento de seu próprio percurso criativo como, por exemplo:

- deparar-se com problemas estéticos e desenvolver estratégias para solucioná-los;
- dominar procedimentos básicos de materiais e meios específicos, por exemplo, como usar pincéis e brochas, como preservar dispositivos eletrônicos, como ligar e

desligar equipamentos de reprodução de som, como manusear a argila molhando-a sempre para que não seque ao ser manuseada por longo tempo etc.;

- deparar-se com as dificuldades que a execução de uma ideia causa como, por exemplo, equilibrar formas em um móbile, fazer um determinado som parecer mais intenso ou mais fraco, estruturar uma escultura de papelão sem que ela perca o equilíbrio facilmente, fixar peças pequenas a uma escultura de barro sem que se desprendam depois de seca etc.;
- lidar com os imprevistos da criação e assimilá-los na construção de um novo projeto, de uma nova ideia;
- ampliar seu repertório de imagens, músicas, movimentos e enredos, apropriando-se dessas referências culturais em seu próprio processo de criação;
- ter experiências de fruição e apreciação de arte nas diferentes manifestações a fim de ampliar sua própria experiência sensível, pensar sobre o novo e usar desse aprendizado em sua criação;
- apreciar as suas próprias produções bem como as de colegas;
- perceber sua forma de sensibilizar-se com o que vê, escuta, sente, e poder, ao longo do tempo, mudar suas impressões sobre o conhecido;
- construir significações para a experiência do tempo e do espaço da criação.

A CRIANÇA DESENHA O QUE SABE

Desenhar é uma das atividades mais presentes nas instituições de Educação Infantil. Na infância, o desenho, tal como a brincadeira, são atividades primordiais. Até os 2 anos, aproximadamente, o impulso e a motivação para desenhar são bastante corporais. É o gesto que marca a produção das garatujas, um fazer que se alimenta nele mesmo. À medida que as crianças passam a reconhecer suas marcas, o olhar interage mais intencionalmente com o gesto, e a busca passa a ser pela representação. Ainda assim, a criança não desenha um objeto em si, mas sim o que ela sabe sobre esse objeto, o que lhe parece a principal característica. Ela desenha não o que vê, mas sim o que imagina da coisa. Aos cinco anos, é comum que o desenho seja regulado pela narrativa da criança. Muitas vezes, eles explicam o que elas veem no mundo.

Marina, por exemplo, tem cinco anos e espera uma irmãzinha. Ela não sabe dizer ao certo como nascem os bebês, mas escuta os adultos dizerem que quando a bolsa estoura, o bebê nasce. Com essa ideia obscura e misteriosa na cabeça, Marina representa nesse desenho sua mãe grávida, carregando dentro da barriga, numa bolsa de alças – que é a bolsa que ela conhece –, um lindo bebezinho.

Ilustração Marina Ponce Garcia

O que propor

- Sessões compartilhadas de filmes ou trechos de filmes para discutir aspectos da linguagem do cinema para crianças;
- visitas assistidas às exposições de fotografia e artes plásticas, espetáculos de música, teatro e dança sempre que possível. Quando não houver espetáculos na própria cidade, é possível acessar filmagens desses espetáculos na internet e promover conversas a partir daí;
- oficinas de percursos regulares organizadas em espaços adequados e com materiais suficientes para que as crianças desenvolvam seus processos criativos individuais e tenham tempo de retomá-los;
- cantos permanentes de desenho, como atividade diária. Nesse caso, a escola pode reutilizar papéis e, ainda, propor situações de desenho que não necessariamente utilizem materiais riscantes, trabalhando, por exemplo, com linhas e barbantes, sementes e demais objetos com os quais se possa compor desenhos;
- sequências de intervenções no desenho, na pintura e na colagem para ampliar as referências gráficas das crianças e fazer avançar seus percursos criativos;
- projetos de organização de mostras de desenho, pintura, colagem etc., situação ideal para as crianças aproveitarem momentos de fruição de suas próprias produções, bem como das dos demais colegas.
- sequências de estudos artísticos, conciliando momentos de conhecer e de produzir a partir dos referenciais conhecidos. Por exemplo, um estudo de autorretratos para alimentar a produção dos retratos das crianças, um estudo do trabalho de Volpi para conhecer formas de representação de brinquedos populares, etc.;
- sessões regulares de apreciação musical, momento em que o professor pode apresentar canções, gêneros da música, artistas brasileiros e internacionais etc. Nessas

sessões as crianças podem aprender a escutar música, tornando-se cada vez mais sensíveis ao aspecto da linguagem musical: volume, intensidade, duração e timbre;

- sequências de pesquisas e exploração de famílias de instrumentos musicais de corda, sopro, percussão etc.;
- projetos de produção de instrumentos musicais a partir da pesquisa sonora dos objetos;
- projetos de produção de coletâneas de músicas com letras das canções estudadas pelo grupo, a partir de um repertório selecionado: bossa-nova, jovem guarda, catira, forró etc.;
- brincadeiras de improvisação musical, podendo ser seguidas por projetos de produção de gravação com as improvisações musicais das crianças;
- projetos de organização de saraus, teatro e outras formas de divulgar a cultura musical na instituição de Educação Infantil, contando com a participação das famílias;
- brincadeiras de faz de conta com cenários lúdicos e objetos variados que possam ser apropriados pelas crianças em suas simbolizações;
- projetos de pesquisa sobre a dança desde as suas manifestações populares até o balé clássico, incluindo oportunidades de apreciar os enredos das coreografias, os movimentos específicos, os espetáculos de dança no teatro, na rua ou filmados;
- projetos de organização de apresentações de teatro e dança, incluindo pessoas da comunidade que possam ensinar as coreografias às crianças;
- brincadeiras de improvisação de teatro e dança, podendo ser seguidas por projetos de apresentações com as improvisações construídas pelas crianças;
- rodas de leitura para apreciação de bons textos literários;
- projetos de organização de recitais de poesias memorizadas pelo grupo, contando com a participação da comunidade;

- projetos de produção coletiva de contos de autoria das crianças, que podem se apoiar nas estruturas dos textos tradicionais já conhecidos por elas.

Como propor

Tempo: o planejamento do trabalho com as linguagens artísticas conta com tempos diferentes para as diferentes propostas. Há um tempo destinado às propostas que o professor faz ao grupo todo, como no caso dos projetos e das sequências de atividades. Além disso, há também o tempo em que as próprias crianças elegem os materiais e desenvolvem seus projetos pessoais, como ocorre nas oficinas de percurso.

Em ambos os casos, é importante considerar que tempo subjetivo não corre como o tempo cronológico, por isso é comum que uma proposta tenha intensidades e durações diferentes para cada criança. Há aquelas que terminam antes o que se propuseram fazer, as que demoram mais tempo, as que desejam fazer mais de uma vez, as que se dão por satisfeitas com uma só realização. Até mesmo para a mesma criança há variações. Isso ocorre porque muitas vezes as crianças encontram dificuldades técnicas em solucionar seus problemas, como, por exemplo, manter de pé uma escultura de argila bem alta, recobrir todo o fundo de uma grande superfície com uma cor só, agregar caixas de tamanhos diferentes na construção de um objeto tridimensional, pôr no papel uma ideia que se tem em mente. Além disso, muitas outras ideias vão surgindo ao longo da produção, ideias que não estavam lá no início e que geram novos problemas para resolver.

Construir uma experiência com esse tempo de criação também é parte do trabalho a ser feito com as linguagens artísticas na Educação Infantil, e o professor deve prever uma ação para isso. Com o passar do tempo, ele vai observando melhor como as crianças vivem o tempo de criação e, com essa sua experiência, poderá criar alternativas melhores de gestão da sala e do tempo de todos.

Organizar uma sala com cantos de leitura ou jogos para que

não haja espera, até que todos concluam suas produções, pode ser uma alternativa para evitar que o processo de criação seja interrompido porque acabou o tempo regulamentar previsto para aquela atividade. Uma alternativa seria inserir uma sequência de produções de uma mesma criança, fazendo notar os efeitos da passagem do tempo em sua produção.

Espaço: os espaços destinados à criação devem ser adequados ao tipo de atividade que será desenvolvida.

Para ouvir música é importante ter um espaço silencioso no qual as crianças possam se sentar para fazer uma escuta mais atenta. Essa é uma experiência que dificilmente as crianças têm no ambiente familiar ou em outros espaços sociais que, frequentemente, usam música ambiente. Diferentemente disso, na instituição de Educação Infantil as crianças podem ter um local com almofadas ou outros materiais que ajudem a amortecer os ruídos externos e melhorem as condições de aprender a ouvir música.

Já a dança, por exemplo, necessita de espaços mais livres de mobiliário, com um bom piso que ofereça certo conforto para os movimentos que envolvam deslizar, rolar, deitar etc.

Para as atividades visuais, as crianças precisam de espaços para movimentar-se em torno de mesas, cavaletes e painéis que permitam apreciar as imagens, olhá-las de perto e de longe. Além disso, mesas grandes onde possam se sentar em pequenos grupos, garantindo a interação, as conversas na hora do desenho ou pintura, conversas que, sabemos, interferem positivamente nos processos de criação.

Além do conforto e da adequação aos objetivos, é importante também criar contextos para a subversão da funcionalidade dos diferentes locais. O parque, sempre usado para as brincadeiras coletivas, pode ser transformado em um enorme ateliê com bastante espaço para riscar o chão e paredes preparadas para acolher e tornar possíveis as produções infantis. O canto sob a árvore criando uma sombra boa nos dias de calor intenso pode ser ótima alternativa para uma roda de leitura ou uma sessão de declamação de poesias pelas crianças. E a cozinha e o refeitório, quando acompanhados por adultos, podem ser espaços interessantes para a pesquisa de objetos sonoros. Por fim, o professor também pode usar o próprio espaço como objeto de criação, discutindo com as crianças a estética de cada local. O que colocar nas paredes? Qual o melhor lugar para expor os painéis com desenhos e pinturas? Que pôsteres ou quadros são mais interessantes como referência estética para as crianças?

Todos esses aspectos em conjunto tornam o espaço não apenas uma variável determinante no planejamento do professor, mas, principalmente, objeto para as apropriações criativas das crianças.

MATERIAIS: a qualidade do material oferecido é outra variável importante no planejamento, pois ela altera significativamente as produções das crianças. Instrumentos de brinquedo, como as tradicionais bandinhas de música, não são materiais adequados para produzir improvisações musicais porque a sonoridade dos instrumentos não é boa e, quando tocados em conjunto por várias crianças, produzem um som tão alto que não se pode ouvir com atenção. Já os instrumentos semiprofissionais e outros não convencionais, até fabricados pelas próprias crianças, podem melhorar a qualidade do som produzido. Analogamente, o giz de cera, por exemplo, nem sempre é um material adequado para desenhar, pois requer muita força para marcar o papel. Já as canetas de ponta fina e os lápis de cor mais macios permitem que se evidenciem as linhas do desenho. O uso de escovas e brochas pode ser interessante para as crianças conhecerem as diversas possibilidades de colocar cor sobre uma superfície. Mas os pincéis chatos ou os de pelo macio e mais arredondados, por exemplo, permitem um melhor domínio do gesto, da movimentação expressiva das crianças, e não usá-los pode limitar demais a criação.

Além da qualidade, também a quantidade interfere, sobretudo quando as classes são muito numerosas: as crianças disputam, por exemplo, algumas cores no conjunto das canetas ou uma peruca da caixa de fantasias. Por isso, é importante observar atentamente o uso que as crianças fazem dos materiais para pautar a compra de materiais mais adequados ao que elas de fato procuram fazer.

Além disso, é preciso considerar também que é papel da Educação Infantil promover experiências que estimulem o conhecimento voltado a garantir a sustentabilidade da vida na Terra (Diretrizes Curriculares Nacionais para a Educação Infantil). Por isso, além da qualidade e da quantidade, é importante planejar o uso criterioso e responsável desses materiais. Papel branco, por exemplo, suporte mais tradicional dos desenhos das crianças, é um material feito a partir de recursos nem sempre sustentáveis. É importante conhecer a procedência do papel e utilizar sempre que possível os reciclados ou mesmo reaproveitar retalhos de papéis já utilizados. Também é interessante investir em materiais de boa qualidade que durem mais e, portanto, evitem o desperdício e o acúmulo de lixo. Por exemplo, canetas boas que não sequem rapidamente; pincéis, brochas e rolinhos mais resistentes; instrumentos musicais semiprofissionais no lugar das bandinhas ou violinhas de plástico que, além de não terem boa sonoridade, quebram-se muito facilmente. Além disso, o uso de materiais naturais é sempre bem-vindo porque, além de contribuir para a formação de uma atitude de preservação dos bens naturais, provoca um efeito estético muito interessante. Os próprios materiais, além de meios para a criação, podem servir como objetos da atividade criativa das crianças, que podem inventar novas formas de usá-los. Por isso o professor deve observar os processos de criação das crianças e validar os instrumentos que elas criam para solucionar os problemas: uma pedra que serve para alisar a argila, por exemplo, um grampo para as impressões em xilogravura; acessórios e adereços para fantasias etc.

Interações: há autores que acreditam que a produção criativa é um processo interno, individual, da criança consigo mesma. Mas, segundo Vygotsky, mesmo o desenho, a mais individual de todas as atividades, tem dimensão social. Desenhar na instituição, por exemplo, não é o mesmo que desenhar em casa de modo solitário. O modo como o professor propõe uma atividade, os tipos de materiais que são disponibilizados e as conversas das crianças nos pequenos grupos dão novos contornos a essa atividade e alteram positivamente o contexto de produção. Olhar para o que os colegas estão produzindo, aprender procedimentos, técnicas e até ideias novas faz parte da atividade, assim como riscar, cantar, tocar, dançar, representar, improvisar.

Na sua interação com as crianças, o professor pode ter como balizas dois movimentos: o de desvelar e o de ampliar. Ações que em conjunto podem transformar as crianças e a si próprio como professor, sujeito sensível, envolvido no processo de criação das crianças e criador de sua prática docente.

O que observar

A produção criativa não é fruto apenas do olhar espontâneo da criança. Acompanhando seu fazer, podemos perceber que existe a lógica de um percurso de criação que é próprio dela, percurso fundamental para assegurar tempo necessário para as elaborações infantis e a criação original. É possível enxergar a intencionalidade da criança na análise de seu percurso de criação, inclusive notando que esses percursos não são lineares. No caso do desenho, por exemplo, uma mesma criança pode às vezes desenhar figuras mais realistas, depois voltar para um desenho mais abstrato, e então retomar a figura.

Não é a objetividade lógica que alimenta as ideias e os fazeres das crianças, mas sim a subjetividade e o prazer de brincar com os elementos das linguagens artísticas e a vontade de se superar, de resolver os problemas que lhes são colocados. Por isso é interessante observar as crianças enquanto produzem, assim como estudar os percursos de criação que elas constroem ao longo do tempo, e notar:

- que procedimentos de uso de materiais nas diferentes linguagens são dominados pelas crianças e o que ainda precisam aprender;
- as características de cada percurso, as marcas individu-

ais das crianças observadas nas produções visuais, dança, teatro, música;

- o repertório do grupo, o que mais gostam, quais são suas preferências e como as expressam;
- como as crianças participam das atividades propostas nos diferentes campos das artes quando estão sozinhas e quando estão em pequenos grupos;
- qual é a experiência com o tempo que elas imprimem em suas produções;
- o que mais chama a atenção das crianças nos momentos de fruição;
- como argumentam em favor de seus gostos e preferências, e que leitura fazem dos diferentes objetos artísticos, utilizando conhecimentos próprios das linguagens, além das sensações e sentimentos produzidos pelo contato com diferentes produções artísticas;
- como demonstram interesse e curiosidade pelas produções novas, em todas as linguagens;
- como manifestam opiniões sobre o assunto, evidenciando a tolerância e a abertura para conhecer o novo;
- como mudam de gosto e de ideia e como argumentam, que referências utilizam.

4. EXPLORAR O MUNDO NATURAL E SOCIAL E SUAS RELAÇÕES

A criança observa o mundo ativamente: capta com os olhos, sente no corpo e pensa sobre tudo isso. Ela nota suas regularidades, se impressiona com os fatos e procura compreendê-los. Deseja saber, por exemplo, o que significa "*iceberg*", "partículas", "pré-histórico", "aquecimento global" entre tantas outras palavras estranhas ao vocabulário cotidiano. Querem saber, por exemplo: onde estão os dinossauros? O que são os astros? Como as estrelas não caem do céu? Por que o mar produz ondas e o rio não? Como voam as aves? Por que os barcos não afundam? De onde vem a sombra e por que ela se altera? Por que existem crianças brancas e negras? Como nascem os índios e tantos outros bebês? Esses são apenas alguns exemplos de perguntas que ocupam suas mentes enquanto assistem à maravilha do mundo acontecendo todos os dias.

Dos 3 aos 5 anos, é sabido que as crianças não formularão conceitos científicos. Tampouco é isso o que se espera. Na Educação Infantil, o mais importante é garantir "experiências que incentivem a curiosidade, a exploração, o encantamento, o questionamento, a indagação e o conhecimento das crianças em relação ao mundo físico e social, ao tempo e à natureza" (Diretrizes Curriculares Nacionais para a Educação Infantil).

Por que indagar, questionar, explorar? Porque todas essas atividades favorecem o desenvolvimento de um tipo de pensamento mais complexo do que as organizações sincréticas tão próprias da infância. Uma das características desse pensamento é, por exemplo, a capacidade de generalização. Uma criança pode aprender desde cedo o que significa rosa, margarida, cravo. Mas, quando ela aprende a palavra flor, a relação entre essas ideias se modifica na mente da criança, e ela dá um passo importante na configuração de um sistema de significações. Interessa à criança, então, usar essas palavras e pensar sobre os conceitos a que elas remetem.

Partindo do conceito de zona de desenvolvimento proximal, de Vygotsky (ver capítulo 2), podemos dizer que a possibilidade que as crianças têm de pensar sobre os conceitos que regem o funcionamento do mundo natural e social, mesmo sem terem a idade real para compreenderem tudo isso, é o que alavanca o desenvolvimento, o que as faz colocar em ação novos modos de pensar como a generalização, a inferência, as relações de causa e efeito, a comparação. Esse salto do pensamento provocado pelo contato com os conhecimentos científicos justifica a presença desses conteúdos na Educação Infantil.

De certa forma, a escola sempre incluiu os conhecimentos sobre o mundo em seus currículos, desde os mais tradicionais. Tomou como principal critério a escolha temática dos assuntos mais próximos do dia a dia das crianças. Por exemplo, as estações do ano, a família, os nomes dos animais domésticos, entre outros. Supunha-se que como as crianças viviam na própria pele as estações do ano, reconheciam as relações familiares e, em grande parte, conviviam ou tinham notícia de alguns dos mais conhecidos animais domésticos, poderiam compreender alguns conceitos mais facilmente. No entanto sabemos, a partir de Vygotsky, que é a formulação do conceito científico que provoca mudanças no modo de pensar cotidiano e não o contrário. Para esse autor, a apropriação, pela criança, de conceitos científicos desempenha um papel fundamental no avanço delas porque é por meio deles que os rudimentos de sistematização são formulados em sua mente e depois transferidos para os conceitos cotidianos, provocando mudanças na estrutura psicológica de cima para baixo. Isso contraria aquilo em que a escola tradicionalmente acreditou: o desenvolvimento não se orienta partindo das ideias simples e mais próximas do cotidiano, da realidade da criança, para as mais complexas, e sim o contrário.

Portanto, pode-se afirmar que tratar de assuntos complexos para os quais as crianças não têm respostas nem conceitos claramente formulados é justamente o que as faz avançar. Deparar-se de modo sistemático com a observação do mundo natural e social permite às crianças conquistar novas formas de pensar, ultrapassando os limites do sincretismo infantil. Além disso, a possibilidade de contato com o mundo físico e humano abre para a criança a possibilidade de conhecer melhor a sua cultura e a si mesma.

As práticas educativas sugeridas a seguir procuram inscrever-se como possibilidades para a criança explorar e se encantar com a investigação, alimentar sua curiosidade sobre o mundo, gostar de fazer perguntas e seguir sempre perguntando.

O que a criança pode aprender

O mais importante que uma criança tem a aprender na Educação Infantil, no que diz respeito ao campo das explorações do mundo natural e social, é o gosto por aprender, a curiosidade própria do espírito investigador, sempre em busca do conhecimento, e o respeito às diferentes opiniões, sobretudo no estudo de assuntos polêmicos. Tais valores e atitudes se desenvolvem a partir de um conjunto de experiências que as crianças devem viver. Há muito o que aprender nessa aventura investigativa, como, por exemplo:

- conhecer flora e fauna de determinados ambientes naturais e pensar sobre suas relações com o ambiente;
- reconhecer fenômenos da natureza e saber explicá-los com seus próprios recursos;
- pensar livremente sobre os fenômenos naturais, levantar hipóteses e testá-las;
- comparar suas ideias com as ideias dos colegas para decidir sobre o que melhor pode explicar os fenômenos naturais que estão sendo discutidos;
- desenvolver procedimentos de pesquisa tais como seleção de materiais para pesquisar, consulta a índices, exploração de imagens e outros recursos visuais;
- conhecer explicações mitológicas utilizadas por diferentes povos para explicar os mistérios do mundo;
- utilizar objetos variados para construir engenhocas;
- fazer desenho de observação como estratégia de estudo de pequenos seres ou de detalhes da flora de determinado ambiente pesquisado;
- reconhecer diferenças entre passado e futuro por meio da comparação de fatos, fotografias e outros marcadores de tempo;
- pensar livremente sobre os modos de organização social em diferentes culturas;
- expor suas interpretações sobre os hábitos e costumes de povos de diferentes culturas e ouvir as ideias de outros colegas, considerando as novas informações em sua própria formulação sobre o objeto de estudo;
- reconhecer as diferenças raciais e a presença de aspectos da cultura afro na composição dos costumes e da estética brasileiros;

- adotar procedimentos de pesquisa próprios ao conhecimento das tradições culturais, como entrevistar os mais velhos ou outras pessoas da comunidade;
- descrever paisagens e pensar sobre os modos de vida que poderiam se desenvolver em tais lugares;
- explorar diferentes representações de mapas e do globo terrestre, do céu e das galáxias;
- refletir sobre as condições de vida animal e humana nas mais diversas contingências.

O que propor

- Sequências de estudos sobre fenômenos naturais a partir da física dos brinquedos como, por exemplo, a confecção de um barquinho mais eficiente para boiar, tipos de aviões e outros objetos voadores, tipos de alavancas e rodas que podem otimizar o funcionamento de carrinhos etc. Nesses estudos as crianças devem ser incentivadas a pensar sobre os fenômenos, levantar hipóteses que os expliquem e testar suas ideias, manipulando materiais diversos;
- projetos de exploração das possibilidades de misturas e transformações, resultando na produção de livros de receitas com orientações de preparo ditadas pelas crianças;
- brincadeiras de laboratório de cientista, com o propósito de convidar as crianças a explorarem os materiais e provocar modificações;
- sequência de estudos de observação e registro por meio do desenho, a fim de propiciar às crianças a construção do olhar para as formas da natureza;
- projetos de pesquisa que resultem em intervenção e campanha na instituição ou na comunidade. Por exemplo, produção de folhetos informativos orientando a melhor forma de acondicionar o lixo, a fim de evitar a proliferação de ratos nas cidades; pesquisa de campo para produção de fotos e exposição sobre o acúmulo de lixo

plástico em um determinado meio e as alternativas a isso; produção de cestas e sacolas decoradas pelas crianças para serem utilizadas pelas famílias em substituição às sacolas plásticas de supermercados;

- projetos de pesquisa e planejamento de jardins e hortas desenvolvidos pelas crianças;
- rotina de cuidados com o ambiente da escola, incluindo, além do cultivo de jardins e hortas, a atenção a pequenos animais, quando houver, sobretudo quando vivem soltos: os pássaros que sempre voltam à mesma árvore todo final de tarde, os bichinhos do jardim, etc.;
- rotina de cuidados com o ambiente das salas, espaço frequentado pelas crianças na maior parte do dia. As crianças podem discutir e decidir, por exemplo, aspectos da decoração do ambiente incluindo as plantas.

Todas essas propostas, se mediadas por pesquisas, discussões e debate de ideias das crianças sobre os assuntos trabalhados, podem "garantir experiências que promovam a interação, o cuidado, a preservação e o conhecimento da biodiversidade e da sustentabilidade da vida na Terra, assim como o não desperdício dos recursos naturais" e "garantir experiências que possibilitem vivências éticas e estéticas com outras crianças e grupos culturais, que alarguem seus padrões de referência e de identidades no diálogo e conhecimento da diversidade", dois campos de experiências destacadas pelas Diretrizes Curriculares Nacionais para a Educação Infantil. Para isso, é possível propor:

- sequências de estudos sobre a vida em outros tempos e em outras culturas, enfocando a passagem do tempo e as modificações, as diferenças de hábitos, costumes e modos de viver de outras pessoas em outros lugares do mundo;
- sequências de estudo sobre diferenças raciais, contextualizando experiências que promovam a reflexão das crianças sobre as diferenças e a autoestima das crianças;

- vivência de rodas de conversa com outras pessoas convidadas, pessoas mais velhas da comunidade ou estrangeiros, que possam narrar suas experiências, responder às curiosidades das crianças e explicitar as diferenças culturais. Essas mesmas situações também podem fazer parte de um projeto maior, como uma etapa de pesquisa;
- projetos de produção de materiais para brincar utilizando referências dos estudos já realizados pelo grupo. Por exemplo, as crianças podem brincar de construir casinhas indígenas, japonesas ou mesmo casas de outros tempos, como os castelos e palácios.

Tais propostas podem contribuir para criar referências para as crianças poderem reconhecer e diferenciar aspectos de sua própria cultura na comparação com outras culturas. Isso pode oferecer contextos para explorar o Brasil, garantindo assim "experiências que propiciem a interação e o conhecimento pelas crianças das manifestações e tradições culturais brasileiras" (Diretrizes Curriculares Nacionais para a Educação Infantil).

APRENDER COM OS COLEGAS

Nas rodas de bate-papo as crianças trazem suas curiosidades e expressam suas ideias sobre os fatos que lhes ocorrem. Essas conversas são fontes interessantes de assuntos que se pode investigar em projetos ou sequências de estudos, como vemos no exemplo a seguir, registrado pela professora de uma turma de crianças de 4 anos.

CRIANÇA 1: *Alguém roubou o meu patinho para brincar, eu não gostei.*
PROFESSORA: *Acho que não foi bem assim. Não sei se alguém roubou. Acho que pode ter se perdido por aí, alguém colocou em um lugar que a gente não está achando agora. Talvez ainda apareça.*

CRIANÇA 1: *Não, eu acho que de noite entrou um ladrão aqui, ele veio pelo muro, aí entrou no escuro, escondido, aqui nessa sala e pegou meu patinho.*

Muitas crianças concordaram, acharam que tinha de fato entrado um ladrão na escola e levado todas as coisas que tínhamos perdido até aquele dia. Contei que havia um segurança, um tipo de guarda que dormia na escola para protegê-la à noite. Eles não sabiam disso. A conversa continuou.

CRIANÇA 2: *Ah, não é ladrão nada, tá?*
CRIANÇA 3: *Ainda bem que tem guarda.*
CRIANÇA 4: *Mas pode ser ladrão. Porque tem ladrão.*
CRIANÇA 2: *É, mas, no Japão não existe ladrão.*

Essa referência ao Japão provavelmente vem da experiência do projeto vivido no ano passado, que envolvia o estudo dos hábitos japoneses. A conversa seguiu por esse rumo.

CRIANÇA 4: *Claro que existe.*
CRIANÇA 2: *Não existe, tem samurai.*
CRIANÇA 4: *Claro que tem ladrão, ladrão japonês! – disse puxando os olhinhos.*

Na mesma hora, ele e o amigo sentado ao lado se entreolharam, rindo. Todo mundo achou graça na ideia.

CRIANÇA 4: *É, e polícia japonesa. No mundo todo tem ladrão.*
PROFESSORA: *Será, pessoal, que ele tem razão? Será que a gente consegue pensar um lugar no mundo onde não exista ladrão?*
CRIANÇA 3: *No gelo não tem, lá no Polo Norte.*
CRIANÇA 2: *É, e no mar! No mar não tem.*
PROFESSORA: *E polícia tem?*
CRIANÇA 4: *No mar tem aqueles que ficam assim olhando de binóculo – disse se referindo a um dos muitos salva-vidas que circulam na areia da praia que ele frequenta com a família.*
CRIANÇA 5: *Não, esse não fica no mar, fica na areia.*
CRIANÇA 4: *No mar também.*
CRIANÇA 2: *Mas, sabem, eu sei de ladrões que ficam no mar. Os piratas!*

CRIANÇA 6: É pirata!
CRIANÇA 7: E a polícia do mar é o tubarão.

Em todos esses exemplos vemos a tentativa de generalização pelas crianças recorrendo aos conhecimentos anteriores. A conversa se estendeu por um tempo sobre o tubarão que, segundo eles, é o defensor dos inimigos e dos bandidos do mar. A imagem que eles têm desse animal se assemelha à do tubarão do cinema, um assassino terrível, com boca enorme. Ainda falamos um pouco sobre os tubarões que atacam nas praias do Recife, em Pernambuco, que machucam surfistas, sobre o tubarão branco, até que o assunto voltou com uma pergunta intrigante:
CRIANÇA 3: Mas existe pirata?

Diários da professora Silvana Augusto,
grupo de crianças de 4 anos

Como propor

TEMPO: o tempo de cada proposta deve ser pensado de acordo com a modalidade didática encaminhada: projetos costumam ser mais longos do que as sequências de estudo que apresentam foco definido, procurando atender a objetivos específicos mais rapidamente. O importante é refletir sobre o uso do tempo de acordo com a intenção educativa. Se a ideia é promover o desenvolvimento de hábitos e atitudes, é fundamental que as atividades tenham caráter permanente. Cuidar do jardim ou da horta e observar as mudanças desde o processo de germinação até a florada ou colheita pode ser uma atividade diária. Já os estudos sobre outras culturas podem ser mais breves, durando o tempo que for necessário ao desenvolvimento dos propósitos que forem compartilhados em grupo. O projeto se encerrará quando as crianças chegarem ao resultado final de suas iniciativas.

Para os projetos de estudo e observação de ambientes naturais, há também que se pensar no tempo da natureza, na época do ano em que se pode observar mais chuva ou mais sol, a presença de aves migratórias, as floradas etc. Refletir sobre isso no início do ano permite ao professor organizar melhor as suas propostas para cada momento do ano.

Espaço: o melhor espaço para as pesquisas sobre a natureza é o próprio ambiente natural. As crianças aprendem muito quando podem observar diretamente a natureza, tanto do ponto de vista do que observam quanto dos modos de observar e dos procedimentos de pesquisa em campo. O parque da instituição e os parques da cidade, a praça e os canteiros públicos, lagos e matas são alguns dos locais que podem fazer parte do roteiro de estudo de campo das crianças. Muitas vezes, estes oferecem muito mais desafios à pesquisa do que os zoológicos ou criadouros, onde nem sempre os animais desfrutam das melhores condições de vida. As pesquisas sobre os modos de vida de outros tempos ou culturas também podem ser realizadas no próprio entorno da escola, nas casas das pessoas a serem entrevistadas e nas ruas.

No entanto, em ambos os casos, isso não pode ser uma condição restritiva. É importante para as crianças conhecerem o seu entorno, mas também é fundamental conhecer realidades que estão muito distantes delas: saber como vivem os esquimós e os pinguins do Ártico, as tribos nômades da África e a vida natural no deserto e nos oásis. Essas são experiências que provocam o estranhamento, uma atitude sempre bem-vinda para quem está conhecendo o mundo e descobrindo-se em suas culturas.

Por isso, é importante que o professor também organize espaços adequados para a pesquisa. A biblioteca pública ou comunitária, um canto de pesquisas organizado na própria sala e um mural para o registro e a troca de informações podem organizar adequadamente os materiais disponíveis para a pesquisa.

Materiais: um mural para organizar os registros das descobertas das crianças e compartilhar informações entre elas é um dos materiais básicos, além de se poder contar com livros, jornais, revistas especializadas, internet entre outras mídias.

O professor pode organizar com as crianças uma hemeroteca, um lugar onde se guardem artigos de jornais e revistas sobre os assuntos que interessam aos estudos das crianças, construindo assim um acervo sobre assuntos dos cadernos de ciências. Esse acervo pode ser utilizado por todas as crianças da escola. Também é possível organizar herbários, coleções de folhas secas, tipos de gravetos ou sementes, recursos que, se guardados, podem servir a futuras investigações. O mesmo se pode dizer de uma coleção de pedras encontradas pelas crianças em suas caminhadas de casa para a instituição ou nas pesquisas de campo. Em todos esses casos, é fundamental que o professor oriente não apenas sobre os tipos de materiais que podem ser coletados, mas também sobre o melhor modo de fazê-lo, evitando assim atitudes de desrespeito para com ambiente e a vida.

Interações: em todas as situações de investigação, exploração e registro, as crianças sempre têm a ganhar na interação com outras crianças, na medida em que podem trocar ideias sobre o que estão pensando e modificar suas próprias hipóteses a partir disso. Além da interação com os colegas, também se deve pensar na interação das crianças com a própria comunidade, com outros segmentos sociais e faixas de idade, ampliando suas fontes de observação, pesquisa e reflexão.

O que observar

Sobre as explorações da natureza e da sociedade, o professor pode observar, dentre outros aspectos:

- os modos como as crianças lidam com as diferenças raciais – se percebem, se assimilam, se reproduzem atitudes de discriminação, observações fundamentais para que o professor possa pensar em boas intervenções, que promovam o convívio saudável de todas as crianças dentro e fora da escola;

- a qualidade e a extensão do repertório que as crianças já trazem de casa e como interagem com o novo;
- a construção de procedimentos de pesquisa pelas crianças nas diferentes mídias, bem como na pesquisa de campo;
- o avanço de seus pensamentos e ideias, desde as formulações sincréticas até as explicações argumentativas;
- o desenvolvimento da curiosidade, da vontade de fazer novas perguntas frente às descobertas.

Veja no relato da professora apresentado a seguir uma sugestão de projeto.

APRENDER COM OS MAIS VELHOS

O conteúdo principal deste trabalho são as coisas de um tempo muito antigo. Pensamos em fazer este estudo a partir do resgate da memória dos avós do jardim I, mas, como ainda são jovens, resolvemos incluir também os antepassados de um tempo mais remoto: os bisavós e os avós dos adultos da escola. Partindo destas pessoas, estamos levantando a história de um tempo, das famílias de nossas crianças, seus costumes, seus casos e, principalmente, os relatos da infância. Escolhemos esse caminho porque de fato acreditamos que a busca da infância nos relatos de memória nos aproxima de uma herança cultural a que só se tem acesso por meio das narrativas.

Nesse projeto, a herança se transmite por intermédio da pesquisa das crianças que estão trazendo objetos que contam estas histórias a fim de construirmos o Museu dos Avós. A presença dos avós foi marcada por fotografias e objetos antigos, portadores de uma história que as crianças contam para o grupo todo. Assim, já conhecemos uma tesoura de ferro muito antiga, trazida pela Débora:

– Era do meu bisavô... ele cortava o rabo e o cabelo do cavalo...

– Cabelo? – retrucaram algumas crianças na roda.

– Não, a crina do cavalo. Também cortava pano de fazer roupa. A tesoura é do meu avô, mas está na minha casa, minha mãe cuida dela. Quando eu crescer, ela vai ficar na minha casa.

– E quando você tiver uma filha e ela crescer? – perguntei.

– Vai ficar na casa dela... Ela vai levar na escola dela, da filha dela.

Além dessa tesoura, muito valiosa, a família da Débora emprestou um capacete usado na Revolução de 30 e muitas fotos dos familiares antigos e de seus brinquedos.

Caio trouxe um objeto muito querido pela irmã mais velha e cuidou dele com todo zelo:

– É de rezar! – contou, mostrando uma bolsinha bem amarelada pelo tempo e um livrinho de orações usado pela avó na primeira comunhão.

Gabi trouxe um ferro de passar roupa a carvão que foi presente da avó. Neil, um livro que foi presente da sua avó à sua mãe e que agora é seu. Muitas crianças trouxeram fotos dos avós e contaram um pouco sobre eles: como são, onde vivem, o que gostam de fazer. Laura trouxe seu próprio álbum de fotografia, das mais antigas, até as mais atuais. Mostrou na roda e quis contar a história da sua família até o momento em que ela apareceu. Assim, Laura contribuiu com um modelo para as outras crianças, que procuram nas suas famílias os referenciais da própria história.

Além dos objetos, contamos com a presença de visitas importantes: dona Helena e o senhor Evaristo, os tios-avós da Clô. Fizemos suspense acerca dessa visita durante uma semana. Pensamos em assuntos para conversarmos com eles, levantamos perguntas a serem feitas, preparamos pães de queijo para um chá das cinco. As crianças estavam curiosas. O casal trouxe retratos antigos e contou um pouco sobre a infância e o colégio interno onde estudaram. A afinidade aumentou quando ela lhes contou que conhecia as histórias de Chapeuzinho vermelho e de Cinderela.

– Quem te contou? – queriam saber. – Foi sua mãe?

Quando a roda terminou, Ricardo foi tocar o rosto do senhor Evaristo, deu um beijo e perguntou:

– Você tem mãe? Você saiu da barriga dela?

Depois, puxaram os convidados cada um para o seu lado a fim de mostrar tudo o que eles tinham na escola e contar um pouco deles mesmos. Por um tempo ficaram ali, gerações tão distantes, trocando suas histórias.

Esta teia de relatos vai se amarrando nas rodas de conversa, oferecendo às crianças substrato para a elaboração da identidade e da noção de tempo. "Quanta coisa aconteceu antes de eu nascer!", "como eu apareci nesta família?", "o que pode acontecer quando eu crescer?". Essas são algumas das questões que, internamente, vêm sendo elaboradas ao longo das discussões, com a ajuda do grupo, que é o mais rico interlocutor de uma experiência de aprendizagem.

Diário da professora Silvana Augusto,
grupo de crianças de 4 anos.

5. EXPLORAR CONHECIMENTOS MATEMÁTICOS

Na trajetória de desenvolvimento dos conceitos, vemos a criança partir do aprendizado de uma palavra para o conceito generalizador de toda uma categoria de palavras já aprendidas na experiência do mundo. Por exemplo: a rosa, a margarida, o lírio e a orquídea constituem a ideia de flor. A criança que explora conhecimentos matemáticos faz algo semelhante, porém em um plano mais elevado. Para conceber a ideia de um número, a criança também precisa realizar uma generalização, mas, diferentemente do conceito de flor, o de número não se refere a nenhum aspecto dos objetos.

Para Vygotsky (2002), os conceitos algébricos não representam os objetos e sim abstrações, generalizações de certos aspectos dos números. Isso indica um novo plano de pensamento muito mais complexo. O desenvolvimento de conceitos científicos no campo da álgebra é culturalmente construído nas experiências sociais das crianças com os números, o que vai lhe permitir compreender a lógica do conceito algébrico.

Além das práticas cotidianas – contar as crianças presentes e ausentes, o número de pratos e copos para o almoço ou as peças de um jogo, entre outras; comprar, vender, conferir o troco; orientar-se para localizar os diferentes espaços de uma escola; explorar formas de embalagens e medir. A matemática na Educação Infantil também envolve conhecimentos que não são aplicados imediatamente, não são utilizados no dia a dia: pensar qual é o maior número do mundo, o que é o infinito, como se mede o tamanho de um planeta etc. Aliás, a abstração é justamente a característica principal da matemática. No entanto, frequentemente são apresentados problemas muito simples, que não ajudam as crianças a avançarem e não instigam os professores a pensarem além. Por que as crianças precisam lidar apenas com a contagem de pequenas quantidades, como 10, 20, ou 30, e não com números maiores, acima de duas casas decimais?

A partir de Vygotsky (2002) podemos pensar que é possível que uma criança não domine o conceito abstrato do número, mas é justamente o fato de lidar com grandes quantidades que tornará possível à criança refletir sobre o valor posicional dos números. Por exemplo, jogando com números altos ela pode compreender que 530 é maior do que 350, embora ambas as notações utilizem os mesmos algarismos: 5, 3 e 0, sem ter ainda construído o conceito da quantidade que eles representam. A regularidade do sistema numérico a faz compreender que 530 é maior do que 350 porque a posição do primeiro número da série é maior: 5 é maior do que 3.

Algo semelhante pode-se pensar sobre a geometria: por que na Educação Infantil as crianças precisam limitar sua experiência à aprendizagem dos nomes das formas básicas (quadrado, retângulos, círculos, etc.) em vez de pensar sobre as relações dessas formas e em como elas podem ajudar a solucionar complexos problemas de construções tridimensionais? E por que aprender a medir utilizando apenas a régua, quando podem desenvolver estratégias e construir instrumentos mais sofisticados de medição de objetos mais altos do que elas podem alcançar?

Para todas essas perguntas deve haver uma resposta, mas para chegar a elas é fundamental que a Educação Infantil rompa com os velhos padrões de ensino da matemática, que simplifica ao extremo todos os problemas a serem apresentados às crianças com a justificativa de que são pequenas para saber tanto. Ou então porque os números menores é que estão próximos da realidade das crianças e os maiores, muito distantes. Repensar essas antigas hipóteses é importante para que se possa, a partir de novas bases, recriar contextos que permitam às crianças trabalharem com conceitos complexos na sua zona de desenvolvimento proximal.

De modo a garantir "experiências que recriem, em contextos significativos para as crianças, relações quantitativas, medidas, formas e orientações espaçotemporais" (Diretrizes Curriculares Nacionais para a Educação Infantil), o professor pode lançar mão de algumas práticas, como se vê a seguir.

O que a criança pode aprender

Dos 3 aos 5 anos as crianças podem descobrir a ocorrência dos números no mundo, reconhecer seus diferentes usos e funções sociais, como indicar uma idade, um endereço, um código postal, um número de telefone, o tamanho de uma roupa.

É na Educação Infantil que a criança aprofundará seus conhecimentos para lidar com os números, as quantidades e operações numéricas. Ela deve:

- compreender as regularidades do sistema de numeração para conquistar autonomia na contagem e na leitura de número altos;
- localizar o lugar de um dado número na série numérica;
- desenvolver estratégias para contar, por exemplo, como apontar os objetos um a um, sem pular; identificar um número e contar a partir de qualquer número da série

numérica, sem precisar recitar tudo desde o início; enfileirar e blocar os objetos para otimizar a contagem; recitar os números marcando intervalos de contagem, por exemplo, de 2 em 2, 10 em 10;

- comparar quantidades e utilizar marcadores como "mais que", "menos que", "maior", "menor", "igual" e "diferente";
- construir estratégias para manejar as operações: tirar, juntar, repartir etc.

Ela pode aprender a explorar medidas:

- apropriar-se de alguns sistemas e instrumentos adequados para resolver problemas de medição;
- formalizar medições apropriando-se de diferentes instrumentos, inclusive construindo instrumentos para situações específicas.

Mais do que saber os nomes das formas geométricas simples, as crianças nessa idade podem:

- conhecer as formas geométricas, identificá-las, nomeá-las e pensar sobre as relações entre elas;
- desenhar e interpretar imagens de objetos a partir de diferentes pontos de vista;
- aprender a orientar-se no espaço e no tempo;
- ler e produzir representações espaciais como mapas do tesouro, rotas de exploração do parque, etc.;
- descrever e interpretar a posição de objetos e pessoas.

Há, por fim, importantes aprendizagens ligadas ao registro, tais como:

- ler e produzir notações numéricas com propósitos diversos;
- desenvolver estratégias de organização e registro de dados;
- utilizar os números conhecidos para compor outros, le-

vantando hipóteses sobre sua quantidade e o lugar que ocupa na série numérica.

O que propor

Para ampliar os conhecimentos matemáticos das crianças, o professor pode propor:

- o uso sistemático do calendário para marcar a passagem do tempo e auxiliar no planejamento dos próximos dias. E, ainda, projetos de elaboração de calendários decorados pelas crianças, criando um contexto para que aprendam a ordenar números;
- situações cotidianas de explorações de quantidades nas brincadeiras que exigem contagem, além das próprias práticas cotidianas como contar peças de um jogo, crianças presentes na roda, copos para a hora do suco, mesas e cadeiras para toda a turma se sentar etc.;
- produção de materiais portadores de números no jogo de faz de conta, como calculadoras e placas de preços para brincar de venda, balança para o consultório do médico, lista telefônica para o escritório;
- jogos como caça ao tesouro, que permitem à criança procurar objetos ou pessoas escondidos a partir de referências ou pistas de localização espacial – em cima, embaixo, ao lado, em frente, atrás;
- produção de mapas e rotas para definir trajetos considerando pontos de referência;
- pesquisas sistemáticas que permitam explorar o tamanho ou extensão dos objetos para compará-los;
- coleções de figurinhas, pedras, adesivos, que permitam ordenar diferentes objetos de uma mesma categoria a partir de critérios construídos em grupo, como a cor, o tipo, a origem;
- jogos ou situações contextualizadas de contagem, como as coleções, para aprender a recitar a série numérica;

- jogos de percursos longos, permitindo às crianças contar até números altos ou mesmo projetos de construção de jogos que criem contextos para as crianças escreverem ou ordenarem números em uma série;
- campeonatos de jogos, contexto ótimo para trabalhar com os registros;
- jogos que propiciem comparar e ordenar escritas numéricas com diferentes quantidades de algarismos como, por exemplo, batalha, Super Trunfo, entre outros.

Como propor

Tempo: as atividades que envolvem o conhecimento matemático podem ser desenvolvidas como atividades diárias, sobretudo aquelas que realmente colocam em jogo práticas de organização do cotidiano, como contar as crianças presentes e ausentes, acompanhar a programação no calendário ou separar canetas para todo o grupo. Isso, porém, não é suficiente, pois muitos conhecimentos matemáticos não são construídos no cotidiano e sim em situações orientadas pelo professor. Por esse motivo, é importante considerar no planejamento o tempo de desenvolvimento de sequências de atividades focadas no estudo das medidas, das formas e do espaço, do sistema numérico, etc.

Espaço: o espaço deve ser organizado de modo a incluir as crianças nas arrumações que envolvam lidar com as quantidades dos objetos. Por exemplo, ter caixas com peças de materiais de construção e a notação das quantidades para que as crianças possam conferi-las ao guardar o jogo. Além disso, recomenda-se guardar portadores numéricos que sirvam para a organização do dia a dia pelas crianças, como relógio, calendário e mesmo a lista dos aniversariantes da sala, organizada em função das datas.

Materiais: os materiais devem ser pensados de acordo com os projetos ou sequências de estudos, por exemplo, bons modelos de tabuleiros para o projeto de construção de trilhas e tipos diferentes de calendários para o projeto de produção de calendários. No entanto, é importante que na sala haja, além dos portadores numéricos já citados, outros materiais que também sirvam às consultas das crianças que estão aprendendo a contar, ler e a escrever números e medir, tais como fita métrica, régua, quadro numérico organizado de linhas de dez em dez até mil, o que possibilita às crianças observarem a ocorrência de algumas regularidades, livros com muitas páginas, bloquinhos de anotação e placares para guardar os registros das crianças nas diversas situações como jogos e controle de coleções.

INTERAÇÕES: na resolução dos problemas propostos nos mais diferentes contextos, é comum que as crianças utilizem outros conhecimentos de que dispõem, e não apenas os conteúdos matemáticos que o professor tinha intenção de apresentar. No entanto, como se trata de promover um avanço no modo de pensar da criança, é importante que ela use tudo o que sabe, até mesmo para compreender e contextualizar a necessidade de recorrer a outros conhecimentos.

O professor deve respeitar e valorizar os modos diferentes encontrados pelas crianças para solucionar os problemas de contagem e de registro dos números. Quando ele explicita as estratégias construídas por uma criança às demais, cria a oportunidade para que todo o grupo troque ideias, altere suas próprias estratégias e construa novas alternativas para solucionar os problemas. Por isso, ao planejar uma nova situação, ele deve antecipar essas trocas e favorecer a interação das crianças em pequenos grupos, para que possam explicar aos colegas as saídas construídas para um determinado problema, confrontar ideias e comparar resultados.

O que observar

No acompanhamento do trabalho, o professor pode notar as dificuldades encontradas pelas crianças observando:

- que conhecimento matemático prévio a criança traz de sua experiência familiar, onde localizam a ocorrência dos números;
- o que sabe sobre a ocorrência de números e quantidades nas práticas sociais que envolvem o sistema monetário e que representações têm sobre a compra, a venda e o troco;
- como as crianças interagem para aprender com os colegas sobre como contar, medir, ler e escrever números, orientar-se no espaço, comparar e usar formas geométricas em suas construções;
- como contam e até que número sabem contar sozinhas;
- as estratégias que já construíram para a contagem e para as medições e outras que ainda podem construir;
- as hipóteses que usam para ler os números e para representar quantidades;
- como identificam as formas geométricas e como utilizam o conhecimento sobre elas em suas construções tridimensionais;
- que ideias possuem sobre como se mede, que procedimentos e instrumentos já domina;
- como se orientam no espaço, como se referem à orientação espacial de objetos e pessoas, que referências são mais presentes.

Em síntese

Até aqui, vimos que construir uma prática de Educação Infantil exige do professor escolhas, tomada de decisões sobre o que propor e como propor. Para tomar essas decisões os professores podem utilizar alguns apoios como, por exemplo, as Diretrizes Curriculares Nacionais para a Educação Infantil, rever as relações entre educar e cuidar e considerar o próprio interesse das crianças. Além disso, faz diferença reconhecer o papel das interações e da brincadeira assim como a ideia de atividade e de zona de desenvolvimento proximal.

Todas as práticas sugeridas neste capítulo, apenas exemplos de tudo o que se pode propor às crianças, procuram seguir tais ideias e estão aqui apenas para apoiar as reflexões dos professores na condução das mudanças que a Educação Infantil precisa fazer. Esperamos que este capítulo sirva como um bom convite para estudar, refletir, tomar decisões, experimentar e trocar conhecimentos sobre a educação de crianças no Brasil. Que seja um capítulo aberto para que cada professor possa dialogar e, ao mesmo tempo, construir a própria história docente.

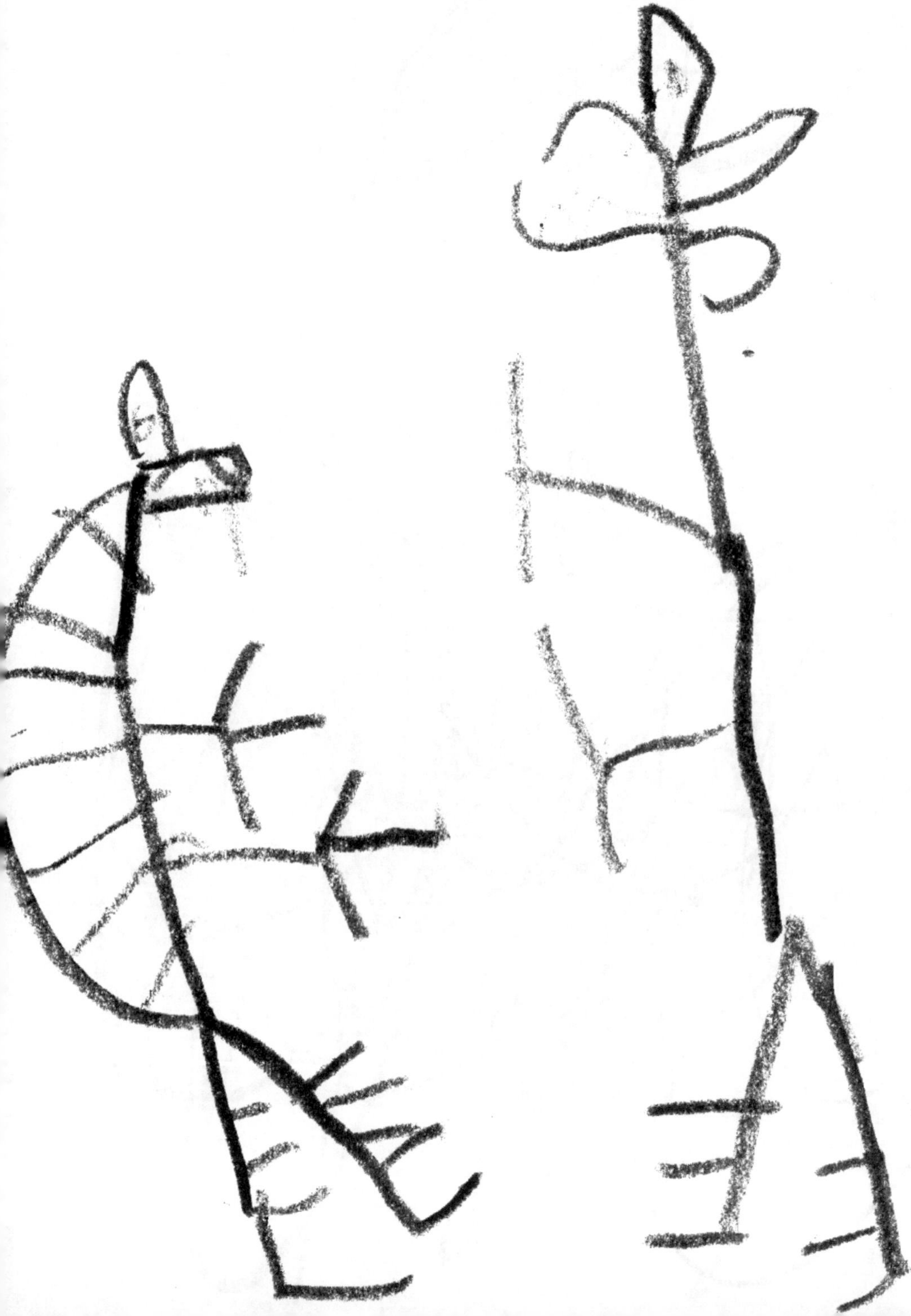

6

SAÚDE E QUALIDADE DE VIDA: QUANDO O CUIDADO DE SI E DO OUTRO CONSTITUI UM EIXO DO TRABALHO PEDAGÓGICO

Ilustração João Abbud Fernandes Guarani

Um ponto muito importante na reflexão sobre as funções e a organização das instituições de Educação Infantil hoje é retomar a relação entre saúde, qualidade de vida e processos de aprendizagem e desenvolvimento da criança pequena. Isso é reforçado por estudos recentes, que têm considerado as relações da saúde com a produção social e econômica da sociedade, articulando os aspectos históricos, econômicos, sociais, culturais, biológicos, ambientais e psicológicos que configuram os modos ou estilos de vida. Com isso as políticas públicas de saúde objetivam não apenas prevenir e tratar as doenças, mas também promover a qualidade de vida.

Qualidade de vida é definida pelos especialistas da Organização Mundial de Saúde como um conceito multidimensional dependente de uma percepção pessoal de bem-estar psicofísico, possibilitado pelas condições ambientais, organização dos serviços e instituições, dos modos de vida e práticas culturais de cuidado pessoal.

Já a saúde é uma das dimensões da qualidade de vida e, ao mesmo tempo, um estado dinâmico resultante da qualidade de vida de um povo. Segundo a Carta de Otawa, documento produzido na I Conferência Internacional de Saúde realizada no Canadá, em 1986,

> "A saúde é o maior recurso para o desenvolvimento social, econômico e pessoal, assim como uma importante dimensão da qualidade de vida. Fatores políticos, econômicos, sociais, culturais, ambientais, comportamentais e biológicos podem tanto favorecer como prejudicar a saúde. As ações de promoção da saúde objetivam, através da defesa da saúde, fazer com que as condições descritas sejam cada vez mais favoráveis."

Nessa perspectiva, a saúde é considerada um meio para a vida, e deve ser tratada como um direito de todos os cidadãos, entre os quais se incluem as crianças que frequentam instituições de Educação Infantil.

Esse conceito considera o crescimento e desenvolvimento como um processo pluridimensional, resultante da integração na criança das dimensões biológicas, psicossociais e culturais. Supera-se com isso a concepção da determinação unilateral do desenvolvimento a partir do estado nutricional e se reconhece a complexidade da interação de aspectos biológicos, afetivos, sociais e culturais no desenvolvimento humano. Isso implica abandonar uma concepção de criança como ser passível de "estimulação" e reconhecê-la como protagonista em seu processo de crescimento e desenvolvimento por meio da interação que ela estabelece com o meio físico e, principalmente, com o meio social, o que leva à necessidade de se analisar o desenvolvimento da criança em cada comunidade. Com base nisso, o conceito de sistema prestador de serviços assistenciais de saúde é ampliado para considerar os sistemas que compartilham os cuidados infantis, como os pais, as famílias ampliadas, creches, escolas, abrigos e comunidades, na busca de fortalecimento dos fatores positivos para superar as adversidades no contexto familiar, educacional, comunitário e outros microssistemas onde a criança está inserida. Nosso interesse aqui é o significado disso na forma atual de se pensar a Educação Infantil.

A saúde nas instituições de Educação Infantil

A complexidade do processo de crescimento e desenvolvimento humano, particularmente na infância, exige que sejam observadas todas as dimensões que o integram, quais sejam: biológica, emocional, cognitiva e sociocultural, e a apropriação pela criança das atitudes e procedimentos ligados ao cuidado que estão presentes em seu entorno.

Do ponto de vista epidemiológico, as crianças representam um dos grupos etários de maior vulnerabilidade para alguns dos problemas de saúde existentes em uma comunidade ou país. Elas são particularmente suscetíveis a desenvolver infecções por microorganismos presentes no meio familiar e comunitário. Refletindo sobre o cuidado com a saúde da criança nas instituições de Educação Infantil, fica evidente que, embora as medidas higiênicas de controle e proteção contra as doenças infecciosas sejam necessárias, elas não são suficientes. O foco deve ser a organização do espaço, do tempo e das relações entre crianças, pais, professores e comunidade, para promover a qualidade de vida, a aprendizagem e o desenvolvimento das crianças.

Por sua vez, hábitos de higiene são aprendidos pelas crianças no âmbito da família e também na escola. Esta constitui um ambiente que congrega muitas crianças, diferentes famílias e profissionais com diferentes formações, e deve ser um espaço onde há preocupação com a saúde das crianças. Embora rejeitemos os argumentos da tradição higienista que via na creche a oportunidade de exercer um caráter disciplinador dos corpos e vidas das camadas sociais mais pobres, afirmamos serem imprescindíveis os cuidados que visam garantir conforto, proteção, nutrição e bem-estar das crianças e dos profissionais que com elas trabalham.

As regras de higiene presentes em todas as culturas têm a função de organizar o ambiente de acordo com uma determinada visão de mundo. Elas variam entre grupos e são reveladoras de valores, crenças e conhecimentos diferentes. Daí que a parceria entre os profissionais de Educação Infantil e os familiares requer debater os valores que permeiam os cuidados e a educação das crianças que nelas estão matriculadas.

A criança é um ser no aqui e agora e ao mesmo tempo um devir, ou seja, ela precisa de cuidados do adulto e de oportunidades para desenvolver-se e aprender a cuidar de si. Na infância aprende-se, entre outras coisas, a cuidar de si, do outro e do ambiente, o que torna a instituição de educação um ambiente privilegiado da promoção do desenvolvimento e dos chamados hábitos saudáveis ou sustentáveis.

Autonomia, independência e interdependência nas ações de cuidado

Os cuidados realizados pelo professor integram ações educativas que visam a independência da criança. Trocar a fralda suja por outra limpa após higienizar a pele da criança para proporcionar-lhe conforto e proteção inclui o reconhecimento da capacidade potencial da criança em participar deste cuidado até que tenha consciência e maturidade para aprender a usar o sanitário com autonomia.

As crianças podem vivenciar e aprender que as pessoas cuidam, de diferentes formas, umas das outras, não apenas por dependência ou necessidade derivada de uma incapacidade etária ou de desenvolvimento, mas por se preocuparem umas com as outras e vivenciarem nesse processo um modo privilegiado de interação social e cultural. Um bebê que ainda não consegue sentar-se à mesa e beber no copo, por exemplo, ao tomar sua mamadeira no colo do professor tem a oportunidade de olhá-lo e ser olhado, de comunicar-se por meio das expressões faciais, de perceber-se separado e integrado ao ambiente. O professor, atento ao desenvolvimento do bebê, estabelece pouco a pouco outras formas de cuidado e interação com ele e com o grupo no qual se insere. Nesse processo, ele percebe o desenvolvimento de capacidades que possibilitam a substituição da mamadeira pelo copo, concomitante com as habilidades motoras globais para sentar-se à mesa e compartilhar uma refeição com as outras crianças. Assim, a autonomia não diz respeito a tomar a mamadeira por conta própria, mas a saber usar utensílios e posturas corporais para cuidar de si e participar de uma refeição de acordo com os costumes e práticas culturais.

Os cuidados mudam conforme nosso ciclo de desenvolvimento humano, no qual nós somos sempre interdependentes do outro e do ambiente. Desenvolvemos habilidades para comprar, armazenar e preparar nossas refeições, calcular a quantidade a ser colocada no prato, cortar a carne ou descascar uma fruta, jogar os restos no lixo. Mesmo quando parecemos autônomos, dependemos de outras pessoas que plantam, colhem, processam, transportam e comercializam os diversos alimentos que compõem nosso cardápio diário. Algumas pessoas foram nossos modelos e nos instruíram sobre como abrir uma lata, uma garrafa, como enrolar o espaguete no garfo com a ajuda da colher ou quebrar a patinha do caranguejo para saboreá-lo. Alguém mais experiente no contexto em que vivíamos nos ajudou ou orientou a nos limpar após usar o sanitário ou como secar entre os dedos dos pés após o banho para evitar crescimento de fungos que nos causam dermatites. E até hoje continuamos a ser desafiados a saber agir em situações nas quais um contexto inusitado demanda outros conhecimentos: o sanitário de um avião, os costumes de outro país, uma refeição em outro grupo social podem nos deixar inseguros ou constrangidos por não sabermos como acionar a descarga, abrir a torneira, manejar o talher para saborear um crustáceo.

Em resumo, alimentar-se, manter-se seguro, dormir, banhar-se, usar o sanitário, ou seja, cuidar de nossos corpos e do ambiente requer habilidades aprendidas na cultura, por meio de interações sociais com pessoas de nossa família e de outros contextos como a escola.

Aprendemos a nos cuidar, a atender nossas necessidades, sendo cuidados pelos nossos pais, irmãos, tios, tias, avós e professores. Continuamos a aprender a nos cuidar em cada fase da vida, com os parentes, com outros profissionais que nos assistem (médicos, enfermeiros), com as informações sobre saúde divulgadas pela mídia e, sobretudo, com nós mesmos, identificando as práticas e costumes que nos proporcionam bem-estar e integridade física e psíquica.

A interface do cuidar e do educar

Para iniciar uma reflexão sobre a interface entre cuidar e educar, apresentaremos um registro de trabalho.

Em torno da Távola

Ao tentar relatar as observações das interações das crianças, educadores e auxiliares de serviços gerais em creches da cidade de San Miniato, na Itália, para ilustrar como os conceitos de educar e cuidar são operacionalizados no cotidiano, corre-se o risco de não se dar conta da riqueza de cenas que somente puderam ser gravadas na memória. Chamarei esta descrição de "Em torno da Távola", porque concentrarei a descrição no momento da refeição, embora o fluxo das ações e interações das crianças e educadores fosse contínuo e harmônico como uma melodia.

A organização do ambiente e a atitude e o procedimento dos educadores demonstravam considerar o acolhimento das crianças no momento da chegada e despedida da família, na organização do espaço para garantir a movimentação das crianças, no incentivo à interação com as outras crianças em jogos de diferentes tipos organizados no ambiente externo e interno, na forma de tratar o sono, a alimentação, a higiene até saírem da creche.

No inicio da manhã observamos as crianças na área externa em brincadeiras em pares, trios ou envolvendo mais parceiros, na casinha, no balanço, nos triciclos e outros brinquedos construídos em parceria com os pais. Essa atividade livre era acompanhada pela educadora, que atendeu as reclamações de um menino que teve sua perna suja pelo cocô eliminado por um passarinho que estava na árvore, e acompanhou outra dupla de crianças em conflito pela posse de um brinquedo. Mais tarde, a educadora forra a mesa sob as árvores no pátio com um plástico e começa a preparar a argila. Pouco a pouco, sem que ela as chamasse, algumas crianças se aproximam para participar da atividade de modelagem, enquanto outras continuam brincando de triciclo, com gravetos ou na casinha do parque. Parece mágica! Aos poucos todas se congregam em torno da mesa para modelar argila em companhia da educadora, que interage chamando a atenção para algum aspecto do trabalho das crianças, como, por exemplo, demonstrando que a argila seca vira um giz com o qual podem desenhar ou escrever no piso.

Após algum tempo, a auxiliar de serviços gerais que preparava os alimentos e a mesa os convida para o almoço. A educadora acompanha as crianças ao sanitário próximo e as ajuda a lavar e secar as mãos e vestir o babador. Sentam-se à mesa arrumada com os pratos, talheres, copos e jarra contendo água. A auxiliar senta-se próximo a um carrinho e ajuda a professora a repor alimentos e água. As crianças servem-se à vontade de água antes, durante e após a refeição, reidratando-se após as brincadeiras ao ar livre numa manhã de verão. Com ajuda da educadora, elas servem-se das travessas colocadas à mesa, sem imposição ou cerceamento dos adultos às suas iniciativas, numa atitude de cuidado, como a proteção de um parceiro mais experiente.

As educadoras também comem atentas e atuam como modelos às crianças, que não se incomodam com nossa presença como observadores estranhos. A educadora observa uma criança servir-se pela segunda vez, ajuda outra a fazê-lo, alimenta outra criança, sem pressa. Todos parecem relaxados e alimentando-se com prazer. Assim se sucede até o fim da refeição, que dura o suficiente para todos comerem em seu próprio ritmo. Ao terminarem, as crianças levantam-se e levam o prato até a auxiliar, que recolhe os resíduos de comida em um recipiente e prepara a louça para ser lavada. As educadoras sinalizam o final da refeição com uma canção acompanhada de gestos por ela e pelas crianças. Aos poucos as crianças se levantam, algumas brincam pelo espaço organizado em cantos de movimento, de jogo dramático e simbólico, de leitura e artes plásticas, enquanto outras são trocadas por um dos educadores. Não há pressa, tudo flui como o ciclo vital.

Extraído do diário de visita de campo de
Damaris Maranhão às creches de San Miniato, Itália,
em Julho de 2011.

Analisando as cenas descritas e outros aspectos da visita realizada, observa-se que as ações das professoras apontam para uma concepção de cuidar e educar como elementos indissociáveis e tomam a criança como um ser cuja autonomia está se fazendo presente cada vez mais. Refletir sobre o relato possibilita considerar:

- o planejamento e a organização do espaço da unidade educacional para acolher, promover interações, brincadeiras e atividades diversas, integrados a uma infraestrutura que favorece o aprendizado da criança para o cuidado de si. Há mesas e cadeiras para as refeições, camas embutidas em um tablado para descansar, área externa com sol e sombra, sanitário, pias e locais de troca para a higiene pessoal, copa ou cozinha, local para receber e conversar com os familiares e para registrar e organizar a documentação sobre o desenvolvimento e trabalho das crianças;
- a organização do tempo diário e semanal em função das crianças, sem desconsiderar o tempo da vida em família e na comunidade;
- a compreensão de que alguns eventos afetam a saúde das crianças e requerem decisões baseadas em conhecimentos estruturados, atualizados e normatizados para o bem comum;
- a formação contínua dos educadores da unidade para observar, documentar e compreender o processo de crescimento, desenvolvimento e aprendizagem das crianças ao longo do tempo do ciclo vital e sua inserção no grupo com outras crianças;
- a integração da equipe de apoio com os professores para cuidar das crianças e educá-las;
- a participação da comunidade na construção do projeto educativo para a infância, visando um objetivo comum e respeitando a diversidade cultural e social;
- a integração com outros setores, como os serviços e os profissionais de saúde que assistem as crianças.

No caso relatado, a situação de alimentação é foco de muitas aprendizagens onde o cuidar e o educar se fazem de modo inseparável. Em vez de ler o relato como se referindo a uma situação que só pode ocorrer quando o número de crianças por adulto é pequeno, o estímulo é olhar para as muitas situações de alimentação criadas em nossas creches, que atendem um número maior de crianças por professora, e analisar como as atividades de cuidado e educação se fazem presentes nelas e que medidas podem ser efetivadas para aprimorá-las.

INDICADORES DE UMA UNIDADE DE EDUCAÇÃO INFANTIL PROMOTORA DA QUALIDADE DE VIDA DAS CRIANÇAS

Os professores:

- compartilham os cuidados com as famílias, estão atentos às suas demandas, registram as recomendações relativas à saúde da criança que requeira observação ou cuidados especiais durante o período em que está sob seus cuidados;
- interagem com as crianças, identificam e atendem às necessidades delas de conforto, bem-estar e proteção, de acordo com as potencialidades do desenvolvimento infantil e o contexto de cada grupo, sem tolher sua participação nas brincadeiras e em outras situações de aprendizagem;
- acompanham o processo de crescimento e desenvolvimento, em parceria com familiares e serviços de saúde;
- auxiliam e ensinam as crianças a cuidar de si, organizam ambientes adequados ao processo de desenvolvimento das crianças, de forma que a autonomia seja construída sem risco à integridade física e psíquica;

- alimentam os bebês, atendem às necessidades nutricionais, afetivas e de aprendizagem de novos paladares e consistências, com base nas recomendações para o processo de desmame e nas normas de higiene para ambientes coletivos;
- acolhem as mães dos lactentes e oferecem condições para que elas conciliem aleitamento e trabalho e sigam regras de higiene para ambientes coletivos;
- organizam as refeições em ambiente higiênico, seguro, confortável, belo e que possibilite autonomia, socialização e boa nutrição a todos os grupos etários;
- ajudam as crianças que recusam alimentos ou que apresentam dificuldades para se alimentar sozinhas;
- disponibilizam água potável e utensílios limpos individualizados para que as crianças possam beber água quando desejarem e sejam incentivadas a fazê-lo durante todo o dia;
- organizam a rotina contemplando o banho de sol até as 10 horas e após as 15 horas (a considerar o clima de cada região), sobretudo dos bebês que dependem dos adultos para transportá-los para o solário, mantendo-se atentos ao acesso das crianças e oferta de água para hidratação e à proteção contra a exposição solar excessiva;
- preocupam-se com o conforto da criança, ensinando-a a adequar o vestuário e calçados às brincadeiras, atividades e clima;
- mantêm as salas ventiladas e alternam atividades em espaços internos e externos, evitando confinamento;
- atendem às recomendações sanitárias e legais relativas ao espaço *versus* número de crianças;

- trocam as fraldas, ensinam as crianças a usar o vaso sanitário e a fazer a higiene pessoal com atitudes acolhedoras, empregando precauções padronizadas para evitar transmissão de doenças e acidentes;
- registram e oferecem à criança adoentada a medicação oral e tópica prescrita pelo médico ou os cuidados especiais orientados por profissionais de saúde e que não possam ser interrompidos durante o período em que ela permanece na instituição educativa;
- observam, identificam, informam e procuram ajuda nas situações em que reconhecem que a criança apresenta alteração no estado de saúde (febre, traumas, dor, diarreia, cansaço ao respirar, manchas na pele, mal-estar geral), de acordo com as diretrizes da instituição;
- informam ao gestor para que ele notifique à unidade básica de saúde, de acordo com a legislação específica, a suspeita de crianças ou profissionais da unidade educacional com doenças transmissíveis ou aumento do número de crianças com problemas de saúde;
- certificam-se da segurança e higiene dos brinquedos, esteiras, almofadas, lençóis, trocadores, banheiras, objetos e materiais de uso pessoal e coletivo, segundo as normas sanitárias especificas para creches e pré-escolas;
- cuidam para que as áreas internas e externas estejam organizadas e seguras para as crianças de todos os grupos, evitando acidentes e disseminação de doenças e ensinando o cuidado com o ambiente.

As ações apresentadas demandam uma gestão da infraestrutura e do cotidiano que deve ser objeto de atenção de toda a equipe da unidade educacional para otimizar o tempo das crianças para brincar e interagir com as outras crianças e evitar longos períodos de espera. O foco, contudo, não deve se reduzir às ações de cuidado a serem assumidas pelo professor, mas deve resultar no planejamento de formas de mediar o aprendizado das crianças para cuidar de si.

Aprender a cuidar de si como uma meta da Educação Infantil

Um ponto que decorre da concepção apresentada é que ela está de acordo com as noções mais relevantes na área de Educação Infantil que instruem os professores a promover experiências que possibilitem situações de aprendizagens mediadas para o desenvolvimento da autonomia das crianças nas ações de cuidado pessoal e auto-organização com vistas à saúde e bem-estar, tal como é proposto nas Diretrizes Curriculares Nacionais para a Educação Infantil (artigo 9º).

O quadro apresentado a seguir detalha algumas competências que as crianças de 0 a 5 anos só conseguem adquirir quando auxiliadas.

Ao longo de sua experiência cotidiana na Educação Infantil, as crianças necessitam aprender a:

- adotar hábitos regulares de higiene pessoal (interessar-se por lavar as mãos, limpar o nariz sozinhas, escovar os dentes com cuidado, usar corretamente os materiais necessários para sua higiene);
- perceber a vontade de ir ao banheiro e ter progressivo controle de esfíncteres;
- executar movimentos colaborativos ao vestir-se

ou desnudar-se, tais como: colocar ou tirar os sapatos, abotoar-se etc.;

- conhecer, saborear e consumir alimentos e preparações culinárias variadas;
- beber e comer sem ajuda, usando os talheres adequadamente;
- escolher o que quer ao servir-se de comida;
- expressar preferências em relação a cheiros e paladares.

Outra coisa que as crianças precisam aprender é buscar segurança e conforto, o que envolve:

- reconhecer situações de potencial perigo e tomar precauções para evitá-las;
- não colocar a mão suja na boca, não comer terra, plantas, tinta;
- vestir-se de acordo com o clima e a atividade;
- não subir em lugares altos sem supervisão;
- ter cuidado com o manuseio de materiais pontiagudos;
- proteger o corpo conforme manipulam tintas, argilas, colas, e também ao brincar, explorar espaços e praticar ações físicas como subir, descer, pular, saltar, rolar;
- identificar produtos e objetos que não devem ser ingeridos;
- saber por que não devem usar medicações sem orientação dos adultos.

Outras aprendizagens podem garantir às crianças atitudes de autoproteção, entre as quais aprender a:

- lidar com picadas de insetos;

- evitar mordidas de cães ou de outros animais;
- lavar com água e sabão seus machucados;
- não colocar o dedo em tomada ou fio elétrico;
- não introduzir pequenos objetos no nariz ou no ouvido;
- não subir ou sentar-se em cadeira quebrada.

As crianças aprendem a cuidar de si (seu próprio corpo, de sua aparência, de suas coisas e de sua saúde e bem-estar) a partir da maneira como o professor:

- troca as fraldas das crianças menores interagindo com elas e toma as precauções necessárias para evitar transmissão de doenças e quedas do trocador;
- estimula as crianças a arrumar o cabelo;
- ensina as crianças maiores a usarem o sanitário e controlarem seus gestos para obter uma melhor higiene íntima;
- organiza as refeições de modo a favorecer a participação e autonomia das crianças;
- orienta as crianças a escovar os dentes após as refeições, a mastigar os alimentos, a escolher o vestuário adequado ao clima;
- organiza o repouso diurno para as crianças que precisam;
- instrui a criança a lavar as mãos após realizar uma atividade com tinta ou areia;
- orienta a criança a cuidar de seus próprios objetos para não os perder;
- acolhe a criança em momentos de choro, apatia, raiva, birra, ciúmes, ajudando-a a procurar outras formas de lidar com seus sentimentos.

Para auxiliar as crianças a aprender que qualidade de vida envolve nutrição saudável, os professores necessitam:

- acolher as mães que aleitam e combinar com elas a nova rotina de alimentação do bebê;
- combinar com a família o processo de introdução de alimentos de transição (sucos, papas);
- organizar as refeições em ambiente higiênico, seguro, confortável, belo e que propicie autonomia, nutrição adequada e socialização;
- oferecer alimentação atendendo as necessidades nutricionais, afetivas e sociais das crianças nas diferentes idades;
- estimular as crianças a apreciar os sabores, as cores, as texturas e a consistência de diferentes alimentos;
- ajudar as crianças que recusam alimentos ou que apresentam dificuldades para se alimentar sozinhas;
- disponibilizar água potável e utensílios limpos individualizados para as crianças beberem água durante todo o dia.

O aprendizado desses comportamentos se faz nas atividades cotidianas a partir da orientação do professor, feitas de um modo consistente, mas carinhoso, e também da maneira como ele e os demais educadores tratam a segurança, o conforto e o bem-estar das crianças nos ambientes externos e internos.

Finalmente, as crianças aprendem a cuidar de si quando estão adoentadas ou convalescentes, conforme o professor as atende, consola e orienta. O cuidado que ele realiza junto às crianças nessas condições ensina-lhes que elas são queridas e atendidas nos seus direitos, condição fundamental para a construção de uma imagem positiva de si.

No cuidado de crianças doentes ou convalescentes é importante que o professor:

- identifique, avalie e busque ajuda quando alguma criança apresenta alterações no estado de saúde (febre, acidentes, dor, mal-estar, choro contínuo ou intermitente, sonolência, falta de apetite, cansaço, dificuldade para respirar, aumento de temperatura e outros);

- preste os cuidados de saúde prescritos para as crianças por médicos ou outros profissionais de saúde, durante o período em que estejam na instituição educativa;
- informe à unidade básica de saúde quando houver crianças ou profissionais da instituição educativa aparentando contaminação por doenças infecciosas e se oriente quanto às providências que devem ser tomadas no ambiente coletivo.

Questões que emergem da prática dos professores

Vamos agora discutir algumas questões que frequentemente surgem no processo de formação e supervisão dos profissionais de Educação Infantil.

O processo de reflexão sobre os desafios de se construir um serviço de Educação Infantil de qualidade que integre o cuidar e educar pode responder ao objetivo básico de considerar que saúde e qualidade de vida são direitos de todas as crianças.

As questões aqui problematizadas não pretendem esgotar aquelas que comumente os professores fazem durante os cursos e encontros de formação básica e continuada. A ideia não é apresentar um compêndio sobre o cuidado da criança na creche ou na pré-escola. A intenção é problematizar com o professor sobre os diversos campos de conhecimento que iluminam e orientam sua prática e que demandam uma articulação de saberes do campo da pedagogia, da psicologia, da antropologia, da sociologia, da enfermagem, da medicina e outras ciências e profissões. Outra intenção é refletir sobre a necessária integração entre serviços diversos como as unidades básicas de saúde, programas de saúde da família, programa de saúde escolar, universidades, com os serviços educacionais, em cada região. Esta tarefa requer disposição para construir e partilhar com os profissionais destes serviços concepções sobre crescimento, desenvolvimento e aprendizagem das crianças.

Tomar ou não banho na unidade de Educação Infantil?

Vamos começar afirmando que os cuidados corporais como a troca ou o banho possibilitam ao professor e à criança estabelecerem interações em que cada criança participa ativamente do cuidado de si. Por isto constituem momentos privilegiados de integração no processo de cuidar e educar.

Para evitar que essa situação seja prejudicada por preconceitos em relação às práticas culturais de cuidado infantil, pode-se reconhecer que os padrões de higiene pessoal das famílias podem ser diferentes daqueles dos professores, os quais estamos discutindo aqui. O importante é envolver as famílias no processo de compartilhar os cuidados infantis sempre considerando o bem-estar e integridade das crianças em um ambiente coletivo de cuidado e educação. Os professores devem refletir sobre o que consideram como limpo e sujo e procurar conhecer as concepções da comunidade local sobre estes itens, bem como as condições que implicam em prever esse cuidado na instituição educativa.

A decisão pelo banho deve ser tomada considerando a idade das crianças e o clima da cidade. Contudo, há situações que requerem esse banho diário. Nas creches de período integral que atendem bebês e crianças menores de três anos que ainda usam fralda é aconselhado realizar o meio banho para retirar resíduos de fezes aderidos à pele, que podem causar irritação e desconforto. Crianças sem controle de esfíncteres ou que apresentem eventuais episódios de regurgitação e permanecem na creche em período integral, em um país de clima tropical, sobretudo em regiões mais quentes, podem necessitar de um banho completo durante o período em que permanecem na instituição, seja para limpeza da pele ou para relaxarem e refrescarem-se quando irritadas, chorosas ou com dificuldade de conciliar o sono. Além disso, banhos eventuais para crianças que apresentem diarreia, vômitos, escoriações também precisam ser previstos. Crianças menores de dois anos, por serem mais vulneráveis a infecções, podem necessitar de banhos eventuais para controle da temperatura (febre) até que a família seja informada e chegue para levá-la ao serviço de saúde. Crianças que residem em comunidades que estejam temporariamente abrigadas ou assentadas, com dificuldades de acesso às condições sanitárias básicas para a higiene pessoal, requerem cuidados diferenciados. Nestes casos o que prevalece é o conceito de equidade, ou seja, para garantir a igualdade de direitos, em algumas situações é preciso considerar as diferenças. O mesmo se aplica a crianças cujas famílias estejam temporariamente disfuncionais e que por isso não têm condições de garantir os cuidados básicos que promovam bem-estar às crianças.

Na sociedade brasileira o banho está associado ao cuidado com a saúde, mas, dependendo de como ele está organizado em um ambiente coletivo, ele pode aumentar o risco de propagar parasitas e infecções por vírus, bactérias ou fungos, ou de acidentes por queimaduras no chuveiro, escorregões e quedas no piso molhado. Para garantir que se tome o banho de modo adequado, é necessário considerar o conforto, a segurança, a participação e aprendizagem das crianças no processo de higiene pessoal. Vejamos:

- considerar o número de crianças *versus* número de chuveiros que possam funcionar ao mesmo tempo sem sobrecarga elétrica;
- prever tempo para que o professor interaja e propicie a participação da criança no processo de aprendizagem do cuidado de si, conforme seu desenvolvimento real e potencial;
- adequar boxes, banheiras e trocadores à altura, peso e desenvolvimento das crianças, bem como à ergonomia do trabalho dos professores;
- monitorar o bom funcionamento da rede elétrica e a regulagem de aquecimento da água para garantir a segurança das crianças e professores;

- verificar as superfícies e objetos usados na higiene pessoal e que entram em contato com a pele e mucosas, tais como escova dental, sabonetes em barra, buchas, toalhas, superfícies das banheiras e trocadores, que podem ser fontes de transmissão de micróbios de uma pessoa para outra;
- trocar diariamente as toalhas de banho para evitar que permaneçam úmidas ou misturadas durante a secagem, pelo risco de infecção cruzada causada por micróbios que habitam a pele, fezes ou outras secreções corporais de uma criança (mesmo as saudáveis) ou objetos e roupas usados por ela, e que são carreados para outras superfícies e para outras pessoas pelas mãos ou pela manipulação destes mesmos materiais e objetos;
- prever, para as crianças com fraldas, trocadores anexados à banheira ou cuba com ducha manual com água morna, sabonete líquido neutro e toalha individual para secar região perianal. O trocador deverá ser forrado com papel descartável a cada troca ou ser desinfetado com álcool 70°, sendo a primeira opção mais segura tanto para a criança como para o educador, embora com maior custo;
- planejar o banho para realizá-lo com segurança e conforto: prever todo o material necessário e dispô-lo na ordem sequencial de seu uso; prever um local para o bebê sentar-se com segurança enquanto limpa e prepara a superfície de troca e a banheira, estende a toalha, dispõe a fralda e a roupa limpa, antes de iniciar o banho ou a troca. Depois de dar o banho ou trocar a fralda, o educador poderá colocar a criança novamente neste local para organizar todo o material usado e lavar as mãos antes de retornar à sala com a criança.

Fralda de pano ou descartável?

As fraldas de algodão reutilizáveis tradicionais têm menor absorção que as fraldas descartáveis e requerem uso de calça plástica, além de facilitar vazamentos que podem contaminar o ambiente pela disseminação de matéria fecal. A manipulação da fralda suja para descartar as fezes no vaso sanitário (ou pré-lavagem) é uma pratica comum no domicílio, mas contraindicada em instituições pelo alto risco de disseminação de micro-organismos contidos nas fezes, mesmo de pessoas saudáveis. É importante lembrar que os trocadores em creche ficam próximos ao local em que as crianças permanecem e brincam, aumentando o risco deste procedimento.

Para garantir bons padrões de higiene, o emprego de fraldas reutilizáveis requer que:

- a instituição forneça todas as fraldas e calças plásticas para as crianças usarem durante o dia;
- haja um planejamento do fluxo de armazenamento da roupa suja de fezes e urina para posterior processamento em lavanderia própria ou terceirizada, com procedimentos conforme as normas sanitárias. Lavanderias de modelo doméstico não dão conta desta tarefa. Há que se avaliar o custo-benefício desta medida considerando que haveria um aumento do consumo de água, de energia elétrica e da produção do esgoto de água, detergente e desinfetante empregados no processamento das fraldas reutilizáveis;
- seja enviada para lavagem em casa a fralda usada pela criança ao chegar à creche. Esta e a usada para ir embora pertencem à família, que deverá ser informada sobre o risco do descarte das fezes contidas nas fraldas reutilizáveis no ambiente coletivo;
- caso a instituição adote fraldas descartáveis para a maioria das crianças, analisar e buscar soluções que evitem o risco para as crianças que por algum motivo não

possam usá-las. Nesse caso recomenda-se que as fraldas reutilizáveis sejam embaladas com os dejetos em sacos plásticos que possam ser lacrados e devolvidos para descarte e limpeza das mesmas pela família;

- as fraldas ecológicas que contenham partes reutilizáveis precisam ser embaladas com os dejetos em sacos plásticos herméticos e enviadas para lavagem em casa, procedendo-se de modo semelhante ao descrito para as fraldas de pano tradicionais.

Após estas considerações, conclui-se que as fraldas reutilizáveis não são indicadas para uso em instituições de Educação Infantil. Por outro lado, observa-se hoje nas redes sociais e fóruns de discussão a defesa do emprego de fraldas ecológicas, ainda de custo elevado e restrito em nosso país. Dependendo do modelo, estas ainda requerem onerosa estrutura de descarte. Espera-se que em breve os centros de pesquisa desenvolvam produtos descartáveis biodegradáveis, mas com custo que seja acessível a todos os pais.

É necessário usar luvas para trocar fraldas?

A segurança, o conforto e bem-estar da criança durante a troca de fralda dependem tanto da atitude do professor como dos procedimentos empregados para evitar acidentes e contaminação cruzada. A incidência de diarreia e outras infecções por enterovírus[4] entre as crianças que frequentam creches estão relacionadas com a qualidade destes procedimentos, entre os quais a higiene das mãos da criança e do professor.

A pele íntegra é a luva mais eficaz que temos e, para nos proteger, na maioria dos casos, basta lavar bem as mãos com sabonete líquido, esfregando bem entre os dedos, palmas e dorso até os punhos, enxaguá-los e enxugá-los em papel toalha descartá-

4 Os enterovírus vivem preferencialmente nos intestinos mas podem causar infecções como conjuntivite, meningite, aftas, síndrome mão-pé-boca, paralisias, além das gastrointestinais.

vel. Assim, os professores devem manter a pele das mãos íntegra, evitar retirar em excesso as cutículas e mantê-las hidratadas no atendimento às crianças. Alguns professores preferem usar luvas nas trocas ou no banho das crianças, dado o desconforto que sentem ao entrar em contato com a genitália ou com fezes. Mas quando capacitados para empregar o procedimento correto na higiene dos genitais e da região perianal na troca de fraldas, elas ficam cientes de que não há necessidade de tocar as fezes com as mãos e de que a técnica correta substitui o emprego de luvas.

O uso de luvas durante os procedimentos de troca de fraldas em creches é indicado apenas quando houver risco de o professor entrar em contato com fezes contendo estrias de sangue, no caso de a criança apresentar disenteria ou se o professor estiver com alguma lesão aberta na pele das mãos. Neste caso, recomenda-se o emprego de luvas de procedimento, que são diferentes daquelas usadas para preparo de alimentos, jardinagem ou para limpeza ambiental, por serem mais delicadas e aderirem à pele mantendo a sensibilidade do tato, e que devem ser descartadas em lixo especifico imediatamente após seu uso. Jamais usar luvas do tipo empregado para lavar louça ou na limpeza do ambiente ou de jardinagem.

O uso incorreto das luvas pode aumentar o risco de infecção cruzada e causar dermatites nas mãos dos professores. Por isso, o professor precisa ser capacitado para vestir e retirar as luvas de procedimento no momento adequado e com técnica correta, evitando que as partes da luva que entraram em contato com sua pele ou com as secreções ou dejetos corporais contaminem o ambiente, o vestuário, a si próprio, colegas e crianças. O emprego de luvas não substitui a lavagem das mãos, porque, ao calçá-las, os micróbios contidos na pele normal continuam a se multiplicar sob o látex, entre os dedos e nos punhos, favorecidos pelo calor e umidade da pele.

A capacitação dos professores para realizarem todos os procedimentos relacionados no quadro a seguir permite que eles desenvolvam habilidades que serão automatizadas, liberando-os para manter uma interação afetiva e individualizada com a criança.

QUADRO 1 - ATITUDES E PROCEDIMENTOS NA TROCA DE FRALDAS NA CRECHE

1. Organizar todo o material necessário próximo ao trocador, mantendo a criança em local seguro (tipo bebê conforto) e próximo, de forma a permitir a interação: recipiente para lixo e sacos plásticos para roupas sujas, fralda limpa e troca de roupas, se necessário, material de higiene pessoal da criança, inclusive toalha, para higiene perianal – água corrente morna e sabonete neutro líquido ou, se a criança não for alérgica, lenços umedecidos neutros.
2. Forrar o trocador com papel toalha ou com a toalha da criança e sobre esta usar duas folhas de papel toalha na área sob as nádegas.
3. Colocar a criança sobre o papel toalha e a partir deste momento não deixá-la jamais sozinha sobre o trocador, mesmo que por segundos, para evitar quedas.
4. Interagir com a criança durante a troca, explicando a ela o que está fazendo e possibilitando que participe do cuidado do seu corpo, de acordo com seu desenvolvimento.
5. Se avaliar que precisa usar luvas, vesti-las agora.
6. Remover a fralda com cuidado para evitar que fezes e demais secreções respinguem e contaminem o ambiente, a própria criança, o uniforme e os braços do educador. Dobrar a fralda suja e jogá-la no lixo. Se for de pano, depositá-la em saco plástico individualizado, sem descartar os dejetos e sem pré-lavagem, para evitar contaminação do ambiente, bem como para evitar deixar a criança sozinha no trocador.

7. Remover os resíduos da região perianal com lenços umedecidos neutros, ou com papel higiênico macio em quantidade suficiente para evitar contato das fezes com as mãos do professor ou com a toalha da criança. Descartar no lixo próximo os lenços ou papéis usados tantas vezes quanto necessário para remover todos os resíduos da região perianal da criança e evitar assaduras. Se necessário, segurar a criança em pé, apoiada sobre os braços do professor, para lavar a região perianal com água morna corrente e sabonete líquido neutro. Dar atenção especial às dobras da pele dessa área, mantendo-as limpas e secas. Em meninos, abaixar cuidadosamente o prepúcio, que recobre a glande do pênis, limpando-o com delicadeza. Em meninas, higienizar os genitais de frente para trás.
8. Remover o forro de papel do trocador caso tenha entrado em contato com resíduos de fezes e jogá-lo no lixo.
9. Caso esteja usando luvas, removê-las com cuidado e jogá-las no lixo.
10. Secar bem as dobras da pele. Óleos protetores e/ou pomadas só devem ser utilizados com prescrição médica ou de acordo com o protocolo da instituição.
11. Observar as condições da pele para, posteriormente, registrar possíveis alterações, bem como o aspecto das eliminações.
12. Colocar a fralda limpa e, se for o caso, calça plástica, e vestir a criança. Verificar se ficou confortável. Lavar as mãos da criança e secá-las com papel toalha.
13. Colocar a criança em local seco, limpo e seguro (por exemplo, bebê conforto) para que o educador

possa desinfetar com álcool 70º a superfície do trocador e guardar o material.

14. Lavar as mãos e retornar, com a criança, para a sala de atividades.

Tanque de areia é saudável?

A areia é um excelente material para as crianças brincarem e aprenderem sobre texturas, formas, volume, capacidade dos recipientes e se relacionarem com a natureza e entre si. Como no caso de qualquer material, substância ou objetos disponibilizados para elas, é preciso alguns cuidados para garantir a segurança da criança. As informações aqui fornecidas buscam fundamentar os cuidados com a origem e proteção da areia na qual as crianças brincam, e não argumentar em favor de retirar da creche esta fonte de brincadeiras e aprendizagens.

Cães e gatos costumam defecar no solo arenoso e contaminá-lo com parasitas como a *Giardia lamblia* e a *Larva migrans* cutânea, esta última conhecida como bicho-geográfico. Os ovos da *Giardia lamblia* podem ser levados à boca e deglutidos pelas crianças. A *Larva migrans* tem maior incidência em países de clima subtropical e tropical, principalmente em regiões litorâneas, e é encontrada em areias de praias e parquinhos. Os ovos liberados juntamente com as fezes, em condições favoráveis de umidade e calor, transformam-se em larvas em aproximadamente 24 horas, tornando-se infectantes em alguns dias, penetrando na pele humana e migrando para o tecido subcutâneo. Ao se locomoverem no tecido subcutâneo deixam rastros semelhantes ao desenho de um mapa – predominantemente nos pés, nádegas, costas e mãos, por serem regiões do corpo que mais entram em contato com o solo – e causam inchaço, inflamação e coceira, principalmente à noite. O ato de coçar causa irritabilidade e infecções secundárias, devido às bactérias que habitam a pele. As larvas eliminam substâncias tóxicas que podem causar alergias respiratórias, com tosse e falta de ar. Outro risco, mais grave, é a toxoplasmose, que também pode ser adquirida pelo contato com areia contaminada com ovos eliminados por animais. Roedores também podem transitar pela areia, sobretudo se a instituição de Educação Infantil estiver situada próxima a lixões, córregos ou em comunidade sem saneamento básico, com condições favoráveis à proliferação de ratos. Restos de alimentos deixados pelas crianças ou animais também atraem ratos e baratas. O rato pode urinar na areia, trazendo o risco da leptospirose, doença grave que pode evoluir para insuficiência renal.

Cuidados com a areia disponibilizada para as crianças brincarem:

- os tanques de areia precisam estar situados em local ensolarado e com drenagem da água pluvial, para evitar crescimento de fungos ou outros micróbios;
- a areia deve ser de origem conhecida e analisada a cada seis meses;
- a areia deve estar contida em tanques ou caixas protegidas por tampa ou lona nos horários em que não esteja sendo utilizada pelas crianças, para evitar o contato com cães, gatos, roedores e outros animais e insetos;
- evitar o contato da areia com resíduos de substâncias que possam causar queimadura, alergias ou intoxicações, tais como cimento, cal, raticidas, pesticidas ou qualquer resíduo de produtos empregados em reformas ou limpeza na instituição ou em seu entorno;
- o zelador ou outro profissional deverá rastelar a areia diariamente, para que os grãos sejam revolvidos, trazendo-se para a superfície a parte submersa. Dessa forma toda areia contida no tanque será exposta ao sol para matar as bactérias, larvas e fungos que proliferam na umidade;
- algumas creches e pré-escolas têm parques e quintais recobertos por areia e que pela extensão não permitem a sua proteção com tampas ou lonas. Neste caso, prever

um tanque específico para as brincadeiras que implicam manusear a areia. Todas as crianças devem ser orientadas para lavar bem as mãos após as brincadeiras com areia ou no parque;

- da mesma forma, as atividades educativas de cuidado com a horta e jardim devem incluir orientações de proteção das crianças e adultos contra parasitas contidos na terra e para evitar acidentes com ancinhos, tesouras, rastelos e espinhos ou com plantas tóxicas;
- o quintal externo deverá ser inspecionado diariamente antes de as crianças o utilizarem, para retirada de resíduos ou lixo trazidos por animais ou pessoas que entram na unidade no período noturno ou nos finais de semana. Os formigueiros precisam ser localizados e notificados ao serviço municipal de controle de zoonoses para controle dos mesmos, evitando-se o uso de venenos por leigos, porque isso pode agravar o problema.

Qual a melhor posição para colocar os bebês para dormir?

A posição de barriga para cima é a mais indicada e segura para os bebês. As crianças menores de um ano que dormem de barriga para baixo têm de 3 a 9 vezes mais risco de serem acometidas pela síndrome da morte súbita do que aquelas que dormem de barriga para cima. Algumas mães na América Latina utilizam a posição lateral para colocar os seus filhos para dormir. Até então esta era considerada uma posição segura, mas isso vem sendo questionado por estudos mais recentes, uma vez que elas podem rolar e permanecer de barriga para baixo.

Muitos professores argumentam que, no caso de regurgitarem ou vomitarem, as crianças posicionadas de barriga para cima têm maior risco de aspiração do conteúdo eliminado, ou seja, de engasgarem. Entretanto, é preciso distinguir a síndrome de morte súbita da asfixia por aspiração de conteúdo estomacal, pois têm causas e cuidados preventivos diferentes. A primeira se caracteriza por uma morte inesperada da criança no berço, sem sintomas ou com sintomas mínimos nas 24 horas anteriores e nenhuma causa que a explique no exame pós-morte. Já o engasgo ou asfixia por alimentos ou por aspiração de conteúdo estomacal regurgitado pela criança impede a passagem de ar nas vias respiratórias e, portanto, a oxigenação.

Algumas orientações aos professores sobre essa questão são:

- posicionar sempre os bebês para dormir de barriga para cima;
- aconselha-se que a sala onde ficam os berços seja contígua à sala de atividades, embora separada para maior qualidade do sono;
- para os bebês que regurgitam por imaturidade, mas crescem e se desenvolvem de acordo com o esperado para a faixa etária, com bom estado geral de saúde, recomenda-se segurá-los no colo na posição vertical, após as mamadas, para eles arrotarem. O berço ou o colchão deve estar inclinado aproximadamente 15 graus no sentido da cabeça para os pés, o que se pode obter colocando-se calços nos pés do berço ou sob o colchonete;
- deve-se evitar colocá-los nas cadeirinhas bebê conforto em ângulo muito fechado após as refeições, pois elas podem pressionar o abdome e favorecer o refluxo;
- crianças que têm dificuldade em ganhar peso ou que manifestam frequentes infecções respiratórias (pneumonia, bronquite, chiado no peito, tosse) ou choram e dão sinais de dor (causada pela sensação de queimação do esôfago, semelhante ao que denominamos de azia ou pirose), devem ser encaminhadas ao serviço de saúde para investigação, pois estes problemas podem estar associados a um tipo de refluxo considerado patológico.

Como evitar que as crianças engasguem com alimentos ou com objetos?

Todos os professores das unidades de Educação Infantil devem conhecer as técnicas para prestar primeiros socorros às crianças que engasguem ou que apresentem dificuldades respiratórias e outras alterações importantes do estado geral de saúde, até que seja acionado o resgate ou que a criança seja encaminhada ao serviço especializado. Uma possibilidade é combinar este treinamento com as equipes do programa saúde da família ou da unidade básica de saúde que abrange o bairro onde está situada a creche ou pré-escola. A Universidade Federal de São Paulo disponibiliza um tutorial de treinamento virtual para socorrer crianças engasgadas no site: www.virtual.epm.br/material/sbv

Algumas orientações básicas são:

- os líquidos e alimentos devem ser oferecidos em porções pequenas e em texturas compatíveis com a capacidade de sucção, mastigação e deglutição de cada criança;
- as mamadeiras nunca devem ser oferecidas às crianças deitadas nos berços ou em colchonetes, ou com elas andando pelo ambiente. Oferecer sempre no colo e, para aquelas que já as seguram sozinhas, oferecer um apoio no qual fiquem confortáveis, semissentadas e sob as vistas da professora;
- o processo de introdução de alimentos de transição, ou seja, aqueles que se sucedem ao aleitamento materno, precisa ser individualizado e gradativo, combinado com o familiar responsável pela criança e sob a orientação do profissional de saúde que a acompanha;
- dependendo da experiência no meio familiar, as crianças menores de três anos podem se engasgar com pipoca, amendoim, balas, gomas, grão-de-bico, jabuticaba, uva ou salsicha. Estes alimentos devem ser evitados nesta faixa etária;
- as crianças com idade, dentição e desenvolvimento que

possibilitem a mastigação e deglutição de preparações culinárias do cardápio para maiores de um ano devem ser observadas e acompanhas individualmente no período de adaptação, quanto ao desenvolvimento real e potencial relativo aos processos de sucção, mastigação e deglutição;

- as crianças que vinham sendo alimentadas predominantemente com alimentos liquidificados, prática comum em algumas populações, precisam de cuidado diferenciado semelhante ao oferecido no processo de introdução da alimentação de transição;
- o ritmo imposto pela organização do espaço e dos turnos de refeição dos diversos grupos etários na instituição de Educação Infantil não pode desrespeitar o tempo necessário para cada criança se alimentar com prazer e segurança, do contrário corre-se o risco de favorecer engasgos naquelas com maior dificuldade de mastigação;
- as crianças têm sua dentição completa apenas no final do segundo ano de vida, dependendo da idade gestacional ao nascimento e do processo de crescimento e desenvolvimento. Por isso, os alimentos devem ser oferecidos bem cozidos, desfiados ou picados em pedaços pequenos;
- as crianças que estejam tossindo durante a refeição não devem receber tapas nas costas nem tomar água ou suco enquanto a tosse não parar, porque estes procedimentos aumentam o risco de engasgo e aspiração dos líquidos. A tosse é o melhor mecanismo pessoal que a criança tem para evitar o engasgo;
- evitar brincadeiras sem acompanhamento individualizado com balões de gás, sacos plásticos ou objetos pequenos como botões, contas e sementes que possam ser levados à boca e deglutidos pelas crianças. O acesso das crianças aos materiais não estruturados deve ser programado e acompanhado pelo professor, avaliando-se

o risco e benefício de sua manipulação pelas crianças conforme a faixa etária.

As crianças precisam escovar os dentes após o almoço?

No Brasil, o número de crianças com cáries tem diminuído graças à adição de flúor na água, melhora na alimentação e maiores cuidados com os dentes. Todavia, muitas das crianças que frequentam creches e pré-escolas públicas apresentam cáries a partir do segundo ou terceiro ano de vida, e nem todas têm acesso imediato aos serviços públicos, devido à alta demanda. O elevado consumo de alimentos processados, refrigerantes, achocolatados e mamadeiras açucaradas e com farináceos parece ser a principal causa da cárie, associada à falta de informação adequada sobre como fazer a higiene oral eficaz.

A instituição de Educação Infantil pode contribuir propondo aos pais uma reflexão sobre o papel da família e da escola na promoção da saúde bucal da criança, que começa com a promoção do aleitamento materno no primeiro ano de vida e continua com a reeducação alimentar das crianças e adultos. Além disso, pode-se promover, em conjunto com o serviço de saúde local, oficinas para ensinar aos pais, crianças e professores as técnicas de higiene oral, os cuidados com a escova e o controle da saúde bucal.

O ensino da técnica de higiene oral às crianças deve ser um processo gradativo, estabelecido em parceria com os pais e com os profissionais de saúde do serviço público da região, com ajuda da professora. As crianças precisam aprender a manusear a escova e fazer movimentos corretos para higienizar os dentes, boca, língua, e até os seis anos necessitam de supervisão dos adultos para realizar esta técnica de forma eficaz e estabelecer uma rotina de higiene bucal que envolve bochechar, cuspir, pegar a água com a mão em conchinha para levá-la à boca, ou seja, é um processo de aprendizagem que extrapola a técnica de escovação dos dentes e da língua. Crianças menores de três anos terão maior dificuldade de construir estes hábitos e aprender estes procedimentos e requerem tempo e acompanhamento mais próximo do professor para garantir este cuidado pessoal após o almoço e antes de serem colocadas para dormir.

A principal escovação para remoção da placa bacteriana deve ser feita em casa, à noite, pela família, antes de a criança dormir. Isso porque durante o sono diminui a salivação e as bactérias que causam cáries se multiplicam nos dentes, gengivas e língua. A unidade de Educação Infantil de período integral pode incluir em sua rotina uma escovação pós-almoço e antes da sesta, para que as crianças aprendam a cuidar de si e estabeleçam hábitos saudáveis.

As escovas e o creme dental fazem parte do material individual de cada criança, combinando-se com os pais a supervisão para mantê-las limpas, secas e íntegras e enviá-las nas mochilas em porta-escovas individuais. As crianças precisam ser orientadas e acompanhadas pelo professor para não trocar ou emprestar a escova para o amigo, dado o risco de sangramento gengival e contaminação cruzada das bactérias que causam cárie e do vírus das hepatites B e C. Outra medida é ponderar com os pais e com o serviço de saúde local o risco e beneficio da rotina de escovação na creche e na pré-escola, em cada grupo etário, de forma que seja feito com consciência e não apenas como um ato mecânico.

Os professores podem ministrar medicamentos às crianças?

Legalmente a mãe ou familiar responsável pela criança pode delegar ao professor o cuidado da criança, o que inclui a oferta do medicamento prescrito para um período do dia que compreenda aquele em que ela está na instituição.

Há situações em que a criança está bem clinicamente para frequentar a creche ou pré-escola, mas ainda está tomando antibiótico até completar o tratamento, que às vezes tem a duração de 14 dias, no caso das otites, por exemplo. Há outras crianças com doenças crônicas ou prolongadas que requerem o uso continuado de medicamentos, mas que não as impedem de frequentar a instituição educativa. A criança que frequenta uma unidade de Educação Infantil em período integral ou parcial pode manifestar eventualmente episódios febris que podem ser o primeiro sinal de uma infecção ou apenas uma reação à vacina que tomou no dia anterior. A febre pode estar ou não associada a outras manifestações, mais ou menos graves, que indiquem comprometimento do estado de saúde, ou ser apenas um episódio isolado que desaparece sem tratamento. Uma criança saudável menor de cinco anos pode apresentar de 6 a 8 episódios de resfriado por ano. As crianças que frequentam espaços coletivos têm uma frequência maior de episódios de infecção respiratória e gastrointestinais, devido ao contato amiúde e diário com muitas outras crianças da mesma faixa etária.

Os professores precisam de formação e de suporte gerencial para cuidar destas crianças até que os pais cheguem para levá-las ao serviço de saúde, bem como para dar continuidade aos cuidados, o que inclui a oferta de medicamentos até que elas concluam o tratamento.

A rede pública de creches e pré-escolas e o serviço de vigilância sanitária de cada região do país podem ter normas adequadas às características locais e às políticas públicas integradas entre Secretaria Municipal de Educação e Secretaria Municipal de Saúde, mas que seguem as normas básicas da Agência Nacional de Vigilância Sanitária (ANVISA) relativas ao tema.

Os professores, coordenadores e pais devem estar cientes de que administrar medicamentos em ambientes coletivos implica ter um sistema de registro e descrição de procedimentos para evitar trocas, omissões, atrasos ou outros erros já descritos na literatura e que afetam a segurança das crianças ou comprometem a sua recuperação.

As creches e pré-escolas precisam ter normas sanitárias e instruções escritas para consulta pelos professores, que deverão ser capacitados para checar a receita e todos os detalhes da prescrição como nome do medicamento, concentração da droga prescrita, dose, via, horários, período, reações adversas e cuidados. A mãe ou outro familiar que foi orientado pelo médico durante a consulta da criança deverá fornecer todas as informações ao professor sobre o tratamento prescrito e possíveis reações. Se o professor tiver dúvidas, deverá solicitar esclarecimentos ao familiar ou profissional de saúde que assistiu a criança, ou mesmo ao farmacêutico que aviou a receita, para garantir a segurança da criança no uso daquela droga.

Pode ocorrer de uma farmácia vender um medicamento em concentração diferente da prescrita. A mãe ou outro familiar da criança deverá receber orientação para procurar o farmacêutico e esclarecer o fato, trazendo o medicamento correto. Em outras situações, o medicamento pode estar vencido ou em frasco trocado, caso em que o familiar deve ser orientado a providenciar outro medicamento.

Uma criança a quem foi prescrito um medicamento e cuja mãe informa não ter adquirido ou esquecido em casa, está tendo seu tratamento interrompido ou adiado, o que pode comprometer sua evolução ou causar complicações. Nesse caso, deve-se solicitar a um familiar que traga o medicamento até o horário de administração ou solicitar ao serviço de saúde a substituição do medicamento, para que a criança não interrompa o tratamento.

Alguns cuidados são essenciais para garantir a segurança das crianças:

- os familiares das crianças devem ser orientados a compartilhar com os professores apenas os medicamentos que são prescritos para serem dados de oito em oito horas, deixando para dar em casa as vitaminas, sais minerais ou medicamentos que foram prescritos para serem administrados a cada doze horas ou uma vez ao dia. Desta forma, diminui-se o número de medicamentos para o professor administrar e também o transporte da medicação de casa para creche e vice-versa, o que pode deteriorá-la;
- os medicamentos, acompanhados de receita atualizada devem ser identificados pelos pais em ficha específica para controle de medicação com a ajuda do professor ou coordenador da unidade, quando necessário;

- a coordenação da instituição educativa deve providenciar e fornecer ao familiar a ficha onde ele transcreve todos os dados da receita, registrando o problema de saúde da criança e os dias em que o medicamento será oferecido na escola, assinando-a e autorizando o professor a compartilhar com ele a prescrição;
- todos os dias, quando a criança chegar à creche ou pré-escola, o professor deverá conferir na ficha o nome da criança, o nome do medicamento, a dose, a via, a data, o horário, e ao oferecê-lo assinalar no documento, bem como registrar as reações da criança. Caso não ofereça a medicação por algum motivo (a mãe não trouxe o medicamento, a criança faltou, a criança apresentou alergia ao medicamento e este foi suspenso), ele circula a data em vermelho, anota o motivo e informa seu coordenador para providenciar a continuidade do tratamento;
- ao final do período de tratamento, as fichas são arquivadas no prontuário da criança, o que constitui uma documentação de controle de sua saúde. Este sistema necessita ser supervisionado e acompanhado pelo coordenador da unidade em parceria com o enfermeiro do posto de saúde ou do programa de saúde da família, conforme acordos estabelecidos em cada região. O serviço de vigilância sanitária de cada região também deverá ser consultado em relação às normas relativas a este procedimento;
- pais e professores devem seguir as orientações de conservação da medicação. Caso esta necessite ser refrigerada, eles devem seguir as normas da vigilância sanitária. O transporte dos medicamentos, de preferência, deve ser feito em sacos ou caixas térmicas secas e limpas, ou de acordo com as orientações do fabricante. Pomadas, cremes, sejam para tratar dermatites de fralda, ou para evitá-las, devem ser usados conforme orientação do profissional que os prescreveu;

- deve-se evitar o uso de qualquer pomada ou medicamento em lesões causadas por mordidas de outra criança, picadas de inseto, quedas, queimaduras ou dermatites. Da mesma forma, deve-se evitar orientações verbais ou por escrito aos pais para que adquiram loções ou xampus para infestações de piolhos, pois isto caracteriza prescrição e exercício ilegal da profissão e risco para a segurança das crianças;
- todas as mães ou familiares responsáveis devem ser orientados na matrícula do seu filho ou filha a pedir ao pediatra que a acompanha uma receita de antitérmico, dose e intervalos de administração na vigência de febre, até que seja avaliada ou reavaliada pelo profissional de saúde que a acompanha;
- o antitérmico previsto para administração eventual, conforme item anterior, só deverá ser administrado nas situações prescritas pelo médico ("se temperatura maior ou igual a..."), até que a família seja acionada para providenciar a sua avaliação ou conforme orientação atual por *e-mail* com assinatura digital enviada pelo médico que a acompanha;
- toda criança com febre deverá ser avaliada por um profissional de saúde, mas enquanto aguarda esta avaliação necessita de conforto, hidratação, controle da temperatura e observação contínua até que a mãe ou outro familiar chegue à unidade para as providências necessárias. O professor deve registrar sempre os dados obtidos ao cuidar da criança febril – temperatura, horário e outros sinais, sintomas ou comportamentos, antes e após oferecer o antitérmico ou banho de imersão.

Recomenda-se que o coordenador responsável pela unidade providencie a realização de curso para todos os profissionais da unidade com um enfermeiro graduado, que poderá ser do serviço de saúde pública responsável pela vigilância sanitária naquela região. Essa formação deve incluir informações e procedimentos atualizados relativos à segurança na oferta de medicamentos, sinais e sintomas que os profissionais percebem nas crianças. Os professores devem receber orientação para saber como agir na presença de sinais como febre, dificuldade respiratória, convulsão, letargia, inconsciência. Deverão saber também a quem recorrer nestas situações.

A formação do professor para educar e cuidar

Além dos conhecimentos de uma pedagogia da infância com base nas ciências humanas, a formação do professor de Educação Infantil requer também a apropriação de conhecimentos do campo das ciências da saúde. Por exemplo, para reconhecer e tomar decisões e adaptar o cuidado da criança à sua necessidade momentânea, a professora necessita conhecê-la, saber como ela se alimenta em casa, assim como o seu histórico e situação atual de saúde. Precisa de informações sobre os primeiros sinais e sintomas das doenças mais frequentes na comunidade que afetam as crianças. Além de reconhecer os sinais de mal-estar que são indicadores de necessidades de cuidados específicos, o professor precisa saber que atitudes e procedimentos deve adotar para prevenir sua disseminação na unidade, assim como para cuidar de uma criança febril ou de um bebê que regurgita.

Nos processos de formação dos professores de Educação Infantil, o conhecimento sobre saúde precisa ser problematizado e ampliado para ultrapassar concepções restritas aos aspectos biológicos da nutrição e da higiene que, embora precisem ser considerados no cuidado infantil em ambiente coletivo, são insuficientes para dar conta da complexidade da promoção do crescimento e desenvolvimento humano saudável.

Para cuidar de alguém é preciso se encontrar com o outro, o que requer desenvolver formas sensíveis de relacionamento com as pessoas. No caso do educador infantil, isso quer dizer encontrar-se com as crianças, o que significa comprometer-se com elas e expor-se a elas. Este encontro é semelhante a uma dança entre duas ou mais pessoas envolvidas no processo de manter o bem-estar e a vida. Para dançar é preciso estar em sintonia com a música e com o outro. Para cuidar deve-se estar em sintonia com o ritmo vital e emoções da criança, com seus gestos, expressões e palavras que sinalizam suas necessidades e dão pistas para o professor atendê-las. Isto requer aprendizagens.

Às vezes a necessidade do outro não está consciente para ele próprio, e o professor precisa informá-lo sobre como percebe suas expressões, como as identifica e ajudá-lo a nomeá-las, isto é, ajudar a criança a dar significado às sensações corporais, expressões emocionais e demandas que ela percebe.

Em uma instituição de Educação Infantil, um menino de quatro anos se aproximou da professora para mostrar o dedo que estava machucado. Ela perguntou-lhe o que houve. O menino respondeu que havia cortado o dedo em um copo quebrado e emendou a história com um relato sobre o avô doente internado no hospital. A professora refletiu sobre possíveis sentidos da fala da criança: ou a dor que dizia sentir era relativa à saudade do avô, mais do que ao ferimento no dedo, ou ele se identificava com a situação do avô, que também estava machucado.

Em outra situação, uma menina pediu que a professora olhasse seu umbigo, que estava doendo. Após a atenção da professora ao seu pedido, a menina contou-lhe que sua mãe havia se separado do pai, que naquela noite ela o havia "mandado embora de casa" e que ela e a mãe tinham dormido abraçadas. A professora conversou com ela sobre seus sentimentos, disse-lhe que os pais às vezes se desentendem e se separam, mas que eles continuam sendo seus pais. Aos poucos, ela retomou a brincadeira com os amigos, pois pôde expressar e nomear suas dores.

A reflexão sobre os desafios de se construir um conceito de Educação Infantil que integre com qualidade o cuidar e o educar crianças pequenas possibilita que seus profissionais exerçam maior controle sobre os determinantes da saúde, melhorando e fortalecendo habilidades e capacidades pessoais, grupos e comunidades. Isso passa pela identificação e reconhecimento das diferentes necessidades para garantir que haja igualdade no direito à saúde, prossegue na reflexão sobre os modos de vida e escolhas individuais e coletivas na gênese e resolução dos problemas de saúde e na identificação dos mais vulneráveis ou excluídos do sistema de saúde, e finaliza na articulação de serviços, profissionais e pessoas com vistas ao desenvolvimento humano saudável e integral.

Ao professor compete a concretização dessa articulação junto à criança, que demonstra em suas brincadeiras a sua grande capacidade de vivenciar a emoção, a razão, a natureza e a cultura. Ele pode promover situações que ajudem a criança a classificar o dentro e o fora, o eu e o outro, o tempo, os espaços, a vida privada e social, os momentos de brincadeira e de estudo, a separar para investigar, analisar, mas com vistas a integrar novamente.

O professor precisa aprender com as crianças a valorizar a brincadeira, a imaginação, o sonho, a fantasia, as possibilidades ambientais, nas organizações sociais e na vida, nas trocas com as famílias e profissionais de outras áreas para fazer diferente o que é tradicional com vistas à criação de um modo de vida com mais qualidade e bem-estar.

7

DIREITOS DE APRENDIZAGENS E CAMPOS DE EXPERIÊNCIAS – ARTICULAÇÕES NECESSÁRIAS AO CURRÍCULO

Ilustração Cecília Fonseca Galhardo

Iniciamos este livro contextualizando a disputa de concepções presente na Educação Infantil. Fica claro que hoje já há consenso para defender uma prática pedagógica que considera os modos próprios de pensar, de sentir e de se expressar das crianças em seus diferentes momentos de vida. Os bebês e as crianças que frequentam uma instituição educativa, seja creche ou pré-escola, com diversas propostas pedagógicas, têm direito a uma educação de qualidade, num ambiente cultural acolhedor e instigante, no qual possam apropriar-se de diferentes práticas sociais e construir sentidos sobre o mundo, sobre si mesmas e sobre como se relacionar com o meio e os outros.

A preocupação com este paradigma que, em outras palavras, coloca o processo educativo centrado nas crianças e mediado pelo professor ou professora, orientou a elaboração da Base Nacional Comum Curricular (BNCC-EI) no que se refere à Educação Infantil.

A BNCC constitui o documento aprovado pelo Conselho Nacional de Educação que apresenta o conjunto de aprendizagens essenciais para a Educação Básica, tendo sido aprovada para a Educação Infantil e Ensino Fundamental em 2017, e para o Ensino Médio em 2018. O documento responde a demanda feita já pela LDB e requerida no PNE, como estratégia de equidade, numa tentativa de diminuir as enormes diferenças de oportunidades que crianças de diferentes regiões do país enfrentam em seu processo educativo.

Na Educação Infantil a BNCC organiza-se a partir de duas elaborações inovadoras, que são a definição de:

- seis direitos de aprendizagem das crianças e
- objetivos de aprendizagem compreendidos em campos de experiências.

Os direitos de aprendizagem e desenvolvimento definidos na BNCC a partir das DCNEI são os seguintes:

- **Conviver** com outras crianças e adultos, em pequenos e grandes grupos, utilizando diferentes linguagens, ampliando o conhecimento de si e do outro, o respeito em relação à cultura e às diferenças entre as pessoas.
- **Brincar** cotidianamente de diversas formas, em diferentes espaços e tempos, com diferentes parceiros (crianças e adultos), ampliando e diversificando seu acesso a produções culturais, seus conhecimentos, sua imaginação, sua criatividade, suas experiências emocionais, corporais, sensoriais, expressivas, cognitivas, sociais e relacionais.
- **Participar** ativamente, com adultos e outras crianças, tanto do planejamento da gestão da escola e das atividades propostas pelo educador quanto da realização das atividades da vida cotidiana, tais como a escolha das brincadeiras, dos materiais e dos ambientes, desenvolvendo diferentes linguagens e elaborando conhecimentos, decidindo e se posicionando.
- **Explorar** movimentos, gestos, sons, formas, texturas, cores, palavras, emoções, transformações, relacionamentos, histórias, objetos, elementos da natureza, na escola e fora dela, ampliando seus saberes sobre a cultura, em suas diversas modalidades: as artes, a escrita, a ciência e a tecnologia.
- **Expressar**, como sujeito dialógico, criativo e sensível, suas necessidades, emoções, sentimentos, dúvidas, hipóteses, descobertas, opiniões, questionamentos, por meio de diferentes linguagens.
- **Conhecer-se** e construir sua identidade pessoal, social e cultural, constituindo uma imagem positiva de si e de seus grupos de pertencimento, nas diversas experiências de cuidados, interações, brincadeiras e linguagens vivenciadas na instituição escolar e em seu contexto familiar e comunitário. (BRASIL, 2017, p. 36)

É importante observar que todos os direitos estão definidos por verbos, ressaltando assim a ação humana, no caso, a atividade da criança na sua interação com outras crianças e adultos, decorrendo daí suas aprendizagens e processos de desenvolvimento que constituem a si mesmas e ao mundo. Outro apontamento em relação aos direitos de aprendizagem e desenvolvimento reforça o compromisso sócio-político e pedagógico da Educação Infantil. Se já é tácito que são direitos universais das crianças a brincadeira, a participação, a convivência, as suas possibilidades de expressão, qual seria o compromisso da Educação Infantil com as crianças, para além do que já está definido? O compromisso é com a construção de ambientes que garantam aprendizagens que ampliem a vivência desses direitos, assumindo o compromisso e assegurando a integralidade do desenvolvimento dos bebês e das crianças com qualidade e a Educação Infantil enquanto espaço de pertencimento e convivência social e de novas e significativas aprendizagens.

No que se refere aos objetivos de aprendizagem, estes são propostos como processos a serem construídos, a partir de diferentes proposições didáticas e distintos campos de experiências, e não de produtos a serem atingidos. Além disso, devem ser promovidos no âmbito dos campos de experiências, que, por sua vez, ganham quando pensados de forma articulada. Segundo a BNCC:

> "Os campos de experiências constituem um arranjo curricular que acolhe as situações e as experiências concretas da vida cotidiana das crianças e seus saberes, entrelaçando-os aos conhecimentos que fazem parte do patrimônio cultural." (BRASIL, BNCC, p. 38)

A partir dessa definição, pode-se entender que os campos precisam considerar a combinação de três elementos constitutivos: as experiências, provenientes das relações das crianças com saberes construídos na vida social, nos ambientes de casa e da unidade educacional, ou seja, nas diferentes situações e experiências concretas da vida cotidiana das crianças; os conhecimentos construídos socialmente, no contexto de diferentes culturas e que fazem parte do patrimônio cultural a que as crianças têm direito; e, por fim, a mediação das diferentes linguagens.

A BNCC define cinco campos de experiências:

- *O Eu, o Outro e o Nós:* campo da construção do eu, das descobertas das interações com os pares e com adultos, das construções identitárias, das relações sociais, dos cuidados pessoais, da construção da autonomia e senso de autocuidado, de reciprocidade e de interdependência com o meio. É também o campo das descobertas resultantes do encontro com o outro representado pela cultura, pelos grupos sociais e seus distintos modos de vida, atitudes, costumes, celebrações, narrativas, etc. É o campo da descoberta da diversidade e da construção das relações de respeito e confiança.
- *Corpo, gestos e movimentos:* campo das experimentações dos sentidos, dos gestos, dos movimentos impulsivos ou intencionais, coordenados ou espontâneos, empregados para interagir com o outro, explorar o mundo e brincar. Campo das experimentações das linguagens do corpo, do gesto e dos movimentos na relação com a música, a dança, o teatro, as brincadeiras de faz de conta, fundamentais para o desenvolvimento do corpo, da emoção, da compreensão dos seus limites e possibilidades.
- *Traços, sons, cores e formas:* campo do convívio com diferentes mani- festações artísticas, culturais e científicas, locais e universais, necessárias às experiências diversificadas, à ampliação de formas de expressão e linguagens como as artes visuais (pintura, modelagem, colagem, fotografia etc.), a música, o teatro, a dança e o audiovisual, entre outras.
- *Escuta, fala, pensamento e imaginação:* campo do domínio da palavra e suas artes, da exploração de situações comunicativas cotidianas das diferentes formas de intera-

ção do bebê que, por meio do olhar, da postura corporal, do sorriso, do choro, de outros recursos vocais, de meios pelos quais as crianças comunicam-se e se constituem como sujeitos de linguagem. É o campo das explorações das práticas sociais de leitura e de escrita, dos modos literários de ver o mundo, da participação na cultura oral, da exploração de narrativas, de conversas, práticas que ampliam as múltiplas linguagens da criança.

- *Espaços, tempos, quantidades, relações e transformações:* campo das explorações dos fenômenos naturais e socioculturais, da observação e da investigação que alimentam a curiosidade sobre o mundo físico e o mundo sociocultural. É o campo das explorações dos conhecimentos matemáticos e das ciências, da pesquisa, do levantamento de hipóteses e das tentativas de explicar os fenômenos do mundo (BRASIL, 2017).

O principal propósito do arranjo curricular por campos de experiências é preservar tempo, espaço, materiais e interações necessários para que as crianças explorem, experimentem, elaborem os conhecimentos ao seu modo, beneficiando-se do frescor e da vivacidade do olhar infantil sobre o mundo, um olhar sempre novo, não viciado pelos velhos e tão consolidados padrões de compreensão que, muitas vezes, pautam as construções adultas.

Na trajetória de vida das crianças na Educação Infantil, os conhecimentos apresentados pelas diferentes oportunidades criadas no espaço educativo, por vezes se atraem, por vezes resultam em choques e conflitos, provocando saudáveis tensões entre as expressões espontâneas das crianças, o modo próprio como elas entendem o mundo, e os conhecimentos já sistematizados pela cultura. Uma criança que observa a chuva, por exemplo, pode ter explicações para esse fenômeno, muito mais ricas e poeticamente complexas do que a explicação científica do ciclo da água no planeta. De outro modo, a brincadeira de um grupo de crianças com as quantidades e as incessantes tentativas de ordenar os objetos ou de representá-los em papel pode resultar na construção de diferentes estratégias de resolução de problemas, muito antes que possam nomear tudo isso que aprenderam em suas explorações como sendo Matemática. Também podem investigar muito sobre equilíbrio em suas esculturas de argila, antes que saibam que ali já estão princípios da Física. Por fim, suas explorações sobre como se escreve e como se lê, ainda que não leiam e não escrevam convencionalmente, carregam importantes elaborações sobre a função social da escrita e o lugar do sujeito que deseja expressar-se por escrito.

Garantindo os seis direitos de aprendizagem nos cinco campos de experiências, pode-se assegurar que as crianças tenham suas próprias ideias, desenvolvam procedimentos de exploração, elaborem linguagens e possam, dessa forma, de modo muito mais consistente, lidar com os desafios da formalização do conhecimento em outra etapa de sua jornada na escola, no Ensino Fundamental. O que se espera é que as experiências por elas vividas na Educação Infantil tenham continuidade e sejam reelaboradas de outros modos na etapa posterior, complementando, assim, as condições plenas de desenvolvimento e de aprendizagens a que elas têm direito.

Se de um lado, a BNCC nos chama atenção para as experiências de aprendizagens dos bebês e das crianças, de outro, por homologia, há que se ressaltar a experiência docente, a partir da ideia de que o professor ou professora é o profissional legitimamente formado para atuar na gestão pedagógica dos ambientes de aprendizagem.

Essa ideia transparece no destaque da intencionalidade educativa a se aprofundar nas práticas pedagógicas da Educação Infantil enquanto clareza e consciência das tomadas de decisão relativas à ação docente na organização e planejamento das condições materiais e simbólicas que favoreçam experiências de aprendizagens que colocam em jogo os saberes e interesses das crianças na relação com o amplo repertório da cultura, concretizando os objetivos de um currículo na Educação Infantil.

Um dos aspectos desafiadores que a BNCC nos coloca é pensar na articulação e integração de algumas chaves de organização curricular que se expressam nos Direitos e Objetivos de Aprendizagem e Desenvolvimento, contextualizados em Campos de Experiências.

Como já expresso anteriormente (p. 93, deste livro), o brincar e o movimentar constituem atividades fundamentais para os bebês e as crianças na Educação Infantil. Se bem organizadas em ambientes de aprendizagem que acolhem as formas de participação, de expressão e de convivência dos anos iniciais da infância, o brincar e o movimentar criam oportunidades de interação e brincadeira para os bebês e as crianças. Nesse âmbito, destaca-se o texto "Dançar e se expressar com o corpo" (p. 107, deste livro) para um exercício de análise a partir das chaves de organização do currículo, apresentadas na BNCC.

Como já discutido anteriormente, a dança converge em sua linguagem significados em torno das práticas culturais, e da história da humanidade, assim como abre possibilidades de criação e de imitação do gesto por bebês e crianças. O movimento ganha em significados quando atravessados pela linguagem da dança e da música.

Na amplitude dos direitos de aprendizagens e desenvolvimento, dançar e se expressar com o corpo cria possibilidades de:

- Aprender a conviver ao dançar juntos, de se afetar e ser afetado pela música, pelos sons, pelos gestos do outro, pela alegria que é movimentar o corpo criativamente, respeitando e apreciando as diversas manifestações de danças, que são produções da cultura;
- Aprender a brincar, diante da possibilidade de imitar e criar gestos que medeiam jogos e brincadeiras marcados pelas diversas manifestações brasileiras de dança (e também de outros países), sempre garantindo liberdade de movimentos e de interpretações às crianças;
- Aprender a participar, da organização de momentos de fruição e de investigação sobre as danças e as oportunidades expressivas, além da possibilidade de inventar músicas, sons e danças que representam o grupo. Com

um repertório que vai se ampliando desde os primeiros anos na creche, as possibilidades de participação das crianças, sugerindo, ajudando a selecionar e comentando as diversas formas de manifestação por meio da dança se ampliam;

- Aprender a explorar movimentos e gestos de seu corpo, em diferentes situações e cenários, criando oportunidades para que as crianças dancem ao som de músicas variadas, de diferentes regiões e grupos culturais, integrando o trabalho de música e dança, ampliando o conhecimento e as formas de expressão do grupo e garantindo caminhos de aprendizagens relativas ao respeito e apreciação das diversas formas de viver e produzir cultura;
- Aprender a expressar, na relação com outras crianças e adultos, suas emoções, sensações e saberes que vão sendo construídos nas situações. Criar imagens que apontem para as diferentes qualidades do movimento também oferece inspiração para a criação, ao mesmo tempo que estimula a experimentação de jeitos de se mover com os quais a criança não está acostumada. A relação com os movimentos da natureza são muitas vezes inspiradoras para bebês e crianças, quando mediadas por imagens e movimentos, dançam no movimento das ondas e sons do mar, ou no ritmo das árvores em meio a uma ventania. Essas diferentes possibilidades de dança ajudam a criança a se expressar cada vez mais, por meio de diferentes linguagens;
- Aprender a conhecer-se, constituindo na sua relação com o próprio corpo e com o corpo do outro, caminhos para se dizer e participar de forma mais enriquecida das práticas sociais. Conhecer e apreciar suas músicas e danças preferidas, estando abertas para novidades, é um bom jeito de constituir sua singularidade no contexto da coletividade.

As músicas de diferentes gêneros nos sugerem diferentes respostas motoras, conforme o andamento seja rápido ou lento, a melodia seja alegre ou triste, o ritmo seja uma valsa ou um samba. Diferentes elementos no espaço, também sugerem diversificadas possibilidades de dança e de movimento. Será que é possível dançar sem música disponível no ambiente? Com a música que vem do nosso pensamento, da nossa memória? Será que é possível dançar ao ritmo dos sons produzidos pelo nosso corpo e pelo corpo do outro?

São muitos os caminhos para a dança e as linguagens que caminham junto com ela (a música, o gesto, o figurino, os artefatos). Ao colocar intencionalidade nesse processo, desde os bebês, professores criam possibilidades para as diversas experiências de aprendizagem e desenvolvimento que atravessam campos que repertoriam a construção de conhecimento, tal como sugere a BNCC.

O dançar e se expressar corporalmente atravessa experiências relacionadas ao campo *O Eu, o Outro e o Nós*: quando possibilita a interação e o brincar com os outros, mediados pela linguagem da dança e as demais linguagens que se articulam de diferentes maneiras, abrindo espaço para os direitos das crianças de aprenderem a conviver, a participar, a expressar, a conhecer-se, a brincar e explorar suas relações consigo mesma e com sua turma.

Dançar cria possibilidades de mobilizar processos de aprendizagem e desenvolvimento que ajudam a perceber as ações de seu corpo no outro (que podem criar sensações prazerosas, mas também de dor e mal-estar); a construir progressivamente uma imagem positiva de si e confiança na capacidade de enfrentar novas situações no espaço coletivo; além de, por meio do trabalho com essas manifestações artísticas, construir a possibilidade de valorizar as características de seu corpo e dos outros com quem convive.

São processos de aprendizagem que não se esgotam em apenas uma atividade na Educação Infantil, mas que se ressignificam na medida em que se ampliam repertórios, circunstâncias e espaços de liberdade para dançar e se relacionar com o outro e com as diferentes formas de dançar.

O campo *Corpo, gestos e movimentos* talvez seja o que mais nos vêm à cabeça quando pensamos na dança. É como se naturalmente ele nos convocasse a pensar nessa forma de expressão da cultura humana. Não tem como deixar de ser. Mas é preciso dois alertas. O primeiro é que é preciso ampliar o repertório gestual e garantir liberdade de movimentação para que o dançar por bebês e crianças ganhe a amplitude que se espera na BNCC. Gestos repetitivos e movimentos estereotipados em danças com o simples propósito de fazer uma apresentação para as famílias ou um "festival" de final de ano, situações em que muitas vezes as crianças se sentem constrangidas diante de um público, empobrecem suas possibilidades de vivenciar boas experiências de aprendizagem acerca de seu corpo, seus gestos e movimentos.

O outro alerta é se de um lado o movimento é uma das dimensões do desenvolvimento da espécie humana, o que nos leva a perceber a naturalidade com que nos movimentamos e "dançamos", de outro, as práticas culturais nos levam a compreender a riqueza do que já foi criado pela humanidade, no que refere ao dançar, então, se aprende, sim, a dançar. É, por isso, que não basta, colocar qualquer música para as crianças e dizer-lhes: podem dançar!, ou ainda restringir o repertório de dança e música, àquelas músicas que "elas gostam", que, muitas vezes, é o que aparece na televisão ou nos vídeos disponibilizados nas plataformas digitais. É preciso trazer novidades, selecionar e apresentar as qualidades dessas obras para que bebês e crianças possam ser apreciadores. Os canais de vídeos na Internet são bons repositórios de recursos a serem compartilhados com as crianças, mas, para isso, é preciso uma curadoria cuidadosa ao selecionar e definir os materiais.

Também o professor ou professora precisa ampliar o seu próprio repertório e desconstruir preconceitos em relação a danças de diferentes origens culturais, por exemplo, as manifestações de dança afro-brasileiras que ainda são tão fortemente alvo de preconceitos, mas que marcam rica e lindamente a identidade brasileira. Quem fica parado ao ouvir a percussão de um bloco afro no carnaval em Salvador ou um maracatu em Pernambuco, no Maranhão ou no Ceará - "Maracatus", aliás, apresentados de forma bem diferentes nesses três diferentes estados brasileiros! (Por que será que todos chamam Maracatu? Boa pergunta para as crianças e para os adultos também). Desde os bebês, essa diversidade de danças (que se constituem também em seus adereços, músicas, movimentos) pode ir constituindo os ambientes, inclusive em sua dimensão física, expressando toda a riqueza e a diversidade que compõem as infâncias brasileiras.

Ambientes assim organizados e mediados pelo o professor ou professora mobilizam processos de aprendizagem e desenvolvimento que se concretizam em objetivos relacionados a movimentar o corpo para exprimir emoções, necessidades e desejos, assim como imitar gestos e movimentos em diferentes circunstâncias; apropriar-se e criar gestos e movimentos de sua cultura em jogos, brincadeiras e danças.

Na articulação desse campo com outros, por exemplo, o campo de experiências que articula aprendizagens em torno de "Espaços, tempos, quantidades, relações e transformações", é possível destacar objetivos que, favorecidos pelo dançar, possibilitam às crianças deslocamentos no espaço, combinando movimentos e orientações, por exemplo, tentando imitar um passo de dança no andamento de uma música.

Trazendo o dançar e movimentar expressivamente o corpo em atividades situações pedagogicamente organizadas no campo "Espaços, tempos, quantidades, relações e transformações" é ainda possível pensar em quanta aprendizagem há por trás da possibilidade de investigação e construção da percepção das crianças dos diferentes movimentos, fluxos e ritmos das danças e músicas que as acompanham.

Todas essas aprendizagens atravessam ainda o campo "Escuta fala, pensamento e imaginação". Esse campo tem em sua denominação a explicitação de processos de aprendizagem e desenvolvimento intrinsecamente conectados com as linguagens do mundo e que fazem parte do repertório a constituir com as crianças. Escutar, falar, pensar e imaginar são ampliados, aprofundados, enriquecidos pelas danças e movimentos expressivos desde os bebês às crianças maiores.

Nesse sentido, são aprendizagens a mobilizar o interesse dos bebês por pessoas dançando e possibilitar-lhes (desde os laleios e as palminhas) acompanhar sons, ritmos e o movimento do corpo; a identificação e a criação de sons, ritmos corporais e com instrumentos, a exploração de brincadeiras com apoio de materiais audiovisuais (danças e músicas, poemas recitados, parlendas e suas brincadeiras etc.). Também vale, no caso de crianças mais velhas, registrar por meio de desenhos, fotos, esculturas, as expressões do corpo e seus movimentos. Tudo isso articula pensamento, imaginação e linguagem de bebês e crianças, e também do professor ou professora. Por fim, leituras informativas e literárias que possibilitem experiências de narrativa e conhecimento sobre as danças no mundo.

A exploração de algumas práticas sociais é um dos modos que o professor ou professora pode dispor para organizar o planejamento pedagógico nessa abordagem. Do ponto de vista da intencionalidade educativa, importa sobremaneira o "como" fazer, muito mais do "o que fazer".

Por exemplo, na página 242 é sugerido, às crianças de 3 a 5 anos, as "coleções de figurinhas, pedras, adesivos, que permitam ordenar diferentes objetos de uma mesma categoria a partir de critérios construídos em grupo como cor, tipo, origem". Colecionar é certamente uma importante prática social das infâncias, em diferentes tempos e contextos culturais. O trabalho pedagógico com a coleção pode ser pensado como uma atividade fechada ou como um campo aberto às experiências das crianças. Será uma atividade limitada se o professor ou professora, por exemplo, usar o pretexto da coleção exclusivamente para ensinar categorias pré-definidas de tamanho, por exemplo, pequeno, médio e grande; os nomes das cores primárias; os nomes das formas geométricas, antes mesmo que as crianças vejam sentido ou necessidade em dominar tais categorias para cuidar da coleção.

Diferente disso, a proposição da coleção pelo professor ou

professora pode se dar de tal modo que as crianças tenham tempo de manusear os materiais, organizá-los e desorganizá-los, brincar com eles quanto for necessário. Pode-se favorecer a escuta das crianças e o incentivo de conversas em pequenos grupos para discutir modos de guardar a coleção, de promover seu crescimento e controlar suas quantidades. Nessa oportunidade as crianças desenvolvem importantes estratégias investigativas, conhecem e nomeiam características físicas e propriedades dos materiais, ampliando assim seus conhecimentos sobre o mundo físico, sobre a matéria. Ao colecionar também podem desenvolver estratégias de contagem, de registro, ampliando assim seu conhecimento matemático. São todas experiências do campo *Espaços, Tempos, Quantidades, Relações e Transformações.* Para chegar ao consenso sobre como cuidar das coleções, as crianças precisam conversar, trocar ideias, explicar suas propostas, ouvir as propostas dos demais colegas, argumentar, replicar, são experiências que favorecem a expansão do campo da *Escuta, Fala, Pensamento e Imaginação* da criança pequena.

Nesse modo de propor um trabalho com as coleções se pode investir nas condições de *conviver* das crianças, na medida em que ele favorece as interações de pares e o compartilhar propósitos comuns, o objetivo de colecionar, de dividir os cuidados e os interesses da coleção coletiva. O propósito de colecionar só é adotado pelas crianças porque tem o sentido do jogo, do prazer de *brincar,* que é o propósito mais importante das intenções infantis. Ao promover rodas e momentos de conversar sobre a coleção, o professor ou professora cria as condições para que todos possam *participar,* não apenas observar a demonstração do adulto de como organizar uma coleção. As atividades de *explorar* e de *expressar* são fundamentais a essas trocas. No limite, na medida em que as crianças têm tempo de experimentar e de se dedicar a essa prática, conquistam mais um passo na direção do *conhecer-se,* do reconhecimento de suas capacidades de pensar, de propor, de defender ideias, de resolver problemas.

Todo esse modo de lidar com a coleção, sustentado pela intencionalidade pedagógica do professor ou da professora, faz com que essa proposição seja interessante para as crianças, amplie suas experiências e lhes assegure direitos de aprender e se desenvolver.

O mesmo se pode pensar acerca da prática social de pesquisar. Um trabalho pedagógico pautado na "sequência de estudos sobre fenômenos naturais a partir da física dos brinquedos como, por exemplo, a confecção de um barquinho", como sugerido na página 229, pode ser conduzido ou de modo fechado ou como campo aberto às experiências infantis. Será um modo mais restrito e empobrecedor se, a pretexto de fazer barquinhos, o professor ou professora apenas fazer demonstrações dos objetos que boiam e afundam e explicar porque isso ocorre. Tal orientação em nada considera o pensamento das crianças: que ideias elas teriam sobre a "mágica" que faz boiar ou afundar a pedra ou a rolha, a argila ou o peso de papéis, o barquinho vazio ou o barquinho com a pedra e tantas outras situações que se pode explorar brincando com a água? Que interesse pode ter os conceitos da física para uma criança de 3 a 5 anos, diante da urgência de ajudar um barquinho a cumprir seu destino navegante na bacia do parque, num dia de sol, brincando com a turma de amigos?

A proposição de brincadeira com bacias de água num dia de calor, com uma variedade de materiais para brincar de barquinhos, pode promover muito mais oportunidades de observação e de trocas entre as crianças, de experiências do campo *Espaços, Tempos, Quantidades, Relações e Transformações*, de bem estar e alegria de brincar com os elementos na natureza, de sentir a água fresca escorrendo pelas mãos, pelos braços, nas pernas, de compartilhar, de reconhecer-se parte do grupo, de expandir experiências do campo *O Eu, o Outro, o Nós*.

Esses dois exemplos deixam claro que quaisquer das sugestões de trabalho apresentadas nesse livro – assim como quaisquer outras que se possa ter notícia – cumprirão seu papel como contextos propícios para os objetivos de aprendizagem e desenvolvimento se a gestão pedagógica do professor ou da professora e de toda a instituição estiver orientada para garantir o atendimento dos direitos e considerar a centralidade da experiência subjetiva das crianças em seus processos de aprender e se desenvolver.

E qual é o espaço do trabalho por projetos na perspectiva dos direitos de aprendizagem e dos campos de experiências? O exemplo do projeto Coleção de Histórias, apresentado no capítulo 5, na página 197, pode ilustrar como mesmo uma proposição feita pelo adulto, em termos dos tempos e dos materiais, só se configura de fato como experiência educativa se os direitos de aprendizagem e desenvolvimento estiverem garantidos e, nessa direção, os saberes e as experiências que as crianças podem colocar em jogo. Nesse exemplo, o direito de *conviver* é garantido nas tantas rodas de histórias promovidas com a participação de pais, mães, irmãos mais velhos, crianças de outras salas com as quais podem compartilhar repertórios de histórias. O direito de *brincar* é assegurado quando se propicia que as crianças explorem as narrativas literárias em seus jogos de faz-de-contas nos cantos de teatro, nas brincadeiras de fantoches. O direito de *participar* é fundamental na escolha que as crianças fazem dos áudios que poderão escutar ou dos livros que serão solicitados mais de uma vez à professora ou professor, leitores para a turma. O direito de *explorar* é promovido quando as crianças podem, por exemplo, manusear os livros e demais materiais obtidos em suas pesquisas, perguntar, investigar os diferentes modos dos contadores de histórias convidados para a roda. Nesse contexto de tantas pesquisas sobre os acervos de histórias, os repertórios das comunidades, as crianças podem *expressar* seus gostos, preferências, seu pensamento sobre as histórias lidas, as associações que ocupam sua imaginação. E este é, por fim, um importante modo de *conhecer-se*.

Além disso, os projetos têm a vantagem de não confinar o conhecimento em áreas muito delimitadas, mas abrir perspectivas para as relações entre diferentes campos de experiências. O trabalho com as histórias, tal como proposto na página 122, favorece as experiências no campo *Escuta, Fala, Pensamento e Imaginação*, a ampliação do conhecimento sobre a literatura e a circulação da palavra, mas também das experiências de constituição do eu leitor, dos gostos e das preferências, dos modos de ler e de narrar das famílias nos diferentes contextos culturais, tocando diretamente nas construções identitárias próprias do campo *O Eu, o Outro, o Nós*.

A pesquisa de repertório de outras pessoas da instituição tal como pessoal de cozinha, limpeza, saúde, direção também pode gerar importantes investigações sobre as culturas e seus diferentes tempos históricos, sobretudo se nessas pesquisas as crianças puderem ouvir as histórias de outras gerações e conversar sobre os fenômenos sociais por elas observados.

Fica claro que essa abordagem não desqualifica o papel do professor ou professora como propositor/a às crianças. O exemplo rompe com a ideia simplista de que para se trabalhar com os campos de experiências basta ouvir os interesses e aguardar as explorações espontâneas das crianças, dos temas que surgem delas. Importante reconhecer que todas as situações vividas pelas crianças não são simplesmente espontâneas, mas construções sociais que podem, em maior ou menor medida, ser potencializadas pela ação intencional da/o professora/r na escolha dos materiais, na organização do espaço, na gestão do tempo e no investimento nas interações. O professor ou professora é também sujeito na relação com as crianças e seus conhecimentos como adultos e como profissionais especializados fazem parte de sua presença no grupo.

Além disso, um tema em si, vindo ou não das crianças, não se configura como ponto fundamental do trabalho, mas sim um modo de interagir que considera a criança como sujeito de sua experiência de aprender e se desenvolver. Um sujeito de direitos que necessita de adultos capazes de lhes prover as condições institucionais e pedagógicas em benefício de seus processos de aprendizagem e desenvolvimento.

Por fim, vale ressaltar que a ideia de campos de experiências favorece o propósito de integração curricular, historicamente defendido para a educação das infâncias. É um modo de garantir a integralidade do desenvolvimento infantil, na interação com as aprendizagens atendendo com o mesmo peso às dimensões da formação humana: ética, estética, física, imaginária, lúdica, emocional e cognitiva.

O trabalho do professor ou professora de Educação Infantil consiste em orquestrar todos esses arranjos a fim de criar bons contextos para campos abertos às experiências infantis. Exige desse profissional o domínio dessas ideias e também de alguns instrumentos de trabalho, apresentados no próximo capítulo.

Ilustração Dora Bontempi

8

INSTRUMENTOS DO PROFESSOR PARA APRIMORAMENTO DO SEU TRABALHO

Apresentamos até aqui algumas ideias que ajudam a assegurar os direitos das crianças de aprender de desfrutar de uma boa qualidade de vida na Educação Infantil. Também apresentamos orientações para a organização de ambientes de aprendizagem e um mapa das principais práticas educativas e de cuidado que podem mediar a aprendizagem e o desenvolvimento de crianças de diferentes idades. Colocar todas essas ideias em prática é trabalhoso e exige um grande esforço de planejamento e de avaliação continuada, não só da instituição, mas também do próprio professor, sujeito criativo e autor de seu trabalho. Como desenvolver esse complexo trabalho, apoiando nas ideias da BNCC para a etapa da Educação Infantil?

O primeiro passo é ter clareza da sua intencionalidade educativa. Diz a BNCC:

> Essa intencionalidade consiste na organização e proposição, pelo educador, de experiências que permitam às crianças conhecer a si e ao outro e de conhecer e compreender as relações com a natureza, com a cultura e com a produção científica, que se traduzem nas práticas de cuidados pessoais (alimentar-se, vestir-se, higienizar-se), nas brincadeiras, nas experimentações com materiais variados, na aproximação com a literatura e no encontro com as pessoas. (BRASIL, 2017, p. 37)

Esse trabalho de organização de ambientes e de proposições exige o uso de instrumentos adequados, ferramentas precisamente desenvolvidas para a gestão do processo educativo. O propósito deste capítulo é apresentar alguns instrumentos e, com isso, apoiar a tarefa de avaliar e planejar o trabalho pedagógico.

1. Planejamento

Para muitos profissionais, o planejamento é um fator determinante no bom andamento de seu trabalho. Por exemplo, o médico que se alia ao paciente na luta contra uma doença planeja uma terapia associando medicamentos, rotina de cuidados com sessões de novos tratamentos e desse planejamento depende em grande parte a cura do paciente. De outra maneira, também o motorista planeja o melhor trajeto que o carro deve seguir considerando as condições climáticas, o trânsito nas principais vias públicas para conduzir da melhor maneira possível os passageiros que estão sob sua responsabilidade.

Mas isso não ocorre apenas nas situações profissionais. Também nas ações mais simples da vida pessoal costumamos planejar intencionalmente nossos passos com vistas ao sucesso do que nós mesmos projetamos para o futuro. É o que nos ocorre diariamente, desde o momento em que acordamos e listamos, ao menos mentalmente, nossas tarefas para o dia e organizamos um roteiro ou uma programação de tudo o que precisa ser feito. Também planejamos tarefas maiores, mesmo que ocasionais quando, por exemplo, queremos mudar para uma nova casa, o que nos exige agendar o dia da mudança, a arrumação das caixas, a distribuição no novo espaço. Até mesmo o tempo de lazer é planejado. Por exemplo, queremos viajar, procuramos as passagens e reservamos alojamentos, combinamos a programação de passeios que devem ocorrer entre o dia da chegada e o dia da despedida. Tudo isso, aproveitando da melhor maneira possível o tempo que se tem e a satisfação que se deseja.

Da mesma forma como ocorre em grande parte das profissões, e até mesmo na vida pessoal, o trabalho docente também exige planejamento, tomada de decisões. Não é apenas uma lida diária, um fazer sem fim que torna iguais todos os dias. Ao contrário, é um trabalho criativo e dinâmico que muda constantemente em função do avanço das crianças, mas sempre sob o olhar responsável da professora. Diz a BNCC sobre o complexo trabalho do professor de Educação Infantil:

> Parte do trabalho do educador é refletir, selecionar, organizar, planejar, mediar e monitorar o conjunto das práticas e interações, garantindo a pluralidade de situações que promovam o desenvolvimento pleno das crianças. (BRASIL, 2017, p. 37)

O planejamento é ação articuladora da reflexão e de vários fazeres como a seleção, a organização, a mediação e o monitoramento do conjunto de práticas e interações a que as crianças serão intencionalmente expostas. É nesse sentido que se pode dizer que ele é um instrumento de trabalho complexo: ele articula vários outros instrumentos e por isso é potente para apoiar a atividade profissional do gestor e do professor e, ao mesmo tempo, colaborar para que eles próprios possam compreender melhor a si mesmo e a transformar sua ação no mundo. Isso é possível graças à capacidade humana de representar, o que possibilita à espécie projetar-se no tempo e planejar ações complexas e especializadas.

O trabalho educativo está presente para um professor não apenas no ato da proposta que faz quando se dirige às crianças para começar mais um dia de seu trabalho, mas desde a ideia que ele tem para promover boas situações de vivência geradora de aprendizagem e desenvolvimento, hipótese de trabalho testada em sua própria experiência.

Planejar é uma das prioridades do trabalho do professor e deve ser visto como uma oportunidade de autoria criativa do próprio trabalho. O planejamento é um instrumento do professor feito por ele mesmo para seu próprio uso. Na BNCC, a atividade de planejar está intrinsecamente relacionada ao papel do professor que reflete, organiza, seleciona, organiza, medeia, planeja e acompanha o trabalho com as crianças, refletindo a ideia de intencionalidade educativa.

Para planejar seu trabalho, o professor precisa ter em mãos informações diversas: o que a escola, com base em seu projeto político pedagógico, espera para essa turma; o que as famílias esperam da escola ou da creche e como elas se relacionam com as equipes educadoras, obtidas por meio de entrevistas com as famílias, reuniões de pais e outras estratégias de aproximação das famílias. Devem ainda recorrer a documentos como as Diretrizes Curriculares Nacionais para a Educação Infantil e a Base Nacional Comum Curricular, que definem as aprendizagens essenciais que as crianças têm o direito de se apropriar e que devem ser interpretadas no projeto pedagógico e no currículo da instituição educativa.

Como o objetivo final de todo o trabalho de planejamento é promover aprendizagem e, consequentemente, desenvolvimento humano, é preciso considerar as crianças, o que elas sabem e os elementos novos que elas trazem na interpretação da realidade. Por esse motivo, além de todas essas informações contextuais, o professor também precisa se acercar de informações sobre o que as crianças de sua turma já sabem e o que ainda podem aprender; como as crianças participam das diferentes propostas individualmente ou em grupo; o que já fazem autonomamente e no que elas precisam de ajuda etc.

Para saber tudo isso, os professores podem organizar algumas das atividades básicas para o exercício da profissão docente: a observação, o registro e a problematização. Tais atividades, quando incorporadas como atividade docente, podem se constituir como preciosos instrumentos que apoiam o trabalho contínuo de planejamento e avaliação dos contextos de aprendizagem. É isso que faz de um planejamento uma atividade sempre nova, criativa, diferente a cada ano, de acordo com as diferentes turmas de crianças.

Todo planejamento envolve tomada de decisões que não podem ocorrer à revelia das crianças, aleatoriamente, ou sem muita consciência de seus impactos na aprendizagem delas. Em vez de ver o trabalho do professor como uma lida diária, propomos um planejamento intenso, motivador das ideias, dos afetos, dos cuidados e das intenções que todo bom professor deve ter com relação ao seu grupo de crianças.

2. Avaliação

Nos últimos anos assistimos a uma crescente reflexão sobre a avaliação na Educação Infantil, um assunto novo para muitos dos professores que trabalham com crianças de 0 a 5 anos. Existem muitas concepções de avaliação e, mais do que isso, objetivos avaliativos.

Existem, por exemplo, avaliações que servem para selecionar perfis para ingresso em determinadas instituições educacionais, sobretudo as privadas. Na Educação Infantil esse olhar é excludente e restritivo, sobretudo porque trabalha com a ideia de pré-requisitos para frequentar a Educação Infantil e não considera o potencial que a imersão social na instituição de Educação Infantil desempenha no desenvolvimento, sendo ele também responsável pela formação da criança.

Outro objetivo comumente encontrado nas concepções de avaliação é o de promoção ou de classificação que, pelos mesmos motivos, é recusado pela Educação Infantil, sobretudo porque não se configura nessa fase da vida uma experiência seriada e mecanismos de aprovação ou retenção.

No Brasil, a Educação Infantil tem trabalhado com um objetivo de qualificação das práticas educativas, construindo um olhar para aspectos do funcionamento institucional. Espera-se avaliar não a criança isoladamente e seu desempenho, mas sim a educação proposta por instituições de Educação Infantil.

Para apoiar o processo de avaliação com esse propósito, o MEC, junto com outras instituições, desenvolveu e disponibilizou um instrumento de apoio, os Indicadores de Qualidade na Educação Infantil[5]. Nesse documento, os indicadores são vistos como os sinais que revelam determinados aspectos do trabalho da instituição, referindo-se ao desenvolvido em sete dimensões: planejamento institucional; multiplicidade de experiências e linguagens; interações; promoção da saúde; espaços, materiais e mobiliários; formação e condições de trabalho das professoras e demais profissionais; cooperação e troca com as famílias e participação na rede de proteção social.

Além dos objetivos ligados à qualificação do trabalho institucional, a Educação Infantil também se preocupa como o acompanhamento e avaliação que todo processo educativo requer, tal como recomendam as Diretrizes Nacionais Curriculares para a Educação Infantil

As instituições de Educação Infantil devem criar

5 http://portal.mec.gov.br/dmdocuments/indic_qualit_educ_infantil.pdf, acesso em 5/3/2012

procedimentos para acompanhamento do trabalho pedagógico e para avaliação do desenvolvimento das crianças, sem objetivo de seleção, promoção ou classificação, garantindo:

• a observação crítica e criativa das atividades, das brincadeiras e interações das crianças no cotidiano;

• utilização de múltiplos registros realizados por adultos e crianças (relatórios, fotografias, desenhos, álbuns etc.);

• a continuidade dos processos de aprendizagens por meio da criação de estratégias adequadas aos diferentes momentos de transição vividos pela criança (transição casa/instituição de Educação Infantil, transições no interior da instituição, transição creche/pré-escola e transição pré-escola/Ensino Fundamental);

• documentação específica que permita às famílias conhecer o trabalho da instituição junto às crianças e os processos de desenvolvimento e aprendizagem da criança na Educação Infantil;

• a não retenção das crianças na Educação Infantil.

(Diretrizes Curriculares Nacionais para a Educação Infantil, Parecer CNE/CEB nº 20/09)

No capitulo 6 deste livro também apresentamos onze indicadores de saúde e bem estar, de acordo com as orientações produzidas para as Diretrizes Curriculares[6].

A seguir, apresentaremos alguns instrumentos que apoiam o trabalho de planejamento no seu dia a dia, avaliação e acompanhamento do trabalho pedagógico, com o objetivo de atender às crianças e promover avanços em seu desenvolvimento.

6 MARANHÃO, D. G. Saúde e bem-estar das crianças: uma meta para educadores infantis em parceria com familiares e profissionais de saúde, in Anais do I Seminário Nacional: Currículo em Movimento – Perspectivas Atuais Belo Horizonte, novembro de 2010. Disponível no link: http://portal.mec.gov.br/docman/dezembro-2010-pdf/7157-2-5-artigo-mec-saude-bemestar-criancas-damaris/file, último acesso em 24/3/2019.

INSTRUMENTOS BÁSICOS PARA O PROFESSOR: A OBSERVAÇÃO, O REGISTRO E A PROBLEMATIZAÇÃO.

Segundo Vigotski (2002), um instrumento não é apenas uma ferramenta material, mas inclui complexos processos mentais capazes de promover mudanças significativas em nossa forma de apreender e significar o mundo. O uso de um instrumento determinado provoca mudanças no modo do sujeito pensar, projetar ações, observar, antecipar hipóteses, registrar, comparar, avaliar e argumentar em favor de determinadas práticas ou novos conceitos. Concordando com isto, vamos destacar como alguns procedimentos adotados pelo professor podem se tornar instrumentos para rever suas ações, apoiar suas decisões, buscar alternativas, fortalecer sua atuação profissional, dentre outros ganhos.

a) A observação crítica e criativa das atividades, interações e relações de cuidado

A observação é um dos mais importantes instrumentos utilizados pelo professor. Exige colocar em ação uma ação investigativa, pois se trata de um instrumento de pesquisa, não de confirmação de ideias pré-concebidas que serviriam apenas para trazer exemplos do que ele já sabe. Ao contrário, ela se presta à pesquisa, a descobrir coisas novas. Observar exige mirar, reparar, notar, registrar, interpretar. Quanto mais trabalhamos a observação, mais e melhor podemos observar.

A observação possibilita que o professor compreenda a forma como cada bebê se expressa e se comunica antes da fala. A regularidade e o momento em que um bebê costuma jogar a colher no chão em situações de refeição, por exemplo, podem indicar que ele está satisfeito, e não o desejo de brincar com a colher. Outro bebê pode virar a cara para comunicar a mesma coisa. Reconhecendo esses sinais o professor pode melhor responder às necessidades e tentativas de comunicação do bebê.

Podemos observar as crianças em interação de forma direta, notando cada gesto ou palavra, a reação que essa ação provoca nas demais crianças etc. O olhar, nesse caso, é mais livre e aberto para o que está ocorrendo e o esforço de quem observar está em apenas notar o que acontece sem atribuir um valor, um julgamento, uma interpretação. Apenas notar. Outra possibilidade é a observação mediada por um instrumento como uma pauta, um roteiro, por exemplo. Esse tipo de observação é dirigido a algumas situações específicas e pressupõem um alto grau de antecipação. Em qualquer caso, podemos afirmar que a observação usada como instrumento do professor tem algumas características:

- **Foco**: há um ponto ou um aspecto específico claramente colocado para aquele que observa. Por exemplo, pode ser uma criança, um grupo de crianças, uma situação no refeitório, um episódio de roda de história etc.
- **Objetivo:** surge de uma inquietação ou da necessidade de conhecer melhor algum aspecto do desenvolvimento e da aprendizagem da criança, ou mesmo de se aproximar de seus gostos, preferências etc. Pode partir de uma ou mais perguntas, iluminando amplamente uma situação para então gerar questões interessantes. O observador não deve julgar situações que observa, mas sim tomar o tempo para apreender um episódio que envolve a vivência das crianças e suas aprendizagens, recolher dados para levantar novas perguntas sobre o que está ocorrendo. Do ponto de vista do cuidado, o observador pode interpretar o que observa com base no conhecimento do professor, embasado cientificamente, e mudar o processo, como por exemplo, quando se observa que uma criança não quer comer, está com frio, ou dor e a professora orienta sua ação de forma diferenciada para essa criança que demonstrou precisar de outro tipo de ajuda.
- **Continuidade:** convida a um acompanhamento curioso e interessado do que se passa na interação das crianças como, por exemplo, seus movimentos corporais, falas, expressões faciais, os objetos que elas manipulam e os locais que elas preferem, seu posicionamento isolado ou

suas parcerias prediletas. Por isso, se estende ao longo de certo tempo, não apenas de um episódio esporádico. Uma observação bem feita também permite a um pesquisador, ou outro profissional, como o coordenador pedagógico, por exemplo, apreender alguns observáveis na atuação do professor em relação a sua turma de crianças e refletir sobre as razões e preocupações que a estariam mediando.

b) A utilização de registros

Um bom registro, seja das observações feitas ou da própria reflexão, possibilita ao professor fazer uma boa análise de um determinado caso. Sem ele, trabalha-se frequentemente com ouvir dizer, com preconceitos, com informações muito incompletas. Diz a BNCC:

> (...) Por meio de diversos registros, feitos em diferentes momentos tanto pelos professores quanto pelas crianças (como relatórios, portfólios, fotografias, desenhos e textos), é possível evidenciar a progressão ocorrida durante o período observado, sem intenção de seleção, promoção ou classificação de crianças em "aptas" e "não aptas", "prontas" ou "não prontas", "maduras" ou "imaturas". Trata-se de reunir elementos para reorganizar tempos, espaços e situações que garantam os direitos de aprendizagem de todas as crianças. (BRASIL, 2017, p. 37)

O trabalho a partir dos registros permite conhecer melhor as práticas educativas, abrindo assim um caminho de diálogo e de provocações construtivas de um novo saber. Quando o professor, o coordenador pedagógico, ou o diretor de uma unidade de Educação Infantil leem um registro feito pelo professor ou por um colega, eles podem analisar as concepções de criança e seu desenvolvimento que nele aparecem.

A primeira forma de registro de pontos observados é a própria memória: da infinidade de cenas que observamos diariamente, só permanecem na consciência aquelas que ficaram registradas na nossa memória em função dos nossos conhecimentos anteriores, da nossa história de vida, dos nossos interesses etc. O registro da memória tem um lastro afetivo muito forte e que revela nossas crenças e valores. No entanto, a memória não nos é suficiente, posto que nós só registramos aquilo que podemos reconhecer, que estamos acostumados a enxergar, aquilo a que damos um significado. E como podemos observar o que não conhecemos tão bem?

O registro do que foi observado deve ser feito, de preferência, simultaneamente à observação e informar os nomes, idades, locais, horários, situações observadas e objetos disponíveis. Descrever com detalhes o que as pessoas observadas fazem: seus movimentos corporais, falas, expressões faciais: o que as pessoas falam e para quem falam, os objetos que manipulam e os locais onde se colocam. É importante marcar quantas crianças estão sozinhas, quantas estão próximas e quantas interagem a cada minuto da observação. O registro pode ser complementado por reflexões do observador sobre como ele viu a situação. Para isso ele pode utilizar diferentes tipos de registros, a depender de seus objetivos de trabalho. Por exemplo: se o ano começa e o professor pouco conhece as crianças, um bom instrumento para tal é analisar a ficha de adaptação onde se pode registrar gostos, referencias e reações que cada criança manifesta no primeiro contato com uma situação nova, como costuma ser o ingresso na instituição de Educação Infantil.

Quando um professor pretende desenvolver um projeto coletivo, pode observar o que as crianças sabem e o que ainda precisam aprender na observação de atividades específicas como escrita, desenho, jogos etc. Ou, ainda, se ele está trabalhando com um projeto didático, ele pode recorrer ao registro que apoia a organização de todas as etapas do trabalho, o histórico do trabalho em grupo, as hipóteses e sugestões das crianças e do próprio professor.

Saber escolher o instrumento adequado para cada momento do ano e reconstrui-lo em função das questões que procura investigar é muito importante porque isso vai contribuir para a orientação dos diferentes olhares que se pode ter sobre as crianças e o trabalho. Por isso, deve ser debatido entre os professores da escola e o coordenador pedagógico.

A problematização

Todos os registros, dos mais simples e objetivos aos mais complexos devem contribuir de alguma forma para alimentar o pensamento reflexivo do professor. Para tanto, precisam estar a serviço de um propósito claro, pois se forem usados burocraticamente, pouco contribuirão para o desenvolvimento pessoal ou profissional do professor.

Muitas vezes os registros trazem informações insuficientes para que se possa compreender a complexidade das interações e dos demais elementos que interferem nas situações educativas observadas. Nesse caso a melhor maneira de aperfeiçoar um registro é aprofundar as observações: voltar a observar a situação para buscar informações que tornem mais claras determinadas passagens dos registros, levantar perguntas a partir do relato que possam contribuir para a problematização do episódio e a construção de uma visão mais aberta do ocorrido, mais reflexiva.

O processo de problematizar uma vivência, de entendê-la como uma situação a ser melhor conhecida, faz com que o professor se implique com o seu próprio trabalho, assuma uma atitude de questionar o próprio saber ao interpretar as experiências, utilizando para isso instrumentos e recursos pessoais que lhe permitem compreender melhor a si mesmo e ao seu meio como, por exemplo, a observação, a descrição, a análise, o confronto de ideias, a interpretação e a avaliação. Problematizar implica em não aceitar a experiência como dada ou como pronta. Exige do professor uma atitude crítica na elaboração de perguntas sobre o que ocorreu.

Por que eu propus dessa maneira e por que as crianças responderam daquela forma? O que elas aprenderam com o que eu propus? Que estratégias elas puderam desenvolver graças às estratégias que eu pensei nesse caso? E eu, como professora, o que aprendi com essa experiência?

São perguntas que remetem para a finalidade das ações, para o conteúdo envolvido e também para as estratégias.

Muitas vezes pode-se recorrer ao apoio de um parceiro, o coordenador pedagógico, o diretor, ou mesmo um professor mais experiente que, olhando de fora da situação, tem condições de fazer perguntas inesperadas, que ajudam a enxergar o ocorrido com outros olhos. Tais perguntas devem ajudar o professor a passar do nível descritivo ao nível interpretativo de seu pensamento crítico; transformar os confrontos em potenciais de reconstrução de ações e dar sentido ao que se observou e ao que depois se define como objetivo a prosseguir. Todo esse processo tem um papel determinante no desenvolvimento de um modo de pensar mais reflexivo.

Mas, o que significa "ser reflexivo"? Todo pensamento é reflexivo? O que caracteriza o pensamento reflexivo? E, por fim, por que essas perguntas nos interessam?

É importante reconhecer que há muitas formas de pensar e nem todas são reflexivas. Ser reflexivo significa ter desenvoltura para colocar em prática um tipo especial de pensamento. Para Alarcão (2000), o pensamento reflexivo é uma capacidade que tem que ser cultivada. O que o caracteriza é a capacidade que o sujeito tem de voltar-se para si próprio, de pensar o próprio pensamento. No caso dos professores, por exemplo, há profissionais que descrevem bem sua prática, que desenvolvem elaborados relatos de sua própria experiência. Mas, nem por isso são reflexivos. É mais reflexivo, por exemplo, aquele que, ao relatar seu trabalho, sabe colocar-se em relação a ele, sabe pensar sobre como chegou a formular determinada proposta, as razões que o motivaram e, ainda, como pode mudar esse modo de pensar.

O principal responsável pelo trabalho educativo é o professor, e se ele colocar em prática seus instrumentos de modo reflexivo e cada vez mais crítico, certamente estará contribuindo decisivamente para seu próprio desenvolvimento pessoal e profissional. Caberia a cada professor perguntar-se:

- Como eu assumo o exercício da observação e do registro no meu trabalho profissional?
- Quais são os propósitos do meu exercício disciplinado e regular de observação?
- Quem são meus interlocutores? A quem eu confiaria meus textos e com quem eu compartilharia meu olhar?

c) A documentação

Os registros, além de cumprir um importante papel na formação dos professores, são parte do processo dedicado e contínuo de documentação da história dos processos de aprendizagem das crianças de modo a compartilhar a visão da criança como sujeito ativo e dar notícias às famílias sobre a aprendizagem e o desenvolvimento das crianças. Além disso, também são importantes instrumentos de análise ao longo de todo o ano, servindo como balizas para as regulações necessárias dos planejamentos.

Alguns instrumentos, com apontados a seguir, podem apoiar essa tarefa trazendo informações de diferentes naturezas.

Ficha de saúde: o desenvolvimento de uma criança deve ser acompanhado também pelo professor, além dos profissionais da área da saúde que apoiam o trabalho pedagógico da creche ou pré-escola. A ficha de saúde é um dos instrumentos que ajudam o professor a conhecer em profundidade detalhes que são importantes para o acompanhamento de cada criança tais como, seus gostos, suas fragilidades, intolerância a algum alimento, alergia a insetos etc.

A ficha de saúde talvez seja o mais objetivo de todos os registros. Ali constam informações sobre o desenvolvimento da criança desde seu peso e medida ao logo dos meses, como também seu histórico de saúde, as intercorrências mais importantes, os medicamentos que já tomou, informações sobre como reage quando se machuca, quando dorme etc. Algumas dessas informações de saúde são fornecidas pela família antes do ingresso da criança na instituição de Educação Infantil, e atualizadas constantemente. São fundamentais informações sobre o dia a dia da criança em casa, dicas que apoiam o professor na compreensão de cada criança na fase de acolhimento:

- rotina de sono (horários de sono diurno, como costuma adormecer)
- rotina de alimentação (horários de alimentação, preferências, restrições, alimentos que aprecia e rejeita)
- brincadeiras e objetos preferidos em casa.
- reações ao contato com adultos e crianças
- expectativas e preocupações das famílias
- comunicação (recursos de comunicação, gestos, palavras que já pronuncia...)

A documentação de saúde deverá ser complementada ao longo do ano, conforme a criança atualiza seu esquema vacinal, cresce em estatura e peso, apresenta alguma intercorrência ou requer mudanças no cardápio ou outros cuidados. Em todos esses casos, a família é orientada pelos profissionais do serviço de saúde que a acompanham.

Ficha e notas sobre a adaptação: a entrada de uma criança na instituição educativa é um momento crucial na vida de qualquer criança, pois marca a passagem do convívio estritamente familiar para o coletivo, ampliando significativamente seus laços sociais. É muito importante que essa passagem seja bem feita, oferecendo todo o apoio para a acolhida porque disso dependerá o vínculo que a criança estabelecerá com os adultos nesse ambiente. Além disso, essa confiança básica que está em construção nos primeiros dias da criança na creche ou pré-escola é a matriz do modo como ela poderá confiar e se relacionar com outros adultos. Mas, no tumulto e na tensão que costumam tomar esses dias, nem sempre os professores conseguem olhar em profundidade para as crianças e para suas relações no novo grupo. É por isso que o instrumento de registro das observações do período de adaptação é extremamente útil. Ele ajuda a disciplinar o olhar para o que é realmente importante nessa transição e que muitas vezes pode até mesmo passar despercebido.

Os dados registrados em uma ficha de adaptação podem mais tarde servir para outros fins como, por exemplo, a organização de um relatório para as famílias, a pauta da reunião de pais ou mesmo para a confecção do diário do bebê, o registro do primeiro ano de vida que a criança pode levar para casa ao final do ano.

É interessante que essa ficha de observação seja construída com o grupo de professores e o coordenador pedagógico na reunião de planejamento do início do ano, pois organizar esse registro já é parte do trabalho de cuidar bem da entrada das crianças na creche ou na pré-escola. Para apoiar a construção desse exercício oferecemos a seguir uma sugestão, um ponto de partida para a construção do instrumento.

Ficha individual - período de adaptação

Informante:

Data:

Nome da criança:

Data de nascimento:

Brinquedo favorito de casa[7]:

Brinquedo favorito da creche:

Costumes e possíveis prescrições médicas sobre alimentação:

Sono:

Recursos de comunicação:

Brincadeiras que aprecia:

Situações que vive com dificuldade:

7 Brinquedo ou objeto que traz de casa para apoiar o período de adaptação.

Reações mais importantes com relação:

- à professora:
- às crianças do grupo:
- aos demais adultos da instituição:

Melhor amigo ou parceiro da sal:a
Modo como costuma chegar à unidade educacional:
Modo como costuma se despedir na saída
diária da unidade educacional:

O fichário onde serão organizadas as observações, em formato impresso ou digital, também devem conter espaços para o registro de anotações sobre a adaptação do grupo, convidando um olhar mais atento para o modo como as crianças interagem e estabelecem relações afetivas nesse grupo de crianças. Essas notas podem ter também o objetivo de fazer o balanço de um período, momento em que o professor organiza tudo o que ele aprendeu sobre seu grupo de crianças e o que tem pensando sobre isso, como se pode ver no exemplo relatado a seguir.

Mais uma adaptação tranquila. As crianças parecem estar bem. Achei que a falta das professoras do ano anterior seria um problema porque as crianças ainda são pequenas (4 anos) e poderiam estranhar a minha presença, não encontrar ninguém conhecido por perto. Mas não foi o que aconteceu. O grupo parece tão unido que as crianças resolveram a questão por elas mesmas. Estavam com saudade. Chegaram conversando, brincando, não precisaram de nenhum incentivo externo. J. e MH. estranharam um pouco, M. até chorou, mas eu percebi que ela queria ser ajudada. Ficou no colo e foi para a roda aconchegada. Conversamos sobre os nomes de todo mundo, quis saber se alguém tem algum apelido, como gosta de ser chamado... MC e MH se divertiram tentando resolver como distingui-las já que ambas gostam de ser chamadas de Maria.

– Ah, quando for uma só, ela que ouve, a outra fecha o ouvido – disse E.

– É, mas e se a que fechar for a que é? - perguntou C.

Não teve jeito: se a errada atender o chamado, se encarrega de avisar a outra. Funcionou porque as duas acabaram se aproximando e MH ficou mais à vontade.

Nesses primeiros dias observei muito o jeito como brincam. Notei que L fica muito à margem do grupo. Ela está em todos os lugares, mas em lugar nenhum. Brinca com o grupo, mas parece sempre sozinha. Será que é sempre assim? Será que é só quando brinca de casinha? Na semana que vem vou voltar a observar.

Por falar em casinha, nesse ambiente de faz-de-conta ela foi o maior agente integrador. J adorou brincar ali, mas precisou da minha ajuda para entrar, pois parecia ter intimidade ao entrar em um jogo que já acontecia entre as demais crianças.

(...)

Nesta semana continuei as observações sobre as brincadeiras e confirmei o que já tinha apontado sobre a L. Ela realmente fica à margem das brincadeiras de parque, nos jogos simbólicos. Sempre procura a atenção de um adulto, professora ou não. (...). Por que isso ocorre? Será que sempre foi assim no ano passado? Desde quando? Ela já teve parceiros favoritos? (...)

Nesse relato, vemos como a rotina de observar e registrar o que ocorre no período de adaptação fez com que a professora estivesse atenta ao grupo e descobrisse características que talvez não percebesse se não tivesse propositalmente voltado o olhar para isso. E porque ela notou tais aspectos, ela pode se colocar novas questões e investigar suas hipóteses nos dias subsequentes. Com base nesse conhecimento em construção, a professora pode pensar melhores intervenções, o que pode significar um fortalecimento dos vínculos dessa criança e da capacidade de se relacionar com seus pares, condições que podem melhorar muito a experiência da criança no mundo.

Registros de atividades de crianças: ao longo do ano, com o avanço do trabalho, outros registros são necessários para apoiar a atualização do planejamento pedagógico. Para cumprir esse objetivo, o registro de atividades costuma ser útil. Ele pode ser feito como um relato bastante detalhado do ocorrido ou, em alguns casos, uma transcrição de tudo o que foi dito pelas crianças em uma roda de conversa, como no relato apresentado a seguir:

PROF: *Quem já foi ao museu, quem sabe dizer o que tem lá?*
NI: *É pintura de museu!*
PROF: *O que é pintura de museu?*
C: *É que explica sobre tiranossauro.*
L: *Não explica nada, museu só mostra os quadros.*
A: *Não explica nada, tem obras.*
NE: *É uma pintura muito famosa.*
V: *É sobre pessoas também.*
PROF: *Que pessoas?*
V: *Não sei.*
PROF: *O que tem que ter para ser pintura de museu?*
L: *Tem que pendurar na parede.*
NI: *Eu já fui no museu de cobra.*
LAR: *Minha tia trabalha num museu de cobra, no Butantã.*
NI: *É lá que eu fui.*
D: *Passou na TV quando eles caçam e prendem a cobra.*
NE: *Pela cabeça, né?*
NI: *Mas eu já falei cascavel ... ela tem um rabo que faz assim, plim, plim, plim, plim ...*
LAR: *Eles põem um aparelho, eles têm um aparelho no Butantã.*
A professora mostra um pôster da obra "A Negra", de Tarsila do Amaral.
NI: *Quadro de pessoa famosa!*

PROF: *Esse quadro pode ser de museu?*

ARTHUR: *Pode, porque, é claro, no museu tudo é maluco.*

PROF: *E aqueles? (aponta para o painel dos trabalhos das crianças)*

L: *Não, porque foi a gente que fez.*

NE: *Pode sim, sabe por que? Lá só pode pintura de tinta!*

NI: *A moça pelada (aponta para o pôster).*

A: *Ela tá com uma teta pendurada.*

V: *É um homem, ele tá com a boca fechada.*

C: *Eu não sei.*

V: *É um homem porque tá careca.*

NE: *Mulher também é careca.*

LAU: *É, mulher também é careca.*

LAR: *Quero falar. Ontem eu tava no parquinho com meu pai e vi uma mulher careca e era pequena, e era uma filha.*

LAU: *Viu como tem mulher careca, Victor?*

NE: *Sabe que minha avó é careca?*

(...)

PROF: *Bom, então quantos tipos de museus existem?*

MUITOS: *Museu de quadro... museu do homem... museu de arte.*

Uma análise do registro acima possibilita conhecer sobre como as crianças se comunicam em uma roda de conversa, por exemplo: as crianças que falam mais e as que ouvem mais; as hipóteses que o grupo tinha sobre o que seria um museu e como essa hipótese vai se modificando na interação com os colegas; o que rege o pensamento das crianças, o modo como acionam suas lembranças e relacionam diferentes assuntos em torno do conceito de museu. Permite também analisar se as intervenções da professora, as perguntas feitas, ajudam as crianças a avançarem em suas hipóteses e, nesse caso, é possível ainda pensar em como poderia ser a continuação dessa conversa, que projetos poderiam ser propostos ao grupo etc.

Além disso, possibilita a reflexão sobre o quanto uma situação vivida com as crianças pode atravessar alguns campos de experiências, ao articular os saberes que as crianças trazem para essas conversas (ideias relativas aos museus, as cobras, o que as toca a partir da pintura) e o repertório cultural (os diferentes tipos de museus, a pintura de Tarsila do Amaral).

Como o registro conta a história das crianças, é importante preservar o modo próprio como as crianças se expressam, sem que isso seja visto como um erro. Mais importante ainda será notar os avanços que as crianças vão fazendo ao longo dos anos, na medida em que aprendem novas palavras e modos de se expressar.

Para organizar esse tipo de registro, o professor pode fazer uma programação de registros cobrindo diferentes aspectos do trabalho pedagógico ao longo de um mês: uma atividade coletiva no parque, um passeio, uma sessão de trabalho com materiais plásticos etc. Essa sistemática cria uma rotina de observação e registro para o professor, ajuda a disciplinar o olhar para a totalidade do desenvolvimento da criança no ambiente educativo e permite, ao final de um período, avaliar as áreas bem sucedidas e o que ainda requer ajustes no planejamento, visando a promoção da aprendizagem e do desenvolvimento para todas as crianças.

Diário de campo: trata-se de um caderno onde o professor registra diariamente suas iniciativas com o grupo de crianças, suas hipóteses de trabalho, suas descobertas, suas preocupações, o que o torna um instrumento para o pensamento do professor. Isso ocorre porque a escrita é uma atividade multirepresentacional e integrativa, proporciona uma devolutiva, que é um balanço do ocorrido, provoca a estruturação deliberada do significado e é uma expressão ativa e pessoal. Por isso, a escrita é tão importante no percurso profissional e, em especial, a escrita diária.

Os diários de campo contam o que acontece todos os dias, como se sucede o tempo segundo a perspectiva de seu autor. Por isso, podemos dizer que eles trazem narrativas singulares e pessoais que podem tratar de vários assuntos: algum aspecto específico do trabalho como o desenvolvimento de um projeto, o desenvolvimento do desenho ou a aquisição da escrita pelas crianças etc.

Como o dia a dia do professor é repleto de descobertas sobre o processo de desenvolvimento de um grupo de crianças, seu diário também deve ser assim, páginas recobertas do que há de mais vivo no dia a dia das crianças e, principalmente, do seu próprio pensamento sobre esse dia a dia, como ele se avalia competente ou não, além de dúvidas colocadas pelo próprio currículo para a faixa etária e as decisões que precisam ser tomadas.

Normalmente esses registros são produzidos depois do trabalho direto com as crianças, favorecendo-se do distanciamento necessário para a descrição dos fatos mais inquietantes, das intervenções, resultados alcançados e as novas dúvidas.

Escritos preferencialmente com frequência diária (podendo variar a depender das rotinas de cada professor), os diários de campo, a exemplo dos diários de bordo, guardam a narrativa de um percurso. Guardam também notas sobre reações e características individuais das crianças, fatos inéditos daquele dia, o que foi significativo ou pode ter repercussão nos dias seguintes, dificuldades da organização do tempo, relações com as famílias etc. Também é interessante incluir observações de cada criança individualmente, sobre suas aprendizagens, descobertas, falas, desafios. Todas essas informações também podem apoiar a escrita de um relatório individual e contribui para dar visibilidade a cada criança em seu percurso de aprendizagem, nos diferentes campos de experiência.

A leitura dos diários permite investigar vários aspectos do trabalho docente: a caracterização do modelo de gestão de sala e do grupo de crianças que o professor adota, as atividades que costuma propor às crianças, além de dilemas éticos que são típicos da profissão. Essa visão é interessante na medida em que não vê o trabalho docente como uma ação perfeita, acabada, mas sim como cheia de desafios, tensões. A escrita sistemática do diário pode ajudar a evidenciar também as relações entre os campos de experiências, o destaque que determinadas aprendizagens podem adquirir durante o desenvolvimento de um ou outro projeto e as possibilidades de avaliar o quanto os direitos de aprendizagens estão sendo contemplados nas experiências vividas pelas crianças.

A seguir, acompanhe algumas páginas do diário de campo de uma professora de um grupo de crianças de 5 anos.

24 a 28 de fevereiro

(...)

Mas, voltando, tenho umas dúvidas. Não é quanto ao que combinamos, quanto ao que vamos trazer para a sala, quanto ao que queremos que as crianças aprendam. Estou querendo pensar melhor em como as crianças formam conceitos em Ciências Sociais. Quando penso nas Ciências Físicas, Naturais, os exemplos ficam mais claros. Acho que o projeto dos foguetes tenta resolver uma questão que é mais determinada, diz respeito às ideias das crianças com relação ao espaço, à situação do planeta que a gente vive. Se pensarmos nos exemplos que o Carreteiro[8] *conta podemos perceber que existe uma questão, um problema conceitual a ser resolvido. Então, é fácil avaliar se o projeto deu certo ou não. O mesmo acontece quando tratamos de História, do conceito de tempo que parece forte entre as crianças de 5 anos para frente. Mas e quanto a Ciências Sociais? O que é a questão? Qual é o conceito? O que essas crianças que já estudaram tanto sobre os homens e a cultura precisam responder no grupo 5?*

(...)

Estou passando os textos do Carreteiro para a Dri[9]*. Será que a gente consegue um tempo para estudá-lo? A gente tem tanto que pensar. Já contou quantas reuniões nós vamos fazer juntas? Temos que aprimorar as formas de comunicação.*

Nessa semana trabalhei mais com a matemática. Ensinei jogos de cartas e batalha. Queria muito ter registrado a "roda do batalha", mas não consegui tudo, passo a passo. De maneira geral,

8 Mário Carreteiro, pesquisador da didática das ciências.
9 Professora parceira que dividia a sala no período inverso.

as crianças ainda não comparam números grandes e precisam de apoio para comparar os pequenos, até 10. Como eles contam muito, até 100 brincando, recorreram à contagem oral para decidir quem ganhava. Imagina, na quinta partida, quando tiveram que comparar 60 e tantos com 80 e tantos, já não aguentavam mais. Aí pedi que pensassem num jeito de decidir o vencedor sem precisar contar, só lendo as cartas. Clara contou que é o último que manda e todos concordaram, mas como não deu certo, voltaram à contagem oral até terminar o jogo. Ainda não estão convencidos de que precisam de outra estratégia. O legal é que já não contam mais desde o início, por exemplo, se o número for maior que 20, já pedem para começar no 20. Mas às vezes tem que chegar até o 60 e então, começar no 20 não adianta muito. Na próxima partida vou propor não usar a contagem oral, pode usar o que quiser: régua, fita etc., mas não contar. Será que vão aceitar o desafio?

(...)

O baú favorito da turma é o que guarda o kit supermercado. Montamos tudo com as crianças desde o início, juntando embalagens que trouxeram de casa e outras que escolheram com a professora Elaine no "sucatário" da escola. Muito mais divertido que brincar é preparar o brincar e depois discutir sobre isso. As crianças observam e pensam muito enquanto se divertem. Uma equipe monta o caixa computadorizado enquanto a outra arruma as prateleiras pensando critérios para isso.

Num dia, distribuímos a todos o dinheiro xerocado e fomos às compras:

– Quanto custa essa gelatina? - perguntou Elaine, brincando com ele.

– Três reais. - respondeu Arthur.

– E essa caixa de bombom?

– Custa 1 real.

– Nossa, Arthur, como pode, uma caixona com tudo isso de chocolate custar mais barato do que essa gelatininha? Que gelatina cara, heim! Pode ser isso? – disse a professora Elaine.

– É isso mesmo, é caro mesmo. Sabe o que você faz? Vai na Quarta Extra[10] *que é tudo mais barato – respondeu, mostrando às professoras que não dá para pensar na matemática enquanto brincam. Hora de brincar é hora de brincar, resolver problemas de matemática é em outro momento.*

(...)

10 "Quarta Extra" era o nome da campanha publicitária que chamava os consumidores às compras na quarta-feira, dia das superofertas.

Chama a atenção da professora o quanto as crianças estão aprendendo. Mas ela tem dúvidas, não quanto ao que foi combinado, mas quanto ao que valia a pena apresentar às crianças. Também a professora aprende com as crianças, sobretudo com Arthur que de modo muito incisivo delimita e preserva o espaço de brincar: hora de brincar é hora de brincar! Resolver problema de matemática é em outro momento.

Está claro que as aprendizagens mais evidentes das crianças neste momento, as que mais saltam aos olhos, estão relacionadas ao exercício do direito de brincar e ao campo dos *Espaços, Tempos, Quantidades, Relações e Transformações.* As propostas parecem acertadas: as crianças realmente parecem gostar de explorar, conversar, confrontar hipóteses, discutir conhecimentos que a professora consegue identificar como matemáticos e das ciências. O pensamento das crianças é curioso e empolga seus professores com suas tentativas de explicar os fenômenos do mundo. Por isso mesmo colocam tantas perguntas na cabeça a professora. Observando-as, é possível compreender melhor como as crianças formam conceitos e como se aproximam da Físicas, dos conhecimentos do mundo natural. O projeto de investigação sobre os foguetes tenta resolver uma questão que é mais determinada, diz respeito às ideias das crianças com relação ao espaço, à situação do planeta em que a gente vive. Se pensarmos nos exemplos que o Carreteiro conta, podemos perceber que existe uma questão, um problema conceitual a ser resolvido. Então, é fácil avaliar se o projeto pode ser interessante ou não. O mesmo acontece quando se trata do conceito de tempo histórico, que parece forte entre as crianças de 5 anos para frente. Elas conseguem encontrar formas de explicar, por exemplo, coisas que aconteceram "antes", no "passado", ou conversar sobre "o futuro". Mas e quanto a Ciências Sociais? O que é a questão? Quais são os conceitos? O que essas crianças que já estudaram tanto sobre os homens e a cultura precisam responder no grupo 5? São perguntas que a professora pode se fazer para dar continuidade ao trabalho com as crianças.

É encantador perceber o quanto, nessas pesquisas das crianças, o campo *O Eu, o Outro e o Nós* está sempre sendo trabalhado. A vontade de descobrir é tão grande, que as crianças têm prazer em ouvir as ideias uns dos outros! Escutam-se com mais atenção, valorizam as experiências de terem descoberto coisas juntos, de colaborar. A professora se envolve ao ver o quanto aprenderam e o quanto, pouco a pouco, vão se tornando muito mais capazes de compartilhar e escutar.

Neste exemplo, vemos que ao escrever a professora dialoga consigo mesma, toma consciência das tantas variáveis que interferiram em seu fazer, refletem sobre o ocorrido e, não raramente, já levantam novas ideias, hipóteses que são colocadas em jogo no dia seguinte, no planejamento de mais um dia com as crianças. Por esse meio ela pode aprender cada vez mais sobre seu próprio trabalho, enquanto aprende mais sobre si mesmo e seu modo de pensar.

Além do benefício que o diário traz para o próprio professor como instrumento de sua reflexão, quando compartilhado no grupo, o diário possibilita uma interessante troca de conhecimento entre pares ou, ainda, com parceiros mais experientes, em geral o coordenador pedagógico, o que pode contribuir para melhorar a qualidade do trabalho do professor, seu pensamento crítico e a relação com as crianças.

Portfolio de projeto: o registro de um projeto é similar ao registro das atividades, mas guarda a principal diferença, que é a continuidade. Depois de ter definido o projeto do grupo, o professor pode organizar um caderno ou uma pasta onde organizará o dia a dia dos registros das atividades que compõem aquele projeto. Ele pode ter um caráter de diário como vemos a seguir.

Projeto Mil e uma Noites

17 *a* 21/02

(...) Ah! Tem uma coisa legal sobre a biblioteca! Não queria mais levar as crianças à biblioteca para ouvir histórias como nos outros anos, porque dessa vez o grupo tem procurado mais os livros que trazem informações sobre os bichos, a natureza etc. Pensei em uma proposta de trabalhar com a pesquisa. Além disso, a roda de história é uma atividade permanente muito bem contemplada na sala, diariamente. Por isso achei que a Biblioteca precisava ganhar outro espaço, outro sentido. As crianças podem aprender a pesquisar, procurar os livros que elas querem, consultar fichas, estantes, como qualquer pessoa faz numa biblioteca. Quero que se aproxime do uso social real. No mês que vem quero levá-los à biblioteca pública para pesquisar o assunto do projeto: como vivem os árabes no deserto. (...)

17 *a* 21/03

Voltamos aos livros para descobrir detalhes da história da Sherazade que as crianças simplesmente adoraram. É engraçado ver com a estrutura das histórias é diferente dos tradicionais contos de fadas e como as crianças estranham isso: elas foram ficando intrigadas, chocadas com a sucessão de acontecimentos trágicos e com a demora do final feliz. Não se conformavam com a maldade do gênio que prendia a mulher só para ele. Queriam que o gênio se desse mal e que os irmãos salvassem a moça, como nas his-

tórias de princesas. Depois ficaram surpresas quando souberam que a tal moça não era tão do bem, que já tinha matado todos os maridos. Horrorizados com a coleção de anéis, não sabiam onde a história ia chegar, muito diferente dos contos de fadas cuja estrutura vai se repetindo tornando os acontecimentos de certa forma previsível. Quando estavam certas de que todo mundo era do mal, aparece a Sherazade, cuja inteligência, sabedoria e esperteza consegue driblar o rei que planeja matá-la. Acontece tanta desgraça na história que a valentia da personagem acaba ganhando maior força, quase imbatível. Acho que esse tipo de texto no grupo de 5 anos favorece relações com o repertório deles, sobretudo se pensarmos na comparação com os contos de fadas.

(...)

Movidos por essa simpatia, pela força da Sherazade, fomos à pesquisa. Queríamos saber como foi o casamento dela, e se morava em castelo ou palácio. A turma se dividiu entre as duas alternativas, mas quando abri a revista Caminhos da Terra sobre a Turquia, Gui reconheceu o palácio:

– É palácio porque tem essa coisinha aqui - mostrando a cúpula arredondada. - é o Taj Mahal.

– Não Gui, esse não é o Taj, é um outro que tem na Turquia, o Taj fica onde? - perguntei.

– Na Índia - responderam todos.

– Sabia que de noite acende todas as luzes? - comentou Gui.

– Parece mesmo o Taj. Será que todos os palácios têm esse jeito? E os castelos, como são?

– Eles têm torre - disse Gui.

Na continuação observamos um desenho das pessoas comendo num banquete. Chamei a atenção para mais essa diferença:

– E aí pessoal, como é que eles comem? É igual ao nosso jeito?

– Nããããão! - responderam todos.

– Como comem os japoneses? - perguntei.

– No chão - disse N.

– Não, eles sentam nuns banquinhos bem pequenos - disse Gui.

– Ou numa almofadinha - completou N - e tira o sapato.

– É, e olha só o jeito que essas moças comem no banquete do casamento - disse.

– No chão. - todos.

– O que será que eles comem? - disse ainda, mas isso o livro não trazia. Gui quis ver a figura ao lado que tem muita gente nadando junto. Li o trecho e disse que era importante para o casamento. Contei como os pais acertam o casamento e como são os preparativos. Na véspera as mulheres vão com a mãe e todas as mulheres da família para o Hamã, o banho público. E os homens fazem o mesmo. Depois se penteiam, se perfumam bastante. Propus que brincássemos de casamento. As meninas amaram a ideia, mas os meninos detestaram.

– Mas pessoal, acho que não vai dar porque a gente não tem um lugar para fazer o Hamã. - provoquei.

– Ah, sabe que cê faz, sabe? Pega banquinho. - Disse B.

– É, mas como? - continuei.

– Vira o banquinho e entra dentro. - completou.

– Ah, não dá porque no Hamã é todo mundo junto, olha aqui e no banquinho...

– Não dá porque não cabe todo mundo - disse baixinho K, que estava atenta na sugestão.

– Pega o banquinho e põe em volta - disse Gui - e faz de conta.

– Hum, assim dá.

– Eu tenho uma grande ideia! - disse Ni.- Junta as mesas e a gente sobe em cima.

Enquanto isso L ficava desesperada. "deixa eu falar, deixa eu falar ...", até que conseguiu.

– A gente, sabe, sabe como a gente faz? A gente pega aquela piscina e faz de conta que é ali.

– Ah, isso é legal, Lu - disse.

– É, cabe todo mundo! – insiste K.

– E põe menino e menina junto? - perguntei.

– Ah, os meninos ficam na mesa - disse N.

– É, ou nos banquinhos, como disse o Gui.

Acertamos os combinados para brincar, mas ficamos com a tarefa de trazer lençóis velhos de casa para fazer as roupas e as tendas. Os meninos curtiram a pesquisa, gostaram de ver como se vestem os homens, que tem espada. Eles gostaram de tomar banho de piscina, mas não curtiram nadinha ter que casar. Já as meninas estão enlouquecidas. J até queria trazer o vestido de noiva, mas lembrou que elas usam lenços.

– Não faz mal, eu trago um lençol da minha casa.

Paramos nesse ponto.

24 *a* 26/04

Estamos ainda lendo as histórias do Sindbad. O Gui já viu o filme, contou tudo para o Gu e os dois antecipam tudo, nem me deixam fazer suspense. As crianças acreditam mais neles do que em mim porque tudo o que eles dizem acontece mesmo. Nessa semana acabo e quero mostrar o vídeo para todos. Depois vou contar, não ler, a história do Aladim e vou começar a ler a do Marauf, que é demais de legal e o Gui nem conhece. Acho que a do Aladim vai ser legal porque ela se passa entre a China, Marrocos e África! Olha que legal! Dá para mostrar no mapa onde as coisas estão acontecendo. O feiticeiro que persegue o Aladim é do Marrocos!

Passei o fim de semana lendo sobre isso. Vou poder falar um monte de coisas. Descobri que o mundo árabe é muito grande, grande mesmo, muito diversificado. Do ponto de vista antropológico fica complicado falar em "povo", sem falar exatamente qual. Por outro lado, As Mil e Uma Noites *já nos dá o recorte: muitas histórias se passam entre o Marrocos e o Cairo. Podemos começar por essas pensando no eixo da comparação.*

(...)

Pedi papelão para começar a confeccionar o palácio. Eu e a Dri discutimos que isso não pode ser a finalização; temos que ir montando as tendas, o cenário todo, justamente para poder brin-

car, para ficar mais rico e não para mostrar no final. Nesse caso, parece que o produto não é "final"; é "durante". Também pensei numa sequência de artes para estampar o tecido das tendas e das roupas.

Para além do registro da professora, é interessante compor o portfólio com desenhos, fotografias, impressões das crianças escritas de próprio punho ou ditadas à professora. Desse modo, a documentação vai se transformando em um registro da memória de um trabalho em processo e, ao mesmo tempo, vivifica as experiências das crianças e trazem importantes pistas de como dar continuidade nos dias posteriores. O registro das etapas de um projeto nos permite verificar como as crianças trabalharam em grupo e como o professor pode apoiar as novas ideias que as crianças traziam e aproveitar o envolvimento do grupo para mediar a aprendizagem de alguns conteúdos pelas crianças. Dessa maneira, o registro vai compondo a história do trabalho com as crianças, e torna-se fonte para muitos relatórios, exposições para pais e reuniões entre os próprios colegas de escola.

Registros de imagens: os registros de imagens, sejam vídeo ou fotografia, permitem acessar informações que nem sempre a escrita capta. O vídeo, por exemplo, traz a ação em movimento, com todas as variáveis que interferiram no desenvolvimento da atividade infantil. É possível retomá-lo, voltar o filme, ver a mesma ação uma e outra vez, quanto for preciso, observando interações de crianças que não foram captados com a observação direta. Já a fotografia permite analisar grandes planos, como a organização de um parque, e também detalhes, como o gesto de uma criança quando pinta ou desenha, sua expressão de alegria ou preocupação, por exemplo.

Normalmente esses registros são usados para organizar a história de um grupo, servem como documentos de uma época. Mas refletir sobre as imagens também uma forma de problematizar o trabalho docente e recolher e organizar valiosas informações para alimentar o planejamento.

A partir do conjunto da documentação da escola é possível pensar:

- Quais vídeos ou fotografias são realmente necessários e importantes para o grupo? Por quê?
- Quando se filma, a intenção é documentar? E o que se quer documentar? Por que fazê-lo?
- Quem filma, considera o seu próprio olhar que seleciona o que filmar ou o olhar dos expectadores e o que eles desejariam ver registrado?
- Crianças e professores participam da construção do roteiro da filmagem ou ela é feita segundo o olhar do funcionário voluntário para filmar o evento?
- Em que momentos os vídeos são assistidos pelas crianças? E pelo restante da comunidade da escola? Os novos funcionários que chegam na escola assistem às antigas filmagens? As fotografias podem compor álbuns compartilhados com as crianças ou murais na sala, especialmente para que os pequenos possam interagir com elas cotidianamente.
- Como são utilizadas, conservadas ou arquivadas as filmagens realizadas?

UM OLHAR PARA AS ARTICULAÇÕES E A CONTINUIDADE DO TRABALHO PEDAGÓGICO

Tomando o conjunto de observações, os registros e as análises feitas, o professor pode dar continuidade ao seu trabalho de planejamento considerando todo o saber construído na jornada diária ao acompanhar um grupo de crianças.

O planejamento das propostas feitas às crianças deve atender a alguns critérios básicos:

1. Equilíbrio de propostas individuais e coletivas; espontâneas e orientadas;

2. Variedade, diversidade e regularidade das atividades na rotina, condição fundamental para a construção de uma maior familiaridade com algumas delas e apropriação de conhecimentos pelas crianças;
3. Atratividade da atividade proposta, que pode ser regulada de acordo com os problemas e os desafios que ela coloca para as crianças de diferentes idades.

Um planejamento coloca muitas questões para pensar e, entre tantas questões instigantes, o professor precisa planejar combinando pelo menos as quatro dimensões básicas já apontadas: a do tempo, do espaço, dos materiais e das interações.

O planejamento na Educação Infantil é uma ação complexa que envolve vários níveis de reflexão que o professor deve construir no coletivo de sua instituição educativa. Sabemos, no entanto, que a realidade brasileira é diversificada e em muitas regiões os turnos e a frequência das crianças em creches e pré-escolas assumem estruturas diferenciadas, procurando ultrapassar os limites e atender às características regionais.

A Educação Infantil do campo e a indígena têm características específicas que exigem um tratamento diferenciado dos preceitos gerais para melhor atender às características da comunidade e as expectativas de aprendizagem das crianças. Por esse motivo, entendemos que o conjunto de ideias e os modelos apresentados a seguir podem ser analisados pelos professores e transformados de acordo com seus contextos e necessidades locais. Ninguém melhor do que a própria equipe da escola para decidir sobre quais modelos usar, como e quando. Tomando por base o contexto do grupo, o professor pode eleger as propostas que fará às crianças e organizá-las no tempo.

DIFERENTES NÍVEIS DO PLANEJAMENTO PEDAGÓGICO

O professor que toma decisões considerando a articulação do tempo, do espaço, dos materiais e da qualidade das interações, está planejando seu trabalho. Mas, o planejamento do trabalho de um ano inteiro no acompanhamento de um grupo de crianças envolve pensar mudança das ações, articular diferentes planos que se desdobram no tempo. Podemos entender o planejamento docente como um projeto estrategicamente pensando para acompanhar o movimento do tempo em pelo menos três planos:

- o plano anual, que é um plano geral, que se refere à atualização do projeto da escola para aquele ano, remete ao conjunto das intenções e das ações previstas para o ano, segundo o currículo e a proposta pedagógica da instituição articulando diversos campos de experiências;
- a organização da jornada diária da criança nos grandes tempos da instituição, como o momento da chegada e do acolhimento, os momentos coletivos, a saída, etc.;
- a agenda ou programação semanal das atividades cotidianas como brincadeiras no espaço externo, alimentação, repouso, etc., que exigem a gestão de outras equipes para além dos professores e das proposições das crianças e dos professores e professoras, em continuidade. Espaços de uso coletivo, se existirem, como biblioteca, ateliê, refeitório, etc., precisam ser revezados: nesse caso requerem um quadro de uso dos espaços para organizar o revezamento entre os diferentes agrupamentos no tempo.

Esses três planos se sobrepõem de modo que, ao tomarmos a menor unidade, nela estão contidas ali as ideias mestras de todos os outros planos. Apresentaremos sugestões de usos de diferentes instrumentos de planejamento do trabalho pedagógico, que podem ajudar a organizar as propostas no tempo partindo da unidade maior, que é o plano anual.

a) Plano anual

O plano anual é organizado globalmente, levando em conta o projeto político pedagógico da escola. É nesse nível que se observa o alcance real dos direitos de aprendizagem e de desenvolvimento, tal como a BNCC prevê: conviver, brincar, participar, explorar, expressar, conhecer-se.

Orientar a ação docente requer explicitar como planejar e avaliar uma prática pedagógica que assegure às crianças direitos de aprendizagem e desenvolvimento em diferentes campos de experiências. Por isso é interessante que o professor e a instituição se questionem a respeito dos ambientes de convivência e aprendizagem que são organizados e experimentados cotidianamente pelas crianças na instituição de Educação Infantil.

Valores do ambiente educativo

Para favorecer esse olhar, vale retomar o roteiro de perguntas no capítulo 3 (pp. 85 a 88, deste livro), que investiga a brincadeira. Alguns princípios e critérios podem ser úteis para orientar a estruturação de ambientes de convivência e aprendizagem nas instituições de Educação Infantil, buscando ampliar o olhar dos professores e professoras e inspirá-los para proposições que tenham sentido para os bebês de 0 a 2 anos e as crianças bem pequenas e pequenas, de 3 a 5 anos. Tudo isso sem esquecer que os cuidados cotidianos que perpassam todas as experiências são um direito da criança à saúde e qualidade de vida na passagem pela Educação Infantil e ao longo da vida.

Um exercício importante para todo profissional que lida com Educação Infantil, é assumir a responsabilidade de realizar movimentos de avaliação processual, de forma democrática e permanente, a fim de qualificar sua ação e competência, diante dos desafios para cuidar e educar de forma indissociável. Assim, perguntas que ajudam a ampliar o trabalho pedagógico podem emergir nas equipes pedagógicas.

Com relação a um olhar para o direito de aprender a conviver, é possível se questionar, por exemplo:

DIREITOS DE APRENDIZAGEM E DESENVOLVIMENTO (BRASIL, 2017, P. 36)	COMO OS DIREITOS ESTÃO SENDO CONCRETIZADOS NA UNIDADE DE EDUCAÇÃO INFANTIL?
Conviver com outras crianças e adultos, em pequenos e grandes grupo, utilizando diferentes linguagens, ampliando o conhecimento de si e do outro, o respeito em relação à cultura e às diferenças entre as pessoas.	• As crianças têm sido convidadas a experimentar diferentes formas de organização do grupo? Grandes e pequenos grupos, duplas ou trios de trabalho etc. Com que frequência? Como essas diferentes experiências têm se realizado? • Considerando o desenvolvimento potencial dos bebês, desde os primeiros meses de vida, como promover suas formas peculiares de expressão durante os cuidados individualizados e a convivência com as diversas idades? • Além linguagem verbal (oral e escrita), outras formas de linguagem das crianças têm sido consideradas na organização das situações educativas? • As manifestações culturais que constituem a comunidade escolar têm sido objeto de investigação, elaboração e produção criativa pelas crianças? De que forma? • As crianças são convidadas desde os primeiros meses de vida, a ampliar suas relações de convivência com outras crianças e adultos que compõem o cotidiano da unidade educativa?

Instrumentos como este, apresentado aqui como exemplo, podem ser construídos pela equipe, procurando articular cada um dos direitos e o projeto político pedagógico da unidade educativa. Além disso, outra forma de assegurar os direitos é examiná-los se eles orientam a forma de apropriação dos objetivos de aprendizagem e desenvolvimento propostos.

Refletir ao longo do período letivo sobre esses pontos com certa regularidade e rever planejamentos a fim de assegurar cada um dos pontos destacados, é uma forma de assegurar, na prática, as condições pedagógicas e institucionais para que toda criança brasileira usufrua na creche e na pré-escola iguais oportunidades de alcançar seus direitos de aprendizagem e desenvolvimento.

A gestão de uma instituição educativa é sempre pedagógica. Ela inclui a gestão dos ambientes dedicados a cada turma de bebês e crianças. O termo "ambiente" não se refere apenas aos aspectos físicos, arquitetônicos, estéticos dos espaços institucionais, aspectos sem dúvida importantes. Além deles o ambiente de aprendizagem é marcado pelo clima afetivo criado pelas interações que professores e crianças estabelecem, mediados pelo projeto educativo da instituição.

A tomada de decisões pelo professor é intencional no que se refere à organização e proposição dos ambientes de aprendizagens, das atitudes e procedimentos de cuidados, de situações que favorecem as interações e a brincadeira das crianças, na direção da ampliação de suas aprendizagens e da integralidade de seu desenvolvimento.

A intencionalidade da gestão pedagógica pode ser observada na construção de ambientes que, por exemplo, atentam para o 'aprender a se alimentar' no contexto de um espaço coletivo. Essa aprendizagem mobiliza objetivos bastante diversificados em diferentes campos de experiências das crianças e que dizem respeito a:

- (re)conhecer suas necessidades, sensações e desejos relativos à fome, a sede, a nutrição do corpo, a vontade de comer etc.;
- conhecer as outras pessoas em suas formas de expressar necessidades, sensações e desejos em torno do alimentar-se, bem como práticas e costumes que vêm das famílias e refletem a diversidade da alimentação no Brasil e em outros países (oportunidade que se amplia cada

vez mais na escola brasileira, diante do acolhimento das famílias migrantes);

- conversar e trocar ideias enquanto comem, compreendendo o momento da alimentação como uma parada nas atividades para congregar-se em torno do cuidado de si e dos outros.
- participar e se apropriar das práticas de cuidado de si e do outro; dentre outras aprendizagens que podem decorrer da experiência de participar coletivamente desses momentos de alimentação com crianças e adultos.

A organização de ambientes de aprendizagem que acolham pedagogicamente essas experiências de "comer junto" nos leva a pensar em ações dos diversos atores da unidade:

- do professor, que supera uma ideia restrita de que o momento da alimentação é só para "matar a fome" e cria situações de interação social favoráveis àquele momento;
- da coordenação e da direção, que compreendem a alimentação como prática cultural e garantem tempos e espaços favoráveis àquelas aprendizagens (Definitivamente, 15 minutos, como acontece em muitas unidades de Educação Infantil, não é tempo suficiente para crianças se alimentarem, especialmente porque a construção da autonomia nessas práticas requer tempo para se consolidar);
- dos funcionários da cozinha que, ao compreender a alimentação como prática da cultura e reconhecerem isso em suas vidas, acolhem com mais tranquilidade os tempos e modos diversos das crianças no ato de alimentar-se juntos.
- dos funcionários da limpeza que, ao compreender que as crianças podem eventualmente derrubar algum alimento no piso, reconhecem que estão no processo de construção das habilidades de auto servir-se e alimentar-se e contribuem com as aprendizagens envolvidas;

No nível das projeções anuais, considera-se a experiência anterior do grupo de crianças, o que elas podem vivenciar nos contextos anunciados no projeto político pedagógico da instituição, preferencialmente já partilhado com as famílias. Nesse plano estão previstas as proposições organizadas em torno da exploração de diferentes linguagens, na construção de objetos de conhecimento e de apropriação de práticas sociais, em diferentes campos de experiências.

Arranjos de tempo, espaço, materiais e interações

A organização das proposições ao longo do ano é flexível e exige constante atualização. Para tanto é necessário que o professor reflita sobre os instrumentos de escuta das crianças que poderá dispor e como vai promover diferentes proposições ao longo das semanas, sempre com continuidade e participação das crianças, pertinentes aos diferentes campos de experiências:

- na forma de projetos,
- de atividades cotidianas regulares;
- ou outras formas de planejamento, com experiências de um ou mais campos articuladas em torno de um foco de investigação.

Algumas proposições, como as atividades cotidianas regulares, já são previamente estabelecidas pela instituição porque se caracterizam como parte da rotina e da cultura de uma instituição, parte das tradições da cultura local. Por exemplo, em uma certa realidade, o acolhimento das crianças no pátio de entrada em grades rodas pode ter caráter de atividade regular. Em outra, pode ser diretamente na sala, promovendo o acesso da mãe, pai ou outro familiar ao ambiente em que a criança ficará. O piquenique ao ar livre pode ser uma atividade permanente em outra realidade, definindo o dia da semana que cada turma poderá usufruir da sombra da árvore, um patrimônio de toda a coletividade da escola. Momentos de almoço, lanche, trocas de fraldas, etc. também são parte dessa rotina articulando um olhar para o cuidar e o educar.

Já os projetos são singulares e nada rígidos. Algumas definições como, por exemplo, o tempo de início e de término, dependem da natureza do que se projeta em grupo e da participação de todas as crianças. Nascem de uma curiosidade, de um tema instigante, da negociação do que as crianças buscam saber e do que o professor ou professora busca ampliar. São oportunidades para viver experiências de construções coletivas nas quais se enfoca não o conteúdo temático, em si, mas sim as oportunidades de aprender a conversar, perguntar, pensar, explorar, investigar e comunicar.

Para além dos projetos coletivos, existem outras formas de planejamento que também asseguram a continuidade, além de condições para o desenvolvimento de percursos pessoais. Essas outras formas de planejamento estão presentes, porém são orquestradas pelo professor em função das explorações das crianças e do melhor aproveitamento do ambiente educativo. Tais modos de organizar articula uma proposta de gestão de tempo, de continuidade das proposições desenvolvidas pelas crianças, em função dos campos de experiência. Podem ser, por exemplo:

- ateliês,
- oficinas,
- passeios,
- estudos de campo, etc.

Os períodos também podem ser definidos de acordo com as características locais: em alguns contextos o marco mensal é relevante, em outras comunidades, muito marcadas pelas intempéries da natureza, os períodos podem ser marcados pelas condições externas como, por exemplo, o período do calor intenso, que exige a exploração de ambientes externos ou períodos chuvosos, que exigem um pensar mais voltado para o aproveitamento criativo dos espaços internos.

O trabalho de planejamento no nível do plano anual se constitui pouco a pouco na passagem do tempo e na articulação dos recursos pedagógicos de que dispõem o professor. O instrumento a seguir permite documentar e, ao mesmo tempo, projetar o trabalho ao longo do ano.

TURMA: ____________ ANO: ____________			
PROFESSOR: ____________ BIMESTRE: ____________			
PERÍODO	PROJETOS	OFICINAS, ATELIÊS, PASSEIOS, ETC.	ATIVIDADES COTIDIANAS REGULARES

É importante considerar que as atividades regulares, embora sejam cotidianas, não podem ser mecanicamente vistas como rotineiras, no sentido ruim da palavra. Ao contrário, elas devem e dar suporte a outras experiências mais complexas para as quais as crianças precisariam ter maior familiaridade com alguns conhecimentos.

Por exemplo, a professora propõe que durante um semestre inteiro as crianças brinquem com jogos de trilhas, conheçam a diversidade de tipos e de estratégias que se pode ter para vencer os percursos com obstáculos. Com essa experiência é possível, futuramente, discutir a construção de jogos de percurso. Da mesma forma, a professora organiza, como proposição da roda cotidiana de histórias, um estudo de contos de fadas que é desenvolvido ao longo de dois bimestres. Como continuidade, ela pode propor, futuramente, que as crianças elejam os contos favoritos e produzam uma coletânea própria, em um projeto que envolve saber muito sobre como se escreve. Já o trabalho com a biblioteca, incluindo empréstimo de livro semanalmente, pode ser previsto ao longo de todo o ano porque a professora sabe que o desenvolvimento de gostos, preferências e outros comportamentos leitores apoia se na construção de hábitos e de pouco adianta emprestar livros ocasionalmente. Melhor ainda seria se a professora do ano anterior também tivesse criado a mesma rotina com o grupo de crianças e a do ano seguinte, dê continuidade ao trabalho.

Como vemos, é importante que as decisões de planejamentos sejam assumidas pelo professor, autor de um trabalho que deve durar ao menos um ano. Nesse planejamento é fundamental que ele possa considerar as respostas das crianças, em seus diferentes modos de expressar envolvimento com as proposições, e considerar as decisões no coletivo, ouvindo as avaliações, as sugestões e as decisões dos outros professores. Nesse processo de construção coletiva, a instituição tem condições de potencializar os objetivos de aprendizagem e desenvolvimento e garantir que a construção democrática do currículo seja sempre atualizada e ajustada às necessidades e desejos das crianças.

Vemos assim o plano anual servindo toda a instituição como um instrumento que permite organizar as diferentes proposições, não as distribuindo cronologicamente em atividades isoladas e espalhadas ao longo do tempo, mas criteriosamente articuladas, baseado em uma lógica que considera as aprendizagens, garantindo as condições que as crianças precisam ter para aprender e se desenvolver.

Também vale a pena considerar outras formar de planejar não apoiadas estritamente em quadros ou fichas. Há experiências de professores[11] nas quais a escrita não é o único recurso para se compor um planejamento. Recorre-se também a esquemas, mapas, quadros que também podem apoiar e guiar as ações e registros do professor relacionados aos projetos. O planejamento dos projetos, por exemplo, pode constituir um mapa conceitual alinhavando todas as possibilidades de investigação, conceitos e articulações entre eles, a partir de uma questão central definida com base nas observações dos interesses e necessidades formativas de um grupo de crianças. A professora faz um mapa para ela mesma, bastante amplo, como um primeiro guia e, mais tarde, constrói um outro em conjunto com as crianças, considerando aquilo que elas já sabem, as ideias, hipóteses e perguntas relacionadas a essa questão inicial. Esses mapas vão sendo reconstruídos e ampliados ao longo do projeto, vão compondo a documentação do seu desenvolvimento. O mapa de percurso é um modo gráfico de representar o planejamento do caminho, das experiências que se pretende proporcionar às crianças para que avancem nas investigações em diferentes campos relativas ao projeto, nos diferentes momentos e práticas que compõem a rotina.

Toda essa atenção colabora para que, de modo geral, desde o desenho do plano anual seja possível garantir às crianças "experiências que promovam o conhecimento de si e do mundo por meio da ampliação de experiências sensoriais, expressivas, corporais que possibilitem movimentação ampla, expressão da individualidade e respeito pelos ritmos e desejos da criança". (Diretrizes Curriculares Nacionais para a Educação Infantil).

b) Programação diária

A programação diária precisa estar apoiada na jornada do grupo de crianças, dando limites e orientações para a construção

11 Acervo de Ieda Abbud, planejamentos do Colégio Oswald Andrade – Educação Infantil.

coletiva de toda a instituição educativa, procurando articular ao fluxo de crianças de outros grupos nos mesmos espaços e as rotinas de serviços de apoio como o de limpeza e cozinha, que devem ser ajustadas de acordo com a demanda das programações pedagógicas necessárias à ampliação da jornada das crianças.

Essa programação é diversificada e interessante para potencializar o tempo de muitas crianças que permanecem apenas meio período na instituição. Mas as crianças que ficam em período integral, além dessas experiências, também precisam ter momentos reservados para as atividades espontâneas, para estar só, dedicar-se às atividades que escolherem e que mais gostam, ou repousar.

Com base nas ideias discutidas aqui sobre planejamento, é possível ao professor, em conjunto com sua instituição educativa, organizar programações mais ajustadas às crianças, construindo ao longo da passagem do tempo um currículo repleto de experiências para as crianças.

Dando continuidade às experiências de participar da gestão da agenda diária, as crianças pequenas podem, elas mesmas, combinar entre si quem registra a agenda, podendo, dessa forma, se colocar também como escrito, como no exemplo abaixo:

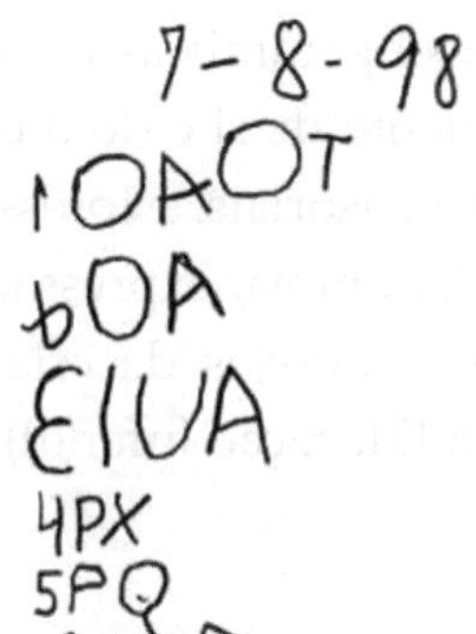

É uma oportunidade contextualizada de garantia do direito de participar e, ainda, de ampliar suas experiências no campo Escuta, Fala, Pensamento e Imaginação. Tal programação pode estar disponível no ambiente da sala, no mural de pais, servindo também como mais uma fonte de informação às famílias sobre o que as crianças vivem na instituição.

Além disso, o professor também pode oferecer às próprias crianças um varal com uma série de cartões confeccionados com fotografias ou mesmo ilustrações dos diferentes momentos do dia, dispostos em ordem de acordo com a passagem do tempo. Isso pode ser um apoio importante para as crianças menores, que encontram nesse instrumento um apoio para compreender a passagem do tempo em um dia na creche ou na pré-escola.

Como entendemos ser imprescindível ao próprio professor construir seus instrumentos e colocá-los em prática em seu trabalho, não os apresentamos como técnicas prontas para serem implementadas de imediato em cada escola, mas sim como sugestões que devem passar pela avaliação de cada professor e ajustado aos seus mais prementes objetivos de trabalho. Tais instrumentos não devem ser usados isoladamente, mas em interação, favorecendo a capacidade de refletir do professor. Também não podem ser usados burocraticamente para todas as atividades que serão desenvolvidas ao longo do dia. Eles podem apoiar a construção de um trabalho pedagógico que, esperamos, seja autoral, criativo e diversificado, atendendo às crianças nos mais variados contextos educacionais.

c) Programação semanal

O plano anual é uma ideia geral, que precisa ser atualizada passo-a-passo. Por isso, além desses instrumentos de organização anula e diária, também é importante recorrer a uma programação semanal que permita ao professor acomodar as proposições no tempo, equacionando, ainda, a urgência de demandas que surgem de maneira imprevista, as sugestões das crianças além das diversas atividades ligadas ao convívio social de um grupo de crianças. Essa organização pode ser feita a partir de um instrumento que possibilite ao professor visualizar toda a semana. No caso das crianças bem pequenas e das crianças pequenas, o ideal é que esse registro seja associado a um calendário para que cumpra a função de agenda diária, sempre compartilhada na turma. Desse modo as crianças podem participar mais ativamente da programação e, ao mesmo tempo, participar de uma importante prática social mediada pela escrita.

O exemplo a seguir mostra como essa ficha foi utilizada no período de uma semana.

AGENDA DA TURMA				
SEGUNDA	**TERÇA**	**QUARTA**	**QUINTA**	**SEXTA**
Cantos de faz-de-conta	Cantos de faz-de-conta	Cantos de faz-de-conta	Jogos de mesa	Jogos de mesa
Lanche na sala	Lanche na sala	Lanche integrado entre salas	Sala	Pique-nique na área externa
1. Roda de conversa 2. Desenho (proposta de sequência gráfica) 3. Roda de contadores de história 4. Jogo de bola	1. Roda de conversa 2. Brinquedos voadores; jogos, cabanas, brinquedos de areia	1. Roda de conversa 2. Brinquedos voadores;	1. Roda de conversa 2. Brinquedos voadores; Jogos, cabanas, brinquedos de areia	1. Roda de conversa 2. Jogos, cabanas, brinquedos de areia
Ateliê de modelagem	Desenho	Desenho	Roda de música	Roda de música
Almoço no refeitório;	Almoço integrado com outra sala	Almoço no refeitório;	Almoço no refeitório	Almoço no refeitório

Devolução de livros emprestados	Ateliê de desenho	Ateliê de desenho	Canto de biblioteca	Canto de biblioteca com empréstimo de livros
Contos de fadas, despedida	Contos de fadas, despedida	Contos de fadas, despedida	Leitura do livro eleito pelo grupo, despedida	Retomada da agenda, avaliação da semana, despedida

Providências para a semana:

- Trocar os livros na biblioteca, pedir para separar mais exemplares de A Bela Adormecida.
- Localizar as trilhas, que foram emprestadas para a turma do ano passado.
- Preparar a leitura do conto novo.
- Reproduzir mais fichas de empréstimos de livros.

Nessa dimensão do tempo é possível programar as atividades que fazem parte da construção do hábito e das práticas sociais presentes no convívio de um grupo, como, por exemplo, o momento da alimentação. Nele a professora diversificou os rituais de alimentação aproveitando o momento para que as crianças tenham experiências mais lúdicas de se alimentar, como no piquenique, e também interajam com crianças de outras idades. Dessa maneira, ela contribui para que a rotina atenda de fato às necessidades da jornada da criança, e não apenas às demandas de organização institucional. Esses três níveis de planejamento, quando bem articulados, permitem fazer a gestão pedagógica desde o âmbito institucional até o dia a dia da criança, realizando a cada momento todas as intenções do projeto pedagógico da creche ou da pré-escola.

Também é possível organizar uma agenda para os grupos de berçário, não esquecendo que, no caso dos bebês e crianças menores, a programação deve ser mais flexível, integrada e respeitar os diferentes ritmos e preferências dos pequenos. É baseando-se nessa compreensão que o cotidiano do berçário pode organizar-se prevendo que trocas, banhos e sonecas não precisem acontecer todas em sequência, num mesmo horário, e sim à medida que essa necessidade se imponha. Ao mesmo tempo, é possível e desejável organizar o ambiente para que os bebês vivam experiências coletivas, como as de exploração de materiais plásticos para suas primeiras marcas, ou de ficar juntinhos para ouvir uma história lida pela professora. Um exemplo dessa agenda semanal mais voltada aos bebês é o que se segue:

<table>
<tr><th colspan="5">AGENDA DO BERÇÁRIO</th></tr>
<tr><th>SEGUNDA</th><th>TERÇA</th><th>QUARTA</th><th>QUINTA</th><th>SEXTA</th></tr>
<tr><td>Exploração e convivência no espaço do berçário: chão com variação de brinquedos (macios, tecidos, cestos com objetos para exploração, canto dos livros)</td><td>Cestos do tesouro (distribuídos pelo espaço)</td><td>Finger de maisena: pintura coletiva</td><td>Cestos do tesouro (distribuídos pelo espaço)</td><td>Exploração e convivência no espaço do berçário: chão com variação de brinquedos (macios, tecidos, cestos com objetos para exploração, canto dos livros)</td></tr>
<tr><td colspan="5">Espaço externo: sol e bacias com água
Trocas quando necessário, simultâneas à convivência no espaço
Mamadeiras, água e suco</td></tr>
<tr><td colspan="5">Leitura de histórias e/ou roda de música
Trocas (simultaneamente)</td></tr>
<tr><td colspan="5">Almoço</td></tr>
</table>

<table>
<tr><td>Roda de música com instrumentos musicais</td><td>Exploração e convivência no espaço do berçário: chão com variação de brinquedos (macios, tecidos, cestos com objetos para exploração, canto dos livros) + Movimento: "estações" motoras com colchões e caixas para empurrar
Cantigas ou exploração de objetos sonoros</td><td>Massagem com toques sutis – algodão, penas, bolinhas</td><td>Exploração e convivência no espaço do berçário: chão com variação de brinquedos (macios, tecidos, cestos com objetos para exploração, canto dos livros) + Canto de Desenho</td><td>Roda de música com instrumentos musicais</td></tr>
<tr><td colspan="5">Banho (simultaneamente)</td></tr>
<tr><td colspan="5">Jantar</td></tr>
<tr><td colspan="5">Depois do jantar, enquanto aguardam as famílias para o momento da saída, as crianças podem explorar cenário para livre escolha e possibilidade de repetição das explorações</td></tr>
<tr><td colspan="5">Providências:
• Fazer o finger de maisena
• Cortar o papel Kraft e forrar o chão para a pintura
• Selecionar os livros para as leituras da semana:
Eu grande, você pequenininho (Lilli L'Arronge);
Minha mamãe (Mark Baker e Neville Astley);
Bebês Brasileirinhos (Lalau e Laura Beatriz);
Onde é que eu vou dormir? (Nívea Salgado).</td></tr>
</table>

Além dos profissionais, há que se articular ações que incluam as famílias nesse processo educativo. Assim como as DCNEI (2009), a BNCC também ressalta a complementaridade das ações da família e da escola, na realização do projeto pedagógico. Ações de acolhimento da família são apresentadas na pág. 264 deste livro, favorecendo as aprendizagens em torno do cuidado de si e do outro no momento da alimentação de bebês e crianças.

Essa rede de gestões que vai se concretizando no âmbito da equipe escolar é sustentada por um contínuo processo formativo que visa a ressignificação de formas de pensar, sentir, agir a prática educativa. Assim, a unidade de Educação Infantil vai se constituindo como um espaço de experiências de aprendizagens dos bebês e das crianças, e de experiências formativas dos adultos, da equipe escolar e das famílias.

REFERÊNCIAS BIBLIOGRÁFICAS (CITADAS NOS CAPÍTULOS)

ALARCÃO, I. (Org.). *Formação reflexiva de professores: estratégias de supervisão.* Porto: Porto Editora, 2000.

BARROS, M. "Uma didática da invenção VII". In: O *Livro das ignoranças.* 6ª ed. Rio de Janeiro: Record, 1998.

BEE, Helen. *A criança em desenvolvimento.* 9ª ed. Porto Alegre: Artmed, 2003.

FERREIRO, E. "Sobre a necessária coordenação entre semelhanças e diferenças". In: CASTORINA, J. A.; FERREIRO, E.; LERNER, D.; OLIVEIRA, M.K. *Piaget e Vygotsky, novas contribuições para o debate.* São Paulo: Ática, 2006.

GOLDSCHMIED, E. *Educação de 0 a 3 anos: o atendimento em creche.* 2ª ed. Porto Alegre: Artmed, 2006.

LERNER, D. *A aprendizagem da linguagem escrita.* São Paulo. Ed. Artes Médicas, 2002.

MINISTÉRIO DA SAÚDE/FIOCRUZ. *Promoção da saúde: cartas de Ottawa, Adelaide, Sundsvall e Santa Fé de Bogotá.* Brasília: Ministério da Saúde/IEC, 1986, pp. 11-18.

VYGOTSKY, L.S. *Psicologia da arte.* São Paulo: Martins Fontes, 2001.

__________. *A formação social da mente.* São Paulo: Martins Fontes, 2002.

__________. *A construção do pensamento e da linguagem.* São Paulo: Martins Fontes, 2001.

__________. *Imaginação e criação na infância.* São Paulo: Ática, 2009.

WEISZ, T. *Diálogo entre o ensino e a aprendizagem.* São Paulo: Ática, 2002.

WALLON, H. *Origens do pensamento na criança.* São Paulo: Manole, 1989.

LEITURAS RECOMENDADAS

BARBOSA, M.C.S.; HORN, M.G.S. *Projetos pedagógicos na educação infantil.* Porto Alegre: Artmed, 2008.

BONDIOLI, A. (Org.) *O tempo no cotidiano infantil.* São Paulo: Cortez, 2004.

BRITO, T. A. *Música na Educação Infantil.* São Paulo: Peirópolis, 2003.

CRUZ, M. N. & SMOLKA, A. L. B. "Gestos, palavras, objetos: uma análise de possíveis configurações na dinâmica interativa". In: OLIVEIRA, Z. M. R. (Org.). *A Criança e seu desenvolvimento.* São Paulo: Cortez, 2000, pp. 67-83.

DAHLBERG, G.; MOSS, P.; PENCE, A. *Qualidade na educação da primeira infância: perspectivas pós-modernas.* Porto Alegre: Artmed, 2003.

FALK, J. (Org.). *Educar os três primeiros anos: a experiência de Lóczy.* Araraquara: JM Editora, 2004.

FORTUNATI, A. *A Educação Infantil como projeto da comunidade: crianças, educadores e pais como novos serviços para a infância e a família: a experiência de San Miniato.* Porto Alegre: Artmed, 2009.

GALVÃO, I. "O desenho na pré-escola: o olhar e as expectativas do professor". In: *Idéias* 14. São Paulo: FDE, 1992. pp. 53-61.

_________. *Henri Wallon, uma concepção dialética do desenvolvimento infantil.* 17ª ed. Petrópolis: Vozes, 2008.

GOLDGRUB, F. W. *A máquina do fantasma: aquisição de linguagem e constituição do sujeito.* Piracicaba: Editora UNIMEP, 2001.

GUIMARÃES, D. *Relações entre bebês e adultos na creche: o cuidado como ética.* São Paulo, Cortez, 2011.

HOHMANN, M. & POST, J. *Educação de bebês em infantários: cuidados e primeiras aprendizagens.* Lisboa: Fundação Calouste Gulbekian, 2003.

JEANDOT, N. *Explorando o universo da música.* São Paulo: Scipione, 2001.

KOHAN, W. H. "Infância e filosofia". In: M. SARMENTO; M. C. GOUVEA (Orgs.). *Estudos da Infância: educação e práticas sociais.* Petrópolis: Vozes, 2008, pp. 40-60.

LABAN, R. *Dança educativa moderna.* São Paulo: Ícone, 1990.

LERNER, D. *Ler e escrever na escola: o real, o possível e o necessário.* Porto Alegre: Artmed, 2002.

________; PALACIOS, A. *Aprendizagem da língua escrita na escola – reflexões sobre a proposta pedagógica construtivista.* Porto Alegre: Artes Médicas, 1995.

MARANHÃO D. G.; VICO E.S.R. "Higiene e Precauções Padrões em Creche: contribuindo para um ambiente saudável". In: SANTOS, L. E. S. *Creche e pré-escola: uma abordagem de saúde.* Porto Alegre: Artes Médicas, 2004, pp. 131-48.

__________. "O conhecimento para preservar a vida: um tema delicado". Revista Veras, 1 (2), 2011. Disponível em: http://iseveracruz.edu.br/revistas/index.php/revistaveras/article/viewArticle/56 Acesso em: 15 fev. 2012.

MARQUES, I. *Dançando na escola.* São Paulo: Cortez, 2003.

MARTINS, M. C. *Didática do ensino da arte.* São Paulo: FTD, 1998.

MEZAN, R. *Psicanálise, judaísmo: ressonâncias.* Campinas: Ed. Escuta, 1986.

MOREIRA, A. A. A. *O espaço do desenho: a educação do educador.* São Paulo: Loyola, 1995.

OJEDA, E. N. S. "Desenvolvimento integral da Criança". In: BEGUIGUI, Y.; LAND, S.; PAGANINI; J. M.; YUNES, J. In: *Ações de Saúde Materno-Infantil a nível local: segundo as metas da cúpula mundial em favor da Infância.* Washington, OPAS, 1997, pp. 55-72

OLIVEIRA, Z. M. R. "O currículo na educação infantil: o que propõem as novas diretrizes nacionais?" Texto disponibilizado para consulta pública em http://portal.mec.gov.br/index.php?option=com_docman&task=doc_download&gid=6674&Itemid=. Acesso em: 03 mar. 2012.

_________. *Jogos de papéis: um olhar para as brincadeiras infantis.* São Paulo: Cortez, 2011.

_________. *Educação Infantil: fundamentos e métodos.* São Paulo, Cortez, 2012.

ONG, W. *Oralidade e cultura escrita: a tecnologização da palavra.* Campinas: Papirus, 1998.

ONGARI, B.; MOLINA, P. *A educadora de creche: construindo suas identidades.* São Paulo: Cortez, 2003.

PAULA, E. A. T. "Comida, diversão e arte". In: OLIVEIRA, Z. M. R. (Org.). In: *A criança e seu desenvolvimento: perspectivas para se discutir a educação infantil.* São Paulo: Cortez, 1995, pp. 85-104.

RAMALHO C.; SIGULEM D.; CARVALHO W. B. "Como salvar a vida de uma criança? Suporte Básico de Vida Pediátrico. Simulação Virtual Orientada". UNIFESP VIRTUAL. Disponível em http://www.virtual.epm.br/material/sbv/ Acesso em: 15 fev. 2012.

ROSSETTI-FERREIRA, M. C; AMORIM, K. S; VITÓRIA, T. "A creche enquanto contexto possível de desenvolvimento da criança pequena". In: *Revista Brasileira de Crescimento e Desenvolvimento Humano*. 4 (2): 35-40, jul.-dez. 1994.

ROSSETTI-FERREIRA, M. C. et Alii. *Os Fazeres na Educação Infantil*. São Paulo: Cortez, 1998.

MULLER, F.; HASSEN, M. N. A. "A infância pesquisada". In:. *Psicologia USP*, São Paulo, 20 (3): 465-480, jul.-set. 2009.

SARMENTO, M. J. "Gerações e alteridade: interrogações a partir da sociologia da infância". In: *Educação e Sociedade*, 26 (91): 361-378, mai.-ago. 2005.

SCHAFFER, M. *O ouvido pensante*. São Paulo: UNESP, 1991.

SIAULYS, M. O. C. *Brincar para todos*. São Paulo: Imprensa Oficial do Estado de São Paulo. São Paulo: Laramara, 2005.

STOKOE, P.; HARF, R. *Expressão corporal na pré-escola*. São Paulo: Summus, 1987.

TEBEROSKY, A. *Aprendendo a escrever: perspectivas psicológicas e implicações educacionais*. São Paulo: Ática, 1997.

DOCUMENTOS OFICIAIS

BRASIL. Constituição (1988). Brasília, DF. Disponível em: http://www.planalto.gov.br/ccivil_03/Constituicao/Constituiçao.htm#art60.adct. Acesso em: 28 set. 2007.

BRASIL. Ministério da Educação. Conselho Nacional de Educação (2009). Câmara de Educação Básica. Parecer nº 20, de 17 de Dezembro de 2009. Fixa as Diretrizes Curriculares Nacionais para a Educação Infantil. Brasília: CNE, 2009.

BRASIL. Ministério da Educação. Conselho Nacional de Educação (2009). Câmara de Educação Básica. Resolução nº 5, de 17 de Dezembro de 2009. Fixa as Diretrizes Curriculares Nacionais para a Educação Infantil. Brasília: CNE, 2009.

BRASIL. Ministério da Educação. Secretaria de Educação Básica. Política de Educação Infantil no Brasil: Relatório de avaliação. Brasília: MEC, SEB; UNESCO, 2009. Disponível em http://portal.mec.gov.br/index.php?option=com_docman&task=doc_download&gid=7873&Itemid. Acesso em: 15 fev. 2012.

BRASIL. Ministério da Educação. Conselho Nacional de Educação. Institui e orienta a implantação da Base Nacional Comum Curricular a ser respeitada obrigatoriamente ao longo das etapas e modalidades no âmbito da Educação Básica. Brasília: CNE, 2017.

Zilma Ramos de Oliveira (org.)

Professora Livre-docente da Faculdade de Filosofia, Ciências e Letras de Ribeirão Preto da Universidade de São Paulo e pesquisadora junto ao CINDEDI – Centro de Investigação sobre o Desenvolvimento e a Educação Infantil daquela faculdade. Coordena o Curso de Especialização em Gestão Pedagógica e Formação em Educação Infantil do Instituto Superior de Educação Vera Cruz. Consultora do MEC/COEDI em relação à Base Nacional Comum Curricular da Educação Infantil.

Damaris Maranhão

Doutora em Ciências da Saúde, Mestre em Enfermagem Pediátrica e Graduada em Enfermagem com habilitação em Saúde Pública pela Universidade Federal de São Paulo. É também especialista em Saúde Pública pela Faculdade de Saúde Pública da Universidade de São Paulo – USP. Docente do Curso de Especialização em Gestão Pedagógica e Formação em Educação Infantil do Instituto Superior de Educação Vera Cruz. Consultora do MEC/COEDI em relação à Base Nacional Comum Curricular da Educação Infantil.

Ieda Abbud

Mestre em Educação e Graduada em Psicologia pela PUCSP. Foi professora de Educação Infantil, Coordenadora Pedagógica na rede privada de São Paulo e Diretora de Creche na Prefeitura Municipal de São Paulo. Trabalhou em programa de formação de coordenadores e diretores da SMESP (2006-2010). É Coordenadora Pedagógica da etapa de Educação Infantil do Colégio Oswald de Andrade em São Paulo.

Maria Paula Zurawski

Doutora em Educação pela Universidade de São Paulo, Mestre em Educação pela mesma universidade e Graduada em Artes Cênicas pela ECA-USP. Trabalhou em programa de formação de coordenadores e diretores da SMESP (2006-2010). Docente do Curso de Pedagogia e de Especialização em Gestão Pedagógica e Formação em Educação Infantil do Instituto Superior de Educação Vera Cruz. Consultora do MEC/COEDI em relação à Base Nacional Comum Curricular da Educação Infantil.

Marisa Vasconcelos Ferreira

Doutora em Educação pela PUCSP, Mestre em Psicologia pela FFCL de Ribeirão Preto – USP, Graduada em Psicologia pela Universidade Federal do Ceará. Docente do Curso de Pedagogia e Coordenadora-adjunta do Curso de Especialização em Gestão Pedagógica e Formação em Educação Infantil e Coordenadora do Núcleo de Pesquisa e Extensão em Educação e Infância (NPEEI), do Instituto Vera Cruz. Consultora do MEC/COEDI em relação à Base Nacional Comum Curricular da Educação Infantil.

Silvana Augusto

Bacharel em Filosofia pela Faculdade de Filosofia Letras e Ciências Humanas da USP, mestre em Educação na área de Didática, Teorias do Ensino e Formação de Professores e doutora em Linguagem e Educação, na Faculdade de Educação da USP. Docente do programa de extensão e coordenador do curso de especialização em Educação Infantil - Fazeres e Investigações de crianças de 4 a 6 anos do Instituto Singularidades. Coordenadora de projetos do Instituto Avisa Lá, assessora de redes municipais de ensino da área de Educação Infantil. Consultora do MEC/COEDI em relação à Base Nacional Comum Curricular da Educação Infantil. É gestora da Claraboia e autora de materiais de apoio a formação de professores.

ILUSTRADORES

Ana Paula Lescano Scandola

Cecília Fonseca Galhardo

Dora Bontempi

Fernanda Ponce Garcia

João Abbud Fernandes Guarani

Luiza Cortese Mudrik

Marina Ponce Garcia